KB062214

1979년 안동 길산국민학교 운동장에서(위)
1984년 성주 대서국민학교 텃밭에서(아래)

마지막으로 일했던 성주 대서국민학교 앞에서(위)
1979년 '권정생 동화의 밤'에서 아동문학가들과 함께(아래)

1979년 안동 길산국민학교 교실에서

이오덕 일기

1978~1986

2

내 꿈은 저 아이들이다

이 일기는 아이들을 가르치는 일과 글쓰기로

평생의 삶을 다듬어 온 한 사람의 기록입니다.

동시를 쓰랍니다

새벽에 일어나

숙제도 다 못 하고

닭장 문을 열고, 쇠죽을 푸고

심부름을 갔다 와서

기성회비를 조르다가

책값을 조르다가

십릿길을 달려왔지만

그만 지각을 하고

벌을 서고

주번생과 한바탕 싸우고

선생님한테 꾸중을 듣고

숙제를 못 했다고

또 야단을 맞고

크레용이 없어 그림도 못 그리고

급식 빵 한 개 먹고

여섯 시간 공부하고

배는 고픈데

청소는 해야 하는데

다시 십릿길을

찢어진 고무신을 끌고 가야 하는데

핑 도는 머리

어서 찔레라도 꺾어 먹었으면 좋겠는데

선생님은 우리들을 불러 놓고

아름답고 재미있는 동시를 쓰랍니다.

슬프고 답답한 것은 쓰지 말고

신문이나 책에도 내주지 않으니 쓰지 말고

근사한 말을 잘 생각해 내어서

예쁜 동시를

보기도 싫은 동시를

또 쓰랍니다.

차례

읽어 두기

1. 이 책에 실은 일기는 이오덕 선생님이 1962년부터 2003년에 돌아가실 때까지 마흔
   두 해 동안 쓴 일기 가운데서 뽑았습니다.

2. 이오덕 선생님이 쓴 글을 그대로 살리기 위해 문법에 맞지 않는 표현만 바로잡았습
   니다. 선생님이 지금 맞춤법과 달리 떼어 써야 옳다고 여긴 '우리 말' '우리 나라' 같
   은 말은 살렸습니다. 선생님이 우리 말 바로 쓰기 운동을 확실하게 하기 전인 1980
   년대 중반까지는 선생님이 절대로 써서는 안 되는 말로 분류한 '~등' '~적' 같은
   말을 가끔 썼습니다. 이것은 그대로 두었습니다. '국민학교'도 그대로 두었습니다.

3. 일기에서 이름, 지명, 책 제목 따위를 알아볼 수 없는 것이 있었습니다. ○○○로 표
   시하고 '알아볼 수 없음'이라고 했습니다.

4. 본문에 작은 글씨로 쓴 설명과 각주는 편집자가 붙였습니다.

5. 여는 시 '동시를 쓰랍니다'는 이오덕 시집 《이 지구에 사람이 없다면 얼마나 얼마나
   아름다운 지구가 될까?》(고인돌)에서 뽑았습니다.

6. 이 책에 실은 사진 가운데 일부는 〈뿌리깊은 나무〉 윤주심 기자가 찍은 사진입니다.
   연락이 닿지 않아 허락을 받을 수 없었습니다. 이해해 주시면 좋겠습니다.

1부

1978년부터
1979년까지

1978년 4월 23일 일요일 맑음

1년도 넘게 일기를 쉬었다. 너무 바빠서 그만 안 쓰니 버릇이 되었다. 정말 바쁘다. 바빠도 이제부터 꼭 써야겠다.

청년사 한윤수 사장, 오윤 선생, 박현수(농민 번역자) 선생, 김 모(이름을 잊었다) 합동통신 외신부 일행이 와서 오 선생의 지도로 소형 옹기굴 가마를 만들었다.

우리 학교 직원들과 모두 같이(아이들도 와서 벽돌을 나르고) 하는데, 터를 닦고 벽돌을 쌓고 틀을 짜고 또 신 선생은 냇가에 나가 반찬 할 고기를 잡는 등 해서 하루 종일 걸렸다. 저녁 8시가 되어서야 겨우 공작품을 넣고는 불을 때기 시작했다. 밤새도록 불을 때는데 청부와 김정윤 선생이 교대해서 봤지만 오 선생은 자라고 해도 듣지 않고 거의 밤을 새웠다. 너무나 고마운 사람이다.

●1976년 3월 1일부터 경북 안동군 길산국민학교 교장으로 지내고 있다.

1978년 5월 19일 금요일

　뿌리깊은나무를 찾아갔더니 인사도 안 했는데 모두 나를 알고 있었다. 편집장이 내 원고﹡를 읽어 보더니 "박충석 씨가 언급한 것이 충분한 비판이 못된 것 같아 이에 언급한다"는 말을 더 보충해 넣었으면 좋겠다고 해서 그렇게 하라고 했다. 그리고 내가 일본 사람 글 보고 더러 말하는 사람이 없었는가 했더니 "독자들로부터 편지는 더러 왔어요" 했다. 기껏 그것뿐인가 싶으니 한심스러웠다. 서울 사람들 다 뭣 하는가? 서울 한바닥에서 일본 놈이 그렇게 못된 큰소리를 쳐도 아무 말이 없다니! 일제 잔재를 발설한 그 수십 명의 지식인들은 벙어리가 되었는가!

　편집장은 또 말이 "그 오구리 씨의 글이 하도 논리가 정연해서 누구를 필자로 선정해서 반박문을 쓰게 할까 많은 생각을 한 끝에 박충석 씨를 선정했는데 박 씨 글도 퍽 불충분했어요" 했다. 일본 사람들이 논리가 정연하다니! 참 뿌리깊은나무도 한심하다는 생각이 들었다. 그리고 박충석 씨의 글도 그 생각의 근본이 오구리와 같았는데, 그저 "불충분하다"는 정도로 보았으니 그 안목이 알 만하다 싶었다. 원고료를 내일 받아 가라

﹡1978년 3월 호부터 5월 호까지 〈뿌리깊은나무〉에 실린 일제 찌꺼기 문제를 다룬 글을 읽고 이것을 비판해야겠다고 생각해 '일제는 살아 있다'는 글을 썼다.

고 해서 나왔다.

창작과비평사에 갔더니 벌써 여름 호가 나왔다. 좌담회 기사가 나오고, 천승세 씨의 서평도 나왔다. 뒤표지에는 또 《일하는 아이들》 광고가 나오고, 이번 호에는 내 이름이 너무 많이 나온 것 같다. 좌담회에 나온 내 발언이 시원찮을 것 같아 염려되었다.

오후 2시에 리영희 선생, 백낙청 선생, 양성우 시인의 언도 공판이 있다고 해서 같이 가 보았다. 문익환 목사가 나를 알아보고 인사를 했다. 함석헌 선생도 와 계셨다. 세 사람 똑같은 시간에 각각 딴 방에서 시작을 해서 나는 그동안 한 번도 안 본 양성우 시인이 끌려 들어간 방에 들어가 보았다. 그는 한복을 깨끗이 입었고 면도도 깨끗이 했는데, 수갑에 두 손이 묶인 데다 굵은 나일론 밧줄로 두 팔이 묶여 있었다. 검사들이 들어오고 재판장이 들어올 때는 모두 구령에 따라 일어서 경례를 했다. 그리고는 앉아 시작하는데, 재판장이 무어라 조그만 소리로 얘기하는데 들으니 6월 9일로 재판을 연기한다는 말이다. 웬일인가? 재판장이 나가고 검사들이 나갔다. 양성우가 다시 끌려 나갈 때 뒤를 돌아보기에 모두 박수로 답례를 해 주었다. 나와서 알아보니 다른 방에서는 언도가 있었는데 리영희 선생은 3년을 받았고, 백 선생은 1년을 받고 집행유예가 됐다는 것이다. 백 선생은 무죄로 될 줄 알았는데 하고 모두 실망하는 것 같았다.

문 목사, 성 선생, 김병걸 씨, 나 넷이 가까운 다방에 가서 차를 마셨다. 뿌리깊은나무 이야기를 했더니 문 목사가 "허허, 서울에 사람 없구먼!" 했다. 성 선생은 3월 호에 낸 일제 잔재 문제에 대한 응답이 문제가 되어 기관에서 사람이 찾아오고, 뿌리깊은나무에도 성 선생 글을 앞으로 싣지 말라는 압력이 내려서, 4월 호에 이미 조판이 다 된 글 하나를 그만 빼 버리게 되었다고 했다. 김병걸 씨는 나올 때 "그곳엔 땅값이 어떻게 가요? 난 서울에 살기 싫어요. 아이들 교육 문제만 아니면 벌써 시골 내려갔을 텐데" 했다.

청년사에 가서 독자들로부터 온 작품을 보았는데, 약 40편이 모였지만 별로 좋은 것이 없었다. 《일하는 아이들》 재판 인세 21만 원을 받았다.

1978년 6월 8일 목요일 맑음

그저께부터 쓰던 오규원의 글˙에 대한 반박문을 다 썼다. 두 해나 별러 오던 것을 이제 쓰고 나니 마음이 후련하다.

저녁에 2학년 장기 결석 아이 남수미 집을 담임인 교감 선생과 같이 갔다. 이 아이는 부모가 없는 아이로 이 마을 남 씨 집에 양녀로 와 있다고 하며, 양부모란 사람들이 아이를 학대하

˙ 1976년 〈아동문학평론〉 2호에 실린 '아동문학, 그 본질과 사랑'을 말한다.

면서 학교에도 잘 안 보내고 일만 시키고 있다고 해서 1학년 때부터 말이 있던 아이였는데 이제사 내가 걱정하게 된 것이 뉘우쳐졌다.

며칠 전에도 두 번이나 찾아갔는데 아무도 없어 못 만나고 한 번은 또 가니 역시 아무도 없어 이웃에 알아보니 아이를 임동 장까지 데리고 갔다고 한다. 어린애를 뭣한다고 임동 장에 데리고 가는가? 30리나 되는 험한 산길을 어떻게 갈 수 있는가. 뭣 때문에 데리고 갔는가 걱정되고, 그 양부모란 사람들이 괘씸하게 생각되었다.

오늘 저녁엔 가니 있어서 방에 들어가 왜 학교에 안 보내는가, 앞으로도 이렇게 안 보내면 학교에서도 그냥 있을 수 없다고 했더니 "그래요. 우리도 그 아이 기르느라 고생뿐이니 아주 이름을 파서 용상에 데려다 주렵니다"고 했다. "그럼 그렇게 하시오. 아이들 기르려면 학교 공부시켜 주고 잘 길러 준다는 생각이 있어야지, 집일 아쉬워 거들게 하기 위해 데리고 있어서는 안 돼요. 용상 갈 때까지라도 결석 안 되도록 해 주시오" 하고 나왔다. 그 영감이 하도 뻔뻔스러워서 정말 용상에 있는 그 아이 이모 있는 곳으로 보낼 생각이 있어 그런 말 하는가 싶지 않고, 일부러 배짱을 내보이려고 그런 말 하는 것이 아닌가 의심이 되었다. 나는 나오면서 "아무래도 안 되면 내가 그 영감 상대로 고소해야겠다"고 말했다.

오늘 흙 공작물을 가마에 넣어 종일 불을 땠다.

1978년 6월 9일 금요일 맑음

오늘 〈영남일보〉 신왕 기자가 와서 흙 공작 교육 상황을 기사로 취재해 간다고 해서 기다렸더니 안 와서 전화를 걸어 보니, 바쁜 일이 있어 못 가고 안동지사에 있는 기자를 전화로 가라고 시켰다 한다. 그래 생각해 보니 지방 주재 기자가 와서 제대로 기사를 쓸 것 같지 않고 해서 이번에는 안동지사에 전화를 걸어, 뭐 찾아와도 기사될 만한 게 없고, 교통도 불편하고 하니 오지 마라, 이다음 좀 준비해서 내도록 하는 것이 좋겠다고 했더니 마침 기자가 잠시 바깥에 나갔다면서 돌아오면 전하겠다고 전화받는 이가 말하기에 그럼 잘 부탁한다고 해 두었다.

그래 안 오리라 했는데 오후 3시쯤 되어서 안동지사 기자가 왔다. 오전에 내가 전화 건 것은 11시경이었는데, 그는 이미 9시 40분경에 안동을 출발했다는 것이다. 전화받는 사람이 잘 모르고 받은 모양이다. 할 수 없이 사진을 찍는데, 공작물을 가마에서 꺼내는 장면(그때까지 어제 구운 것을 뜨거워 내지 않고 놔두었다)과 공작품을 진열해 놓은 장면이며, 또 교실에서 만드는 장면들을 모두 찍고, 또 교육계획서에 대강 써 놓은 것을 보여 주면서 흙 공작교육 얘기를 했다. 그런데 그 기자는 내가 하려고 한 중요한 얘기는 별로 귀담아들으려 하지 않았고 자꾸 시간을 독촉해서 가려고만 하는 것이었다. 9시 40분에 출발하여 길안을 둘러(길을 몰라) 오후 3시가 지나서 와서는,

40분 정도 있다가 부랴부랴 또 차를 타고 떠났다. 이래 가지고 무슨 기사를 쓰겠는가?

오늘은 또 보리 베기 돕기를 한다고 아침에 두 시간, 오후에 두 시간 아이들에게 일을 시키고 보낸 것이 마음에 걸렸다.

남수미가 왔기에 사무실에 좀 보내 달라 했더니 울면서 안 온다고 한다. 교감 선생은 그 애가 오줌을 더러 싸는데, 오늘은 두 번이나 쌌다고 했다. 울며 안 오는 것은 꾸중할까 봐 그러는지, 오줌을 싸서 그러는지 알 수 없다. 항상 집에서 꾸중 듣기만 하고, 일만 하고 해서 어른이나 선생이 부르면 겁이 난 것이 아닌가 싶다. 강박관념에 압도당해 있는 것이다. 겨우 불러서 네가 용상 가고 싶으냐, 했더니 가고 싶다고 한다. 나이를 물으니 열 살이란다. 지난번 장날 임동엔 뭘 하러 갔나, 했더니 쌀을 가지고 갔단다. 얼마나 가지고 갔나 하니 다섯 되 가지고 갔단다. 그 험한 길을 한 번 가는데도 우리 어른들이 다 녹초가 될 지경인데, 그 어린애를 쌀 다섯 되를 지워 갔다가 또 오게 했으니, 이런 일이 세상에 어디 있는가! 나는 걱정하지 마라. 용상 보내 줄 테니 며칠만 참아라, 그리고 이런 말 들었다고 집에 가서 말하지 말라고 하여 보냈다.

1학년 김 선생 얘기를 들으니, 그 애가 지난해 용상서 왔을 때는 공부를 제일 잘했는데, 여기 와서 워낙 학교에 오지 않으니 공부를 잘할 수가 없다면서, 작년에도 모내기 일을 했다고 한다. 그리고 그 남 영감한테 말하니, 그럼 도로 용상으로 보내 준다고 하더라 했다. 작년부터 그랬던 것이다!

김 선생 애기는, 양녀가 되었으니 우선 용상 그 애 이모에게 연락하는 것이 선결문제라고 한다. 이것은 내가 정말 법정에 나서는 한이 있더라도 아이를 구해야 한다고 결심했다.

우선 주민등록이 어찌 되었는가 알아봐야겠다. 용상 이모는 우리 학교에 온 전학 서류가 없어져서(작년에 있던 교감이 없앤 모양이다) 주소를 알 수 없는데, 용상학교에 가면 알 수 있을지 모른다. 아무튼 출장소의 주민등록부터 확인하기로 하고 출장소에 갔더니 아무도 없다. 세 번이나 가도 없어 저녁에 마을에서 권오비 씨를 만나 얘기했더니 권 씨도 그 애가 학대를 받고 있다는 소문을 들었다면서 오늘 밤에나 내일 아침 알아서 연락해 주겠다고 했다. 웬만하면 내일 아침 일찍 용상학교로 가서 알아볼까도 싶다.

교감 선생에게는 내일부터 그 애가 하루하루 뭘 했는가 일기를 써 두도록 해 달라고 부탁해 놓았다. 글자를 못 쓰면 가르쳐 주고, 이것저것 물어서 쓰게 하면 된다고 해 두었다.

1978년 6월 13일 화요일 맑음

어제 전통이 왔는데 가정실습을 내일부터 이틀 동안 하려면 하라는 지시다. 그리고 선생들은 "무단 이석(移席)"을 하지 말고 근무하라는 내용이다. 가정실습까지 이제는 교장이 알맞게 결정하지 못하게 되고 말았다.

오전에 수미 이모가 왔다. 수미를 불러 사무실에서 대면시키는데, 서로 껴안고 우는 장면이 너무나 눈물겨운 광경이었다.

남 씨 집에 가니 아무도 없고, 두 번째는 수미를 데리고 같이 가서 그 부근에서 모를 심고 있는 남 씨를 오도록 했더니 아주머니가 와서 "데리고 가려면 할 수 없으니 데려가시오" 했다. 그러면서 아이가 너무도 말을 안 듣느니 하고 떠벌렸다. 수미 이모는 아이를 병들게 했으니 병원에 데리고 가 보고 치료를 해야겠는데 그리되면 그냥 안 있겠다고 하고, 잠시 옥신각신하는 것을 그럴 것 없고, 아이가 오줌을 싸는 것이 본디부터 그랬는가, 여기 오고 난 후부터 그랬는가는 학교 담임선생님들도 다 아는 터이니 남이 증명해야지 서로 아무리 다퉈도 소용없다고 하고, 차가 기다리니 어서 가시라고 수미 이모를 재촉했다. 수미 이모는 옷 보퉁이를 주는 것도 받지 않고 가 버렸다. 나는 남 씨 아주머니한테 "저 수미 이모님이 수미 데리고 가도 지금 학교 시킬 수도 없게 돼 있어요. 아이가 그렇게 오줌을 싸고 하는데 이런 데와 다른 안동 같은 데서 학교에 보낼 수 있겠어요? 그러니 병원에 가서 진찰해서 곧 낫지 않으면 고소하려고 하니, 며칠 뒤에라도 모내기 곧 마치고 안동 가서 잘못 길렀다고 사과를 하는 것이 좋을 겁니다"고 했다. 이렇게 좀 울림장을 놔야 앞으로 또 이런 짓을 안 할 것이라 생각되었기 때문이다. 안 그러면 또 어디서 갈 곳 없는 아이를 데려다 학대할는지 모른다. 그랬더니 조금 있다가 남 씨 부부가 떠나는 차에 달려와서 옷 보따리를 억지로 넣어 주고 무어라 말하고 있었다.

오후에 김구성 씨 말 들으니, 그 아이가 너무 얻어맞고 야단도 많이 맞고 해서 어떤 때는 쫓겨나 보리밭에 자고 했어요, 했다. 나는 그럼 왜 동네에서 그런 사람 그냥 둡니까, 했다. 새마을운동이고 사업이고 그런 것은 하면서 왜 어린애가 그처럼 학대받고 병들고 하는 것을 보면서 못 보는 척하는가. 그런 것을 바로잡는 것은 새마을운동이 될 수 없는가? 새마을운동 이상의 중요한 일 아니고 무엇인가?

낮에 석우 씨가 왔다. 김 씨 얘기를 들으니 그 수미 이모란 사람도 수미 데리고 가서 잘 기르지는 못할 형편같이 느껴진다 한다. 그럴지도 모른다. 오죽하면 전혀 모르는 사람한테 중학교 시켜 준다고(수미를 남 씨가 데리고 갈 때는 그렇게 말했다고 한다) 하는 걸, 중학교는 안 시켜도 좋으니 국민학교라도 시켜 달라고 하면서 보냈을까? 수미란 아이가 앞으로 어찌 될지, 어쩌면 내가 될 수 있는 대로 보호자 노릇을 해 줘야 할 것도 같다.

1978년 6월 21일 수요일 맑음

7시에 택시를 타고 가는데 강물이 넘쳐 가는 데까지 가기로 했다. 도연폭포를 돌아 냇가에서 차바퀴가 빠져 그만 더 가지 못하고, 바퀴 빼내는 일도 겨우 해서 되돌아 외딴집까지 가서 거기서 산을 넘어왔다. 입맛도 아주 가고 몸살에 신열이 더해 가는데, 뭔가 심상치 않은 일이 닥칠 것도 같아 어떻게 해서라도 이 고비를 넘기자고 다만 마음만으로 몸을 움직였다.

학교에 가니 교감 선생이 바로 교육청에 가셨더라면, 하면서 전화를 걸어 보시는 게 좋겠다고 한다. 9시 40분경 전화를 거니 과장은 없고 박완서 계장이 받았다. 교육청에 나오란다. 오후에 가겠다고 하고 전화를 끊었다.

밥을 억지로 좀 해 먹고 나서려고 하는데 뜻밖에 대곡 2동 가리점 권상출 군이 찾아왔다. 아주 키가 훤출한 청년이다. 내일 징병검사에 가야 하는데 가기 전에 뵈러 왔다면서 주소를 최근에야 알았단다. 그래 같이 망천까지 걸어가면서 대곡에서 그때 가르친 아이들의 뒤 소식을 많이 들었다.

재홈이는 차 조수로 다니다가 어느 주유소에 있단다. 이충영이는 대구에 가서 도둑질도 하고 그러다가 잡히고 했다니 참 기가 막힌다. 백석현이는 중학교 다니다가 부산으로 도망가서 거기서 무슨 일로 자살했단다……. 그러면서 이제 저 동창생들 중 거기 남아 있는 것은 "나 하나 뿐"이라면서, 내년에는 어떻게 해서라도 떠나야겠으니 선생님 부디 어디 일자리 하나 얻어 달라는 것이다. 나는 도시에 나가 사는 사람들의 괴로움을 얘기하고, 웬만하면 거기서 사는 것이 어떤가 했더니, 그곳 가리점도 10년 전과는 달라 첫째, 개간한 땅에는 모조리 나무

를 심어야 하고, 나머지 얼마쯤 남은 땅도 해마다 담배만 심으
니 이젠 담배도 안 되고, 또 산에 나무를 못 해 때니 기름 사다
가 담배 해야 되고, 그러자니 기름값 주고 나면 아무것도 안 남
는다고 한다. 그래 거길 떠나려고 해도 얼마쯤 되는 땅을 누가
사 주는 사람도 없고, 그냥 버리듯이 해서 떠나야 하는데, 어딜
가기는 가야지만 누가 도와주지 않으면 떠날 수도 없다는 것
이다. 나는 할 수 없이 "내 어디 그럴 만한 데 있는지 알아보
지" 했다. 그렇게라도 말하지 않을 수 없었다.

　나는 망천까지 온몸이 지쳐 정신없이 오면서 내가 시를 가르
쳤던 대곡 2동의 아이들과, 그 아이들이 10년 후에 청년이 된
지금의 변한 모습들을 생각하면서 온갖 착잡한 마음이 되었
다. 그렇게 아름다운 마음과 감성으로 시를 쓰던 아이들이 끝
내 그 동심을 지키지도 못하고 여지없이 짓밟혀 그 모양으로
되었다는 것은 실로 어처구니없는 일이다. 내가 교육을 한다
는 것은 과연 무슨 보람이 있는가!

　망천서 상출이와 헤어졌다. 그는 임동 가서 자고 내일 안동
나와 검사장에 간단다.

　교육청에 갔더니 장학사들이 뜻밖에 모두 냉정하게 대했다.
내 기분만은 결코 아니다. 분명 그들은 나를 어떤 적의와 멸시
의 눈으로 보고 있음이 분명했다. 과장을 만나야 하는데 도장
학사를 따라 어느 학교에 나갔다 해서 교육청에서, 다방에서,
여관에서, 밤 10시까지 기다리다가 그예 못 만나고 말았다. 박

장학사는 그만 내일 아침 일찍 교육청에 나와 달라 했다. 과장은 학교서 돌아와 시내 어느 음식점에서 시내 교장들과 모여 도장학사를 접대했지만 나를 만날 틈이 없었던 모양이다. 한 일여관에서 잤다. 내일 민방위 훈련 때문에 나온 김종선 선생과 같이 잤다.

1978년 6월 22일 목요일 맑음

아침에 교육청에 나가 한참을 기다려 과장을 만났다. 과장은 나를 만나자 인사도 안 받고 "거, 왜 학교를 비워 놓고 말썽이오?" 했다. 그러면서 "문학도 좋고 신문에 나는 것도 좋지만 교육에 지장을 가져오도록 활동해서는 안 돼요. 오죽해서 교육감님이 직접 전화를 걸었겠어요? 징계위원회에 회부하든지 시말서를 써내든지 해야 할 것은 그대로 두니 지금 곧 가서 교육장님한테 사과하시오. 죽을죄를 지었으니 용서해 달라고 사과해요. 무슨 변명이고 다 하지 말고 덮어놓고 빌어요. 물론 내가 그랬단 말 하지 말고" 했다. 그리고는 또 일어나 어딜 가 버린다. 대단히 바쁜 모양이었다. 나는 교육장님이 지금 손님과 의논하고 있으니 민방위 훈련에 갔다가 오후에 와서 사과드리겠다고 하고 나왔다.

일직중학교에 가서 오후 2시까지 영화를 보는데 거의 모두가 엎드려서 자고, 앉아서 자고, 혹은 얘기로 시간을 보냈다. 나는 머리까지 아프고 온몸이 착 까라져서 겨우 견딜 수 있었다.

오후 4시경 안동 가서 교육장실에 들어갔더니 교육장은 내가 사과하기도 전에 웃으면서 "이 교장 선생, 우리 탁 깨 놓고 한번 애기합시다" 하면서 "내가 허가 안 맡고 서울 갔다 온 것, 더구나 그런 일로 갔다 온 것 가지고 말하지는 않습니다. 그보다 나로서 염려하는 것은 이 교장님이 글 쓰신 것 나도 봤는데, 너무 파고들어 가는 것 같아요. 그래선 사상을 의심받을 수도 있거든요. 그래 서울 가도 반정부 인사들과 만나지 말고, 그런 책에 글 내지 말고 조심했으면 싶어요. 내가 교육장으로서보다 우정으로서 충고하는 겁니다. 요전에도 대구에서 어느 간부급 자리에 있는 분을 만났더니, 안동 이 교장 말을 하면서 너무 지나치게 나가서는 사람 희생당하지 않을까 염려된다고 하더군요" 했다.

나는 교육장 애기가 고맙게 들렸다. 그래 이런 말을 했다.

"제가 글 쓰는 사람으로 앞으로 글을 쓰지 않고는 못 삽니다. 다만 앞으로는 너무 사회 비판적인 글은 쓰지 않고 학문적인 글에 전념하겠습니다. 더구나 제가 공무원으로 있으면서 지나친 발언을 안 해야겠다고 제 딴은 조심했습니다만, 어쩌다 보니 그런 일이 있었지요. 창비 교육 좌담도 안 나가려고 몇 번이나 사절을 했는데, 아동문학 관계 애기를 해 달라 하고, 그 좌담 제목도 처음엔 '민족 교육과 아동문학' 이랬어요. 그래서 나간 것인데, 뜻밖에 좌담 제목도 아동문학은 빠지고, 그래서

제목에도 없는 아동문학 얘기를 겨우 조금 하고 교육 얘기하
는 수밖에 없었습니다. 동아방송에 글짓기 지도 시간도 거기
서 한 달에 한 번쯤 와서 녹음해 나갑니다. 앞으로 서울 가는
것 아주 특별한 일 아니면 아주 안 가겠습니다. 걱정 말아 주시
기 바랍니다."

이랬더니 "아, 서울 가면 어때요. 자주 가세요. 다만……"
했다.

그래 뭐 이 정도의 문제였구나, 마음을 놓고는 가벼운 기분으
로 교육청을 나왔다.

버스가 비 온 뒤 처음으로 들어간다기에 토마토, 오이 등을
좀 사서 보자기에 싸서 들어왔다.

이제부턴 서울도 안 가야겠다. 학교에만 있으면 아무 일 없겠
지. 글도 좀 더 기본적인 것이나 써야지. 이것이 나를 키우는
좋은 기회가 될 수도 있을지 모른다.

저녁에 내의를 빨고, 일찍 자리에 누워 오랜만에 다리를 뻗고
잤다.

1978년 6월 26일 월요일 흐림

비가 와서 적십자 지사 봉사부에서 안동까지 와서는 그만 돌
아가야 할 형편이므로 전화를 걸어 도연폭포까지 오면 우리가
걸어서 그곳까지 나가 만나겠다고 하고 그렇게 했다. 차가 두

대 왔다. 대구에서 봉사부장, 자문위원장, 대구은행장 부인, 국회의원 박찬 씨 부인 이렇게 네 사람이 오고, 안동에서는 교육청 차로 학무과장과 대구은행 안동지점 차장인가 하는 사람이 왔다. 선물은 학용품과 과자, 동화책 같은 것이고, 또 급식하라고 돈을 5만 원 주는 것을 받았다. 6학년 18명이 같이 가서 사진도 찍고 했다. 그런데 학무과장이 나를 부르더니 28, 29 양일 대구로 적당한 명목을 붙여 출장을 하도록 신청서를 내일 보내 주고 모레 아침 일찍 나와 달라 한다. 교육청에 나오면 알 것이란다. 그러면서 지금까지 낸 저서가 몇 권인가 묻고, 그 책을 한 권씩 구해서 내일 보내 달라 한다. 무슨 일인가 물어도 자기도 모른다면서 과히 걱정할 것은 없단다. 책은 지금 가진 것이 한두 권뿐이고, 대구 가면 더 있을지 모른다고 했다. 그럼 있는 것만 우선 내일 보내고 나머지를 대구 가서 구해 보내도록 하면 된다고 했다.

학교에 와서 보니 동화책은 별로 질이 좋은 것이 못 되었다. 공책도 그랬다. 그래도 고마운 일이다. 더구나 은행장 부인과 그 밖에 같이 온 자문위원들이 개인 돈으로 과자랑 공책이랑 사 오기도 했다니 고맙다.

학교에 와 있는데 또 전화가 왔다 해서 나가니 학무과장이 내일 출장 승인 신청서를 써서 직접 가져오라고 했다. 그러겠다고 대답했다. 무슨 일인가? 책은 또 무얼 하려는 것인가? 교육감이 훈계를 하려고 하는 것이 아닌가? 궁금하고 걱정된다.

오늘 송재찬 선생 편지를 받았다. 일제 학력고사를 치르는데 선생들이 아이들에게 시험문제를 서로 보고 베끼면서 쓰도록 하고, 답을 가르쳐 주고 했다는 얘기를 썼는데, 참 기가 막힌다. 이래도 교육과 행정을 비판할 수 없다면 도대체 이 나라는 어찌 되는 것인가?

그저께도 험한 산길을 걸어오고, 오늘도 10리 넘는 길을 갔다 오고, 내일도 30리를 걸어야 한다. 이것이 내 인생이다. 그래도 나는 내 길을 혼자 웃으면서 걸어가리라. 죽을 때까지 꾸준히 걸어가리라.

1978년 7월 13일 목요일 흐림

아침에 밥을 먹고 있는데 김종길 씨 어른 내외분이 서울로 떠난다는 말을 듣고 숟갈을 놓고 버스 길에 나가니 마을 사람들이 많이 나와 있었다. 김종길 씨 부친은 일흔셋으로 중풍으로 걸음도 제대로 걷지 못하시고, 이제 아들 있는 서울로 가게 되는 것이다. 종길 씨는 못 오고, 종길 씨 동생 되는 분과 인사를 했다. 감자 자루 위에 앉아 계시는 어른 앞에 가서 나는 "연세 많은 분이 미국 같은 데를 가는 사람도 봤습니다. 미국에 비하면 서울은 고향 한가지지요. 저도 서울 가면 찾아뵙겠습니다" 하니 웃음을 띠셨다. 한 마을에 있으면서 한 번도 찾아가 인사드리지 못한 것이 죄송했다. 이 여름엔 꼭 가 봐야겠다고 생각하던 차에 그만 이렇게 떠나시니 후회된다. 종길 씨 동생이란 분은 자기가 어제 왔는데 나를 찾지 못했다면서 미안해한다. 그러면서 눈물을 자꾸 흘리고 있었다. 고향 떠나시는 어른을 생각해서이리라. 시인 종길 씨같이 감정이 가득한 형제들이라 느껴졌다.

버스를 보내고 와서 밥을 다 먹고 학교에 나가니 누가 물에 빠져 죽었다고 한다. 더워서 시험 시간을 당긴 터라 8시 20분에 1교시를 시작하는데 아이들도 사람이 물에 떠내려가는 것을 보았단다. 혹시 학생은 아닌가 하는 생각이 들어 각 교실마다 다니며 출석 상태를 알아보니 1학년부터 6학년까지 한 아이도 결석생이 없다. 겨우 안심하고 있는데, 또 소문이 들리기로 온 동네 사람들이 사람을 건지러 냇가에 나갔다 한다. 이건 헛소문이 아니구나 싶어 나가 보려 하는데, 김장수 씨네 식구들이 물을 건너다 빠졌다 한다. 장수 씨는 바로 아까 학교에 와서 담장 개축 일을 의논하다가 종길 씨 부모님들 떠난다고 같이 전송 나갔던 사람이다.

냇가에 나가는데 장수 씨 딸이 큰 소리로 울면서 마을 사람 부축을 받아 들어온다. 온몸이 물에 젖은 모습을 하고 있다. 냇가에는 10여 명 마을 사람들이 모여 앉아 흙탕물을 바라보고만 있다. 들으니 장수 씨가 부인과 딸을 데리고 건너편 밭에 김 매러 간다고 물을 함께 건너는데, 앞선 딸이 가다가 비틀거리자 어머니가 붙들려고 하다가 그만 넘어지고, 그러자 지게를진 아버지가 부인을 잡고 같이 떠내려갔단다. 그런데 딸은 거기서 여울을 지나 400미터가량 아래쪽인 고방까지 떠내려가서 천만 다행히도 바위에 걸려 헤엄쳐 가까운 버드나무를 잡고 살아났는데 장수 씨 부부는 영 보이지 않았다고 한다. 지게만이 떠내려가는 것을 건져 내봤는데, 보니 점심밥 보퉁이와 호미 두 가락(세 가락?)이 꽂혀 있고, 지겟작대기도 함께 건져 났다. 시간이 벌써 오래되어 이젠 건져도 살아날 가망은 영 없는데 벌겋게 흐린 물속은 전혀 보이지 않아 시체를 찾을 길이 없다. 김원길 씨가 고무보트를 가져와서 긴 장대로 된 갈퀴를 잡은 사람 하나를 태워 노를 저어 고방소를 건너 산 밑 쪽 물이 도는 곳을 오르내리면서 물속을 더듬어 보았지만 허탕을 했다. 물속에서 풀이 걸려 나오고 바윗돌이 어설픈데, 거기 가라앉아 있은들 어디 걸리겠는가. 조그만 우물 속에 두레박 건지는 것도 쉬운 일이 아니거든, 그저 앉아만 있을 수 없어 하 답답해서 하는 짓에 불과하다.

구사일생으로 살아난 딸은 기적같이도 몸에 큰 상처 하나 없이(있어도 모르는지) 물에서 나와서는 "아이고 우리 엄마 살려요" 하고 또다시 물에 뛰어들려는 것을 겨우 사람들이 붙잡고 집으로 가면서, 왜 엄마만 부르느냐 하니, 오늘 아침 엄마와 저는 물을 건너지 않으려는데 아버지가 억지로 끌고 가다시피 해서 건넜다는 것이다. 그래 아버지는 죽어도 불쌍하지 않고 엄마가 가엾다는 것이다.

장수 씨 집에는 초등학생이 둘 있는데(6학년과 4학년) 모두 사내아이들이다. 소식을 듣고 소리쳐 울며 학교에서 집으로 갔다. 그 위에 중학 1학년인 딸이 하나 있고, 그 딸 위가 물에 빠졌던 처녀고, 다시 그 위엔 스무 살 넘은 딸과 아들이 부산에 가서 공장 일을 한단다. 부산 간 큰아들은 공장 일을 하면서 야학을 다닌다고 한다. 또 아흔이 넘은 장수 씨 모친이 계신다. 5년 전에 이곳에 와서 제 땅 하나 없이 남의 논밭을 부치면서 미장공 일도 하고 그럭저럭 집 한 채를 올해 지어 가지게 되었는데, 그만 이런 끔찍한 일이 일어났으니 기막힐 노릇이다.

　지서에서 지서장이 오토바이로 달려오고 대의원이 오고 했지만, 시체는 저녁이 되어도 건져 낼 길이 없었다. 중학생 딸이 와서 울고, 저녁에 소문 듣고 온 장수 씨 처남과 육촌인가 하는 사람도 냇가에 와서 인사하고 앉았을 뿐이고, 밤이 되어 부산서 온 아들딸도 울기만 할 뿐이었다.

　나는 며칠 전에도 장수 씨 집을 두 번이나 찾아가 보고, 어젯밤에도 가 보았다. 갈 때마다 온 식구가 둘러앉아 저녁을 먹고 있었는데, 학교 일을 방학 전에는 마쳐야 한다고 걱정했더니 밭에 지심이 하도 짓어 대강 뽑아 두고 해야겠는데, 방학 전에는 해 드릴 터이니 염려 말라면서 오늘 아침에는 담장 공사 일을 다시 계획하려고 학교에 왔던 것이다. 장수 씨는 아침에 와서 담장을 다시 살피더니, 돈내기를 안 하고 날일을 하겠다 했다. 날일이면 학교에서 참이라든가 그 밖에 걱정거리가 많아 그만 전에 결정한 대로 떼맡으라고 했다. 그것은 장수 씨가 일을 성실하게 한다는 것을 알기 때문이기도 했다. 그래도 그는 날일로 하는 것이 일이 단단하게 된다고 하기에, 혹시 돈내기로 하다가 일거리가 뜻밖에 많아 손해 보지는 않을까 염려하는가 싶어 "그럼 전에 결정한 3만 2천 원이 적으면 좀 더 돈을 청구하시고 예정대로 맡아 하시지요" 했더니 그렇게 하겠다고 했다. 그래 다시 청부 금액을 계산해서 내기로 하고 헤어졌던 것이다.

우리는 "그만 냇물도 많은데 억지로 건너지 말고, 학교 일 먼저 했으면 아무 일도 없었을 것인데……" 했지만 어찌 생각해 보면 학교 일을 해 달라고 자꾸 부탁하니까 하루라도 빨리 자기 밭일 마쳐야 한다고 그래 물을 건너간 것이라고 볼 수도 있을 것 같다. 그렇게 되면 이건 학교에서도 죄를 지은 것 같은 마음이 든다.

시체는 저녁까지도 찾아내지 못했다. 집에 가니 아이들이 소리를 지르고 운다. 아흔 할머니가 멍하니 뜰에 앉았다. 나는 아이들을 어떻게 대해야 할 바를 몰랐다. 그러다가 방 앞에서 겨우 이런 말을 해 주고 왔다.

"그만 울어라. 사람이 죽고 사는 것 모두 운명이고 사람의 힘으로 어찌할 수 없단다. 내 얘기 잠시 들어 봐라. 6·25전쟁 때 부모가 모두 폭탄에 맞아 죽고 어린애들만, 국민학교에도 못 다니는 어린애들만 남은 집도 있었단다. 그 아이들은 할 수 없이 고아원에 가서 자라나게 됐지. 너희들은 그런 애들에 비하면 그래도 다 컸잖아. 울지 말고 앞으로 씩씩하게 살 각오를 하고 용기를 내라."

정말 이런 말밖에 무슨 애기를 할 수 있겠는가.

1978년 7월 24일 월요일 맑음

오늘 용한이네 형제들이 부산으로 떠났다. 여러 날 전부터 가려 했는데 차가 다니지 않아서 짐을 실어 갈 도리가 없어 기다렸던 것이다. 어제는 용한이 삼촌이 안동 나가서 차 한 대를 교섭해 온다고 하더니 결국 도연 냇가에서 바퀴가 빠져 도로 가버렸단다. 종일 기다리다가 못 가고 오늘은 경운기에 짐을 싣고 사람은 모두 걸어 나가게 되었다. 아침에 짐 싣는 것 보니 겨우 예닐곱 덩어리뿐이다. 용한이 할머니는 한 이틀 전 리어카를 타고 망천까지 나가서 부산으로 가시도록 했는데, 어제는 부산서 아주 위독하단 기별이 왔다고 한다. 구성 씨 부친이 "그 노인 가는 것 저기 모퉁이 돌아가는 데까지 따라가 전송했는데, 내가 눈물이 나 견딜 수 없데요. 정말 참혹한 일입니다"고 했다.

짐 싣기 전에 생각이 나서 나는 용한이네 형제가 전입학하게 되는 부산진 성전국민학교 교장 앞으로 편지를 써 주었다. 그리고 용한이 큰누나한테 좀 더 자세한 사정을 들었다. 용한이 삼촌이 품팔이로 겨우 살아가신다는 말은 어제 구성 씨 부친한테서 들었지만 용한이 누나는 방직공장에 나간다 했다. 이제 4년째 되는데 월급이 약 9만 원이란다. 아침 7시 반에 가서 저녁 7시에 나오고 일주일씩 밤낮이 교대되는데 밤일은 저녁 7시에 가서 아침 7시 반에 나온단다. 꼭 12시간 근무다. 어처구니없는 혹사다. 용한이 형은 무슨 그릇 만드는 공장에 일하는데 겨우 학비 정도를 번단다. 학교는 야학인데, 새마을청소년학교라 했다. 부산에도 그런 학교가 있는 모양이다. 나는 〈소년〉지와 동아방송에 나오도록 하겠다고 해 주었다.

낮에 염무웅 선생 편지가 왔는데 황명걸 씨가 편집하는 무슨 회사 사보에 수필 15매를 써 달란다. 그러면서 그 수필을 될 수 있으면 《말콤 엑스》 독후감 같은 것이 되도록 했으면 하는 희망이다. 《말콤 엑스》 두 권을 읽으려면 며칠이 걸린다. 창비를 위한 일이니 거절할 수 없다. 그러나 8월 15일까지 논문도 한 편 써야 하고, 세미나 준비, 청주글짓기지도회 강연 준비 등은 어쩌나. 생각다 못해, 꼭 받기로 했던 종합 건강진단을 그만 두기로 했다. 그걸 그만두면 모든 일이 제대로 풀리는 것이다. 그 대신 조용히 쉬면서 일을 천천히 해서 건강을 해치지 않도록 하면 되겠지.

논문을 써야 했는데, 펜을 들지 못하고 종일 서성거리다가 해를 보냈다. 구상만 한 것이다.

오후에 소낙비가 동북쪽을 지나갔는데도 저녁때는 좀 선선했다.

밤에 들리는 소쩍새 소리가 목이 쉬었다.

1979 &

1979년 2월 6일 화요일

한국방송공사 안동방송국 박순태 외 한 명 취재차 내교.

방송 녹음 첫째, 노래 부르는 것. 둘째, 글짓기 작품 낭독. 셋째, 《우리도 크면 농부가 되겠지》 책 엮어 낸 동기, 교육에 대한 신념, 길산교 교육—흙으로 만들기 지도와 자연의 아름다움, 인정의 아름다움.

박순태 씨 말, "녹음 다 마치고, 여기 벽촌 아이들 서울 한번 가 보는 것이 꿈이란 것을 아이들 입으로 녹음되도록 해 주세요."

답, "그런 짓 할 수 없어요. 나는 이곳 아이들에게 평생 서울 같은 곳 안 가도 여기서 사람답게 사는 데 자랑 가지도록 가르치고 있으니까요."

1979년 3월 30일 금요일

아침에 또 소낙비가 쏟아져 홍수가 넘쳤다. 한실 어머니들이

서넛 아이들 데리러 왔다. 오전 수업으로 귀가시킴.

반상회 오후 7시~9시 30분, 샛마 1, 2반.

1. 면에서 보내온 의제, 주지 사항 등 낭독 설명

2. 비닐 수거와 자연보호에 대하여

3. 주민 요망 사항 토의

마늘값이 폭락할 우려가 많으니 마늘값 내리지 않도록 해 달라는 것이 모두의 말이었는데, 여기에 대해 첫째, 마늘 수입하지 않도록 건의하자, 그런 건의할 자격 농민들에게 없다. 둘째, 최저 가격 정하도록 건의하자, 그래도 소용없고 농협 통한 공동 출하하면 된다, 등 논의 있었는데, 동장이란 사람이 건의 사항 해도 소용없느니, 하면서 농민들을 무시하고 잘못된 농사 행정을 옹호하는 말을 하고 있었다.

김용재 선생 편지가 왔다. 내 인사 향로(向路)에 분개하시어 문교부에 얘기했으니 머지않아 무슨 조치가 있을 것이라는 말씀. 이걸 어쩌나. 착잡한 생각이 들었다.

1979년 4월 7일 토요일

소방서 2층에서 민방위 대장 교육이 오전 10시부터 오후 1시 20분까지 있었는데, 남선우체국장이란 사람(전 한국문인협회

• 1979년 3월 1일에 경북 안동군 대성국민학교 교장으로 부임했다.

안동지부장으로 말썽이 있었던 사람)이 나와서 두어 시간 괴상한 만담 같은 얘기를 했다. 이 사람이 이런 데 팔려 다니는 모양이다. 나는 시종 책을 보고 있었다. 안동발 2시 버스로 대구는 4시 반 착(집).

연우딸가 공부 잘했다면서 공책을 보이고 또 받아쓰기를 한다고 그래서 공부한 곳만 불러 주었더니 대강 쓰기는 쓴다. 그런데 "영이야 놀자", "기영아 놀자"…… 이렇게 한 가지씩 쓰다가 이번에는 "연우야 놀자"고 쓰라니 그건 책에도 없는 것이라 못 쓴단다. 모른단다. 겨우 달래기를 "책에 없는 것을 쓰면 더 재미있다. 훌륭하다"고 해서 쓰는데 이번에는 "연" 자를 써 놓고 "누"를 못 쓴다고 찡찡거린다. 입학하기 전에도 수없이 써 온 제 이름을 못 쓰다니! 더구나 "연우"가 아니고 "연"하고 "누"라고 발음하면서 못 쓴다니 기가 막힌다. 학교교육이란 이렇게 아이들을 바보로 만드는 것이다. 아이들을 기계로 만드는 것이다.

저녁을 먹기도 전에 자더니 오늘은 저녁을 먹고도 안 자고 숙제를 한다고 엎드려 국어책을 베껴 쓰고 있다. 몇 페이지까지 세 번을 써 오라고 했단다. 산수도 몇 페이지까지 그림과 숫자를 그대로 베껴 가야 하는 모양이다. 바보 만드는 교육!

〈뿌리깊은나무〉4월 호에 바보 만드는 교육 얘기를 누가 쓴 것이 있는데, 그건 너무 일반적인 추상 이론만 쓴 것 같다. 보다 현실적인 우리 문제를 써야 했다.

1979년 5월 27일 일요일

아침에 일어나니 한 젊은이가 어젯밤에 등사한 것을 가져와 서두(書頭)를 하고 호치키스로 책을 매었다. 이 목사도 같이 했다. 모두 130부를 만든다는데, 여기저기 보내 달라고 요청하는 곳이 많지만 더 늘리기가 힘들어 보내지 않고 있다는 것이다. 어젯밤에는 새벽 3시까지 등사를 했다는데, 토요일 밤은 언제나 그렇게 일한다는 것이다. 이현주 목사는 타이프로 찍으려고 기계를 사 왔다고 하고, 운전 등사기도 사기로 했다고 한다. 아무래도 부수를 늘려야 할 형편이란다. 교회뿐 아니라 교회 밖의 고장 소식도 실어 이 지방의 문화를 만들어 가겠다는 말을 했다. 참으로 놀랍고 부럽다. 타이프로 쳐서 그걸 윤전기로 인쇄하면 크게 발전하는 셈이나, 한 가지 이 목사의 그 예쁜 필경 글씨를 볼 수 없는 것이 섭섭하다.

오늘은 야외 예배를 본다는데, 하늘이 구름 한 점 없이 맑다. 이렇게 청명한 날씨는 올봄 이후 처음인가 싶다. 간밤에 잠을 서너 시간밖에 못 자서 좀 고단했지만, 그래도 약 4킬로미터쯤 되는 야외를 같이 즐겁게 걸어갔다. 넓게 닦인 포장도로 옆엔 보리가 한창 익어 가고 아카시아 꽃들이 만발했다. 여긴 비닐 농사를 안 하고 논밭에 보리가 대부분인 것이 꼭 옛날로 돌아온 것 같았다. 모내기도 여기저기 하고 있었다.

한쪽에 푸른 바다가 보이고, 한쪽에는 나지막한 산들과 그 산들 사이사이 아늑한 골짜기들이 온통 푸른 숲 속에 묻혀 있는 것이 너무나 아름다운 고향 같아, 이런 곳에 와서 살고 싶었다. 그랬더니 여기서 20리쯤 더 가면 원자로를 갖다 놓기 위해 땅을 고르고 한다고 했다. 또 가는 길 한 곳에 아주 굉장히 넓은 땅을 흙으로 돋우고 거기서부터 눈이 모자라게 멀리까지 아스팔트 광장 길을 닦아 놓았는데 그게 비행장이란다. 이렇게 아름다운 산천이 무시무시한 인간들의 삶과 죽음의 터가 되고 있는가 싶으니 원통하고 슬펐다. 바닷가에는 또 어디든지 울타리를 쳐 놓았는데, 사람들이 거기 접근을 못 하도록 금지하고 있다고 한다. 이동순 씨 말 들으니 우리 나라 남해만 빼놓고, 동해, 서해 일대를 이렇게 해 놓았다 한다. 참 기가 막힌다.

우리는 바닷가에 갔지만 아주 모래밭에는 못 가고 소나무들이 자라는 들 가운데 자리 잡았다. 천막을 치는 동안 솔밭을 자꾸 걸어 바닷가 쪽으로 갔더니 군인 몇 사람이 무엇을 리어카에 끌고 가다가 나를 보고 빨리 저쪽으로 나가라고 한다. 금지구역에 왔구나 싶어 곧 나왔다. 저쪽을 보니 이상한 시설들이 있는데 거기가 사격장이란다. 조금 있으니 총소리가 들렸다.

조그만 소나무 숲 속에 천막을 치고 앉아 예배를 보는데, 교인들은 어른 아이 모두 약 50명가량 되었다. 예배는 주보에 나온 대로 그 진행이 매우 재빠르게 되었다. 자연보호에 관한 것이 오늘 설교 주제였다. 매우 적절한 주제였고, 이 목사의 설교가 참 능숙한 데 놀랐다. 마치고 나서 새로 나온 교우들, 멀리

갔다가 돌아온 사람들 소개하고 나서 우리 두 사람도 소개했다. 나는 일부러 앞에 나가 좀 길게 인사했다. 그렇게 해야 할 것 같아 말했으나 너무 피로해서 요령 없는 말이 되어 얼굴이 화끈거렸다.

점심을 그 자리에서 나눠 먹고, 젊은이들은 잔디밭에서 축구를 했다. 그리고 나서 모두 한데 모여 둥글게 앉아 재미있는 오락놀이를 했는데, 남녀노소 없이 모두 웃고 노는 것이 참으로 즐거워 보였다. 자꾸 나를 끌어들이려고 했지만, 그리고 그런 자리에 한데 어울렸으면 얼마나 좋겠나 싶었지만, 그렇게 젊은이들과 재미있게 어울릴 수 없는 내 성격이 너무 한심스럽게 생각되었다.

오후 4시가 되어 이 목사와 우리 두 사람만 먼저 돌아왔다. 버스를 타고 울진성당에 오니 정 신부가 기다렸다. 울진성당에서 수녀 여러 사람들과 인사를 하고 차를 마셨는데, 그 수녀들 중 두 사람은 미국 사람으로 얼굴이 참 예쁘다고 느껴졌다.

울진서 수녀 여러 사람과 같이 타고 죽변을 도로 가서 거기서 수녀 한 분을 성당에 내리게 하고, 이 목사와도 작별하고 다시 탔다. 후포까지 와서 거기서 다른 수녀들을 내리게 하고, 그다음부터는 세 사람이 타고 왔다. 영해 와서 농민회장 권종대 씨 집을 찾아가서 권 씨가 자기 집에 쉬라는 것을 바쁘다고 억지로 나왔다. 권 씨도 같이 타서 영덕 와서 그곳 신부를 또 태워 강구(江口)에 가서 회와 함께 저녁을 먹었다. 다시 영덕 오니 밤 11시 20분. 영덕성당 신부 방에 모두 다섯이, 1시 가까이 되어 갔다.

오늘도 날씨는 구름 한 점 없었고, 동해안의 푸른 파도와 푸른 산들, 아늑한 들과 골짜기들이 눈물이 날 만큼 아름다웠다.

1979년 5월 28일 월요일

아침에 이동순 씨를 먼저 보내고(9시 반에 교실에 시험 감독을 들어가야 된다고 해서) 권종대 씨와 영덕 시가지를 한 바퀴 돌아보았다.

영덕국민교(옛날의 영○국민교알아볼 수 없음)를 보니 교사를 현대식으로 잘 짓고, 옆에 영덕체육관이란 걸 크게 지었다. 옛날 영안상회 있던 자리는 버스 정류장이 되었다. 오십천 냇물을 바라보니 다리가 놓여 있고, 그 건너 삼전동 멀리 마을 집이 보이는데, 학교 건물은 물론 흔적도 안 보인다. 아, 이 냇물을 옷을 벗고 떠내려갈 뻔하면서 건너기도 하고, 한겨울에는 귀가 떨어져 나갈 만큼 모진 바람에 쓸리면서 건너다녔구나.

군청으로 가는 길에 옛날 일본 사람들이 책방이며 식료품상이며 하던 집 몇 채가 그대로 서 있어서 이채로웠다. 군청, 경찰서도 그 자리 그대로다. 건물은 다시 지었겠지. 우체국 자리는 집이 뜯겨 빈터가 돼 있고, 영덕학교 앞에 새로 크게 지었다.

그 옛날 만두를 사 먹던 일본 사람 만두집을 찾아가면 그대로 있을까? 없겠지. 그 일본 아주머니가 나를 보고 흡사 ○○ 같다고 하던 그 만두집, 아마 죽은 자기 아들의 얼굴이 나를 닮았던 모양이지. 그 일본인들도 물론 오랜 옛날에 모두 죽었겠지.

성당에 돌아와 식빵과 커피를 먹고, 9시경에 정 신부와 권 씨와 작별하고 안동 향해 왔다.

임동서 정 신부와 작별, 우체국, 약방, 도장방 등 볼일 마치고 11시 반 차로 학교로 왔다.

참으로 오랜만에 즐거운 여행을 한 것이다.

5학년 조상률 선생이, 교육청 김 장학사가 무슨 일인지 오늘 중으로 좀 나와 달란답니다, 해서 그럼 갔다 와야지 하고 낮차로 보냈는데, 저녁에 돌아와 하는 말이, 이력서에 1정 자격증 받은 날짜가 씌어 있지 않다면서 그걸 묻더라 했다.

"전화로 물어도 실컷 될 건데 그것 때문에 안동서 막차까지 몇 시간을 기다리느라 심심해서 애먹었어요" 했다.

참 어처구니없는 일이다. 그따위들이 장학사라고 앉아 있으니 말이다. 선생들 수업하는 것 도와야 할 건데, 수업 못 하게 방해하는 것이 장학사다. 조 선생은 또 수업 못 한 것보다 안동서 오는 차를 몇 시간 기다리는 것이 더 고통스러웠고 불평의 이유가 되었으니, 이것도 문제다.

1979년 5월 29일 화요일

저녁때 책장 안에 남겨 둔 술 한 병(지난 소풍 때 나한테 어느 아이가 갖다 준 것)을 꺼내서 한 잔씩 돌리고 있는데, 5학년 아이들이 사택에 물을 들어다 주고 있다. 한 번, 두 번, 세 번째다. 보니 그토록 늦게까지 연습을 하던 체육부 육상 선수들이다. 좀 화가 났지만 조용히 말했다.

"조 선생, 저 아이들 물 그만 들어다 나르도록 하지요".

내가 처음으로 아이들 노역시키는 일에 대해 한 말이었다. 조 선생은 좀 당황해서 아이들을 그만 가라고 했다.

1979년 6월 8일 금요일

전 형과 나와서 서점에 들어가 장자에 관한 책을 한 벌씩 사고 〈월간 독서〉 사무실에 들어가 임헌영 씨를 만나 얘기하다가 점심까지 얻어먹었다. 임 선생과 전 형은 처음 만나는 터였지만 임 선생은 얘기를 듣고 잘 안다면서 최근에 나온 평론집을 주기도 했다.

거기서 나와, 오늘은 원갑여관에 유숙하고 내일 아침 일찍 떠나자고 하면서 우선 원갑에 가서 짐을 맡겨 놓자고 가는데, 전 형은 다른 데 둘러 온다면서 딴 곳에 가고 나만 우선 원갑에 가서 가방과 책 보퉁이를 맡겨 놓고 종로서적 조성헌 씨를 찾아 잠시 얘기하다가 창비로 갔다.

내가 이때 창비에서 〈동아일보〉를 봤는지, 길에서 샀는지 확실한 기억이 없다. 좌우간 신문을 펴 보니, 뜻밖에도 벌써 내 사진과 글이 5면 첫 단에 크게 나와 있어 읽었더니 놀랍게도 형편없이 고쳐져 있다. 아주 내 뜻과는 다르게 엉터리로 만든 글이다. 이걸 어쩌나! 어제 다른 신문을 보니, 칼럼들에 모두 하나같이 대통령 담화문 내용이 언급돼 있어서 좀 이상한 느낌이 들더니, 기어코 내가 〈동아일보〉에 이용당한 것이다. 창비에 가서 얘기했더니 염 선생은, 만약 그렇다면 그 사실을 〈뿌리깊은나무〉나 〈창작과비평〉에서 밝히는 것이 좋겠다 한다. 그러면서 그 원고를 찾아오는 것이 선결문제라 해서, 나도 그런 생각이 들던 참이라 곧 동아로 갔다. 임 씨는 없고 김 문화부 차장만 있었다. 왜 글을 그렇게 고쳤는가 했더니, 뭐 많이 고쳤습니다, 해서 원고와 대조해 보자고 하고, 그 원고를 찾아냈다. 이걸 누가 이렇게 고쳤는가 하니, 임 기자가 고친 걸 나도 봤다 한다. "뭐 그 정도 고치면 어때요?" 한다. 참 어이없다. 나는 좀 큰 소리로 떠들고 싶었지만 원고 가지고 오는 게 목적이 되어 참고 임 기자 오기를 기다리는 척하다가 그만 나와 버렸다.

나와서 창비에서 두 번이나 동아에 전화를 걸어도 임 기자는 안 돌아왔단다. 할 수 없이 김 차장한테, 이 사실을 그냥 넘길 수 없으니 나는 진상을 공표한다 했다. 그러려면 그러라 한다.

그러나 그 원고는 여기서 보관해야 하니 돌려 달라 한다. 나는 절대로 못 돌려 준다. 내 글이 그처럼 조작되었는데, 증거물을 내가 가지고 있어야 한다고 했더니, 그럼 우리가 복사해서 주겠다 했다. 복사는 내가 해서 우송할 테니 그리 알라 하고 전화를 끊었다. 한참 있다 다시 전화를 걸어도 임 기자는 없었다. 임 기자를 불렀는데 김 차장이 또 받아서, 그러지 말고 임 기자 꼭 만나도록 할 테니 그쪽의 전화번호를 알려 달라 해서 6시 반경에 디즈니다방에 갈 것이라 했다.

창비에서 〈뿌리깊은나무〉로 가서 김형윤 편집장을 만나 신문과 원고를 보이고 얘기했더니, 놀랍게도 〈동아일보〉를 편들었다. "신문사로서는 그럴 수 있습니다, 우리도 필자들 글을 고치는데요, 이런 것 정도는 그래도 괜찮습니다, 몇 배 더한 것도 예사로 고칩니다"고 했다. 그러나 기사를 거짓으로 내든지 조작하든지, 그런 것이야 예사로 한다지만, 어찌 개인의 이름으로 나오는 작품을 이럴 수 있는가, 하고 자꾸 얘기를 하고 토론까지 했더니, 그는 내가 쓴 원고 내용에 나온 열등의식의 해소 문제라든가, 입신출세 교육에 대한 비판 같은 것을 이해하지 못하는 것 같았다. 결국 그는 "우리 잡지사로서는 신문사와 틈이 벌어지는 것을 조심하는 처지입니다" 하고 솔직히 말했다. 그리고는 〈동아일보〉를 비난 말고, 〈동아일보〉에 나온 글이 조작되었기에 쓴다는 말을 하지 말고, 당초에 쓰고 싶었던 생각을 60매쯤 오는 14일까지 써 달라 했다. 나는 아무 말 안 하고 나와 버렸다. 임 선생이 〈뿌리깊은나무〉를 형편없는 장사꾼의 잡지라 하더니 정말 그렇구나 싶었다.

　저녁에 삼미에서 이원수, 박홍근, 손동인 세 분과 담화했다. 이원수 선생은 그 원고 절대로 주지 말고 잘 보관하라 했다. 손 씨는 반가워하면서 〈동아일보〉를 자기도 보는데, 그럴 줄 몰랐단다. 삼미에서 나와 손 씨와 둘이서 인삼 찻집에서 다시 또 한 시간쯤 얘기하다가 헤어졌다.

　여관에 돌아오니 맥이 탁 풀어졌다. 기진맥진 상태다. 또 내가 하나의 분란을 겪는구나 싶다. 이 문제를 어떻게 해결해야 할지, 나를 지원해 주는 잡지사는 아무 데도 없다. 창비에 글을 싣는다지만, 〈동아일보〉와 대립이 되면 저것들이 무슨 음흉한 수단을 쓸지 모른다. 더구나 대통령 담화문을 업고 나를 해치려 할 것 같다. 또 이런 일이 벌어지면 나를 시기하고 해치려는 무리들이 날뛸 가능성도 너무나 많다.

　나는 누워서, 자살을 하는 사람의 심경을 생각해 보기도 했다. 자살을 하는 사람은 이와 같이 자기의 모든 것이라 믿었던 것을 빼앗기고 말았을 때 그 자살을 감행하는구나 싶었다.

　그러고 보니 나는 내 이름에 너무 집착하고 있는지 모른다. 진실이란 언젠가는 밝혀지고 말 것인데, 일시적으로 오해받아 비록 비참한 구렁에 빠졌다고 해도 그걸 가지고 이토록 고민한다는 것은 잘못이다. 역시 헛된 이름에 사로잡혀 있었기 때문이구나 싶은 생각이 들었다. 더구나 이번 일은 내가 언론기관의 실상을 모르고 무지했다는 잘못이 있고, 또 신문에 이름 내고 싶어 하는 마음이 전혀 없는 것이 아니었으니, 이러한 내 모든 유치하고 질이 낮은 정신 상태를 경고하는 신의 뜻이 아닌가? 신의 징벌로 받아들여야 옳지 않았나 싶었다.

그러나 이건 아무래도 비참하다. 언론기관이 이토록 타락할 수 있는가. 한 사람의 인격과 인권을 유린하기를 개미 밟아 죽이듯 하는 놈들이 신문기자고 부장이고 하는 자리에 앉아 있으니 기가 막힌다.

1979년 7월 4일 수요일

오늘이 장자 연구 모임 날이다. 낮차로 나가서 오후 2시 반 교구청에 전화를 거니 정 신부는 광주 갔는데 6시 반쯤 돌아온다고 한다. 오늘 모임도 저녁이라고 들었다. 어찌할까 하다가 일직으로 갔다.

일직교회에 가니 이현주 목사가 와 있었고, 또 한 분 삼척 부근의 어느 교회 전도사도 와 있었다. 권 선생은 얼굴빛은 좀 괜찮은 것 같으나 여전히 기운이 없어 보인다. 알고 보니 한 이틀 전에 대구은행의 어느 아가씨(나한테 편지 보낸 아가씨)와 영양에 갔다 왔단다. 땅이 맘에 맞지 않아 그만 사지 않았다고 한다. 5시 반까지 얘기하다가 같이 나왔다. 권 선생과 같이 있는 대학생도 함께 나왔다.

7시쯤, 교구청에 모인 사람은 모두 15명쯤. 모두 국숫집에 가서 저녁을 먹고 유스호스텔 가서 6층 어느 방에 들었다.

 먼저 정 신부가 주제 발표 같은 걸 하고, 소요유 편 첫머리를 읽고 한참 설명과 해석을 한 다음 각자 의견을 말하여 토론을 하기로 했다. 그런데 소요유 편을 오늘 다 하는 것으로 알았는데, 정 신부가 너무 설명과 해석을 길게 하는 바람에 겨우 몇 줄을 맞추는 데 한 시간이고, 두 시간이 걸렸다. 이러다간 소요유 편 보는 데 한 해가 걸리겠다. 그리고, 정 신부가 중요한 핵심부를 말하는 것보다 부분적인 문구를 지나치게 자기류(流)로 해석하는 데 힘을 들이다 보니 재미가 없었다. 나는 좀 빨리 나가도록 하자고 했더니 모두 그렇지 않다고 했다. 살피니 각자가 충분히 공부를 안 해 온 모양이다. 전 형도 겨우 한 번 훑어 읽었다나. 나는 한 번 정독하고, 두 번 원문을 썼으며, 한자 모르는 것을 일일이 사전을 찾아보았던 것이다.

 그래 너무 지루하고, 또 시간이 자꾸 가는 데다 지나치게 제멋대로 형이상학적인 해석을 붙여 장자를 신화화하는 것이 언짢아져서 내가 이런 말을 했다.

 "장자를 읽고 내가 느낀 것은 이 사람 굉장한 에고이스트구나, 하는 것입니다. 일체의 세속과 세상사에 얽매이지 않고 절대 자유의 경지에 살고 싶어 한 장자야말로 고급의 사실주의자라 생각됩니다. 우리가 오늘날 이 황금과 물질만능의 세상에서 제정신 안 잃고 살려면 장자를 따르는 것이 지극히 필요

할 것 같습니다. 그러나 장자는 그것뿐입니다. 장자 가지고는 개인 정신의 해방은 되겠지만 사회의 구원은 안 됩니다. 우리는 장자가 살던 땅과 시대와는 다른 역사와 사회 속에 삽니다. 말하자면 기계와 조직이 인간성을 파괴하고 압살하는 시대에 삽니다. 이런 시대에는 장자같이 모든 세상일에 초월하는 태도로는 살아서 안 됩니다. 우리는 우리가 살고 있는 역사, 남북 분단의 문제라든지, 농촌과 농민의 문제 같은 것을 장자식의 초월한 생활 태도로는 대할 수 없다는 것을 생각해야 합니다."

이랬더니 정 신부가 아니란다. 장자는 세상을 초월하려고 한 것이 아니라 모두가 제각기 자기의 갈 길을 가도록 한 것이란다. 이래서 의견 대립이 되어 논쟁이 벌어졌다. 다른 사람들은 내 의견에 동의하기도 하고 정 신부 말에 찬성을 하기도 했다.

밤 1시가 지나서 그럭저럭 그만두라고 하고, 신부들은 나가고 우리들은 두 방에 나눠 잤다. 다음은 8월 13일 영해에서 모이기로 했다.

1979년 7월 9일 월요일 맑음

1학년 교실에 가서 보결 수업을 하는데, 아이들이 모두 같이 소리를 내 읽는 것은 잘하는데, 한 사람씩 서로 읽으라니까 전혀 할 줄 모른다. 모두 제각기 읽으라니까 꼭 같이 소리를 모아 읽는다. 이 학교는 1학년을 그래도 제일 착실하게 가르친다. 제일 착실한 교실이 이렇다. 3학년, 4학년도 아직 혼자 묵독을 할 줄 모른다. 5, 6학년도 그렇다. 무엇이든지 일제히 행동하는 것만 강요해 와서 이렇다.

둘째 번 시간에 또 들어가니 "선생님, 기연이가 규봉이를 떠다밀었습니다", "선생님, 규봉이와 재철이가 2학년 노는 데 개판 지었습니다"고 여기저기 고자질하는 아이가 떠들썩했다. 나는 그런 말이 재미있다 싶어 칠판에 써서 읽히고, 그걸 쓰라 했다. 특히 "개판 지었습니다"란 말이 재미있었다. 그런데 쓰라니까 그때마다 "몇 번 씁니까?" 하고 아이들이 묻는다. 무슨 글이든지 세 번 쓰라니 다섯 번 쓰라니 하는 기계적 행동을 강요해 놓았으니까 이렇다. 그냥 쓰라는 것이 몇 번 쓰라는 것인지 모른다. 한 번 쓴다는 것은 있을 수 없기 때문이다. 교실에 들어가 아이들을 대할 때마다 서글픈 생각이 들어 견딜 수 없다.

나중엔 흰 종이를 한 장씩 나눠 주고 아까 쓴 글의 내용을 제 마음대로 그림을 그리라고 했더니(규봉이와 재철이가 2학년 노는 데 개판 지었습니다란 글을 써 놓고 그 그림을 그리게 한 것이다) "못 그립니다" 하는 아이가 대부분이다. 그래도 1학년이니까 그리라고 하고 마음대로 한번 그리라, 그리면 재미있다고 했더니 모두 그렸다. 상급생이라면 아주 기계로 굳어진 손이 되어 도저히 못 그릴 아이들이 대부분일 것이다.

1979년 7월 16일 월요일

 그저께는 집에 오니 연우가 숙제를 한다고 엎드려(앉아서 구부려 두 다리 사이에 책과 공책을 펴 놓고 연필을 쥐고) 무엇을 쓰는데, 5시쯤부터 하더니 7시가 지나도 그대로 계속하고 있다. 얼마나 숙제를 많이 냈기에 저러고 있는가 싶었다. 그러다가 나중에는 4-1, 5+2 같은 문제도 몰라 나한테 묻고, 어미한테 야단맞고 얻어맞아 눈물을 닦아 가면서 하는 것이 측은해졌다. 하도 몇 시간이나 엎드려 손가락 운동을 해 놓으니 머리가 돌아 쉬운 문제도 못 하는 것이었다. 내가 선생들 잘못을 말하니 엄마는 점수 올리려면 할 수 없다고 해서 더욱 화가 나서 여자들 사람 아니라고 했던 것이다.

 오늘 아침에는 밥을 먹다가 "창의 창안 해야 된다"면서 자꾸 울고 있다. 그러다가 밥도 안 먹는다. "창의 창안"이 뭔가 했더니 엄마 설명에 공문으로 지시한 창의 창안 공작품을 아이들이 하나씩 해 가져가야 된다고 한다. 그러면서 안 해 가도 된다고 해도 연우는 자꾸 운다. 나는 화가 나서 학교 선생들이 그렇게 못돼 먹었다고 하고, 연우한테도 선생 시키는 것 다 안 해 가도 된다고 야단쳤지만 여전히 울고 있다. 나는 다시 "이젠 저런 1학년짜리한테도 선생들 말 듣지 말라고 시켜야 되겠고, 꼬박꼬박 순종하는 것보다 반항하는 행동 좀 가르쳐야 되겠어. 1학년 아이들에게 무슨 놈의 창의 창안이 있나. 숙제를 그렇게 내 놓으니 나중에는 교과서에 있는 아주 쉬운 산수 문제까지 못하게 되고, 글씨와 그림이 엉망이 되고, 이게 도대체 무슨 교육인가? 선생을 고발해야겠어" 했더니 아이 엄마는 학교서 시키는 것 어찌하나. 학년 주임이 그런 것 지시하는데 어찌하나 학년 주임이 그렇게 해 놓으면 부모들이라도 무엇을 만들어 주는 거고 그렇게 하는 수밖에 없지, 했다. 나는 "그럼, 창의 창안이란 것 부모들이 하는 것인가? 그 학교 교장을 고발해야겠어" 했더니, 아내는 또 더욱 소릴 내 "내나 당신이나 월급 받고 사는데 뭘 그래요" 했다. 아, 이놈의 세상 빨리 썩고 빨리 망하는 수밖에 아무 길이 없구나 싶었다.

아침을 먹고 나왔다. 안동 오니 11시 30분. 〈영남일보〉 지사 찾아 손동인 씨 서평을 낸 것 찾아 복사해서 점심을 먹고 다방에서 송재찬 동화 몇 편을 읽고, 교무 만나 월급을 받아 6시 40분 차에 올랐다. 산업대학 학생이 약 30명 같이 타고 들어왔는데, 학교에 오니 벌써 선발대 몇 사람은 어제 와서 천막을 쳐 놓고 솥을 걸어 두고 있었다.

교실 둘을 빌려 주었는데 전기가 안 들어와 불편했다. 땔나무도 없고, 마을의 동장은 어디 가고 없어 마을 사람들의 협조도 구하지 못하고 모든 것이 어수선한데, 학생들은 국기 게양대를 만들어 주느니 공동 퇴비장을 만들어 주느니, 계몽 활동을 하느니 하는데, 공동 퇴비장은 또 무슨 헛소린가? 계몽을 하다니 무슨 계몽인지 모르겠다.

1979년 7월 24일 화요일 맑음

오늘은 오후 3시쯤서부터 경로잔치, 위안 음악회, 어린이 학예 발표회 같은 걸 했다. 운동장 남서쪽에 천막을 쳐 놓고 땅바닥에 비닐로 된 넓은 막을 깔았다.

마을의 노인들이 안팎으로 30여 명 됐을까. ○○들 알아볼 수 없음도 왔다. 막걸리가 나오고, 오왕근 교수 인사가 있고, 국수가 나왔다. 오 선생은 "교장 선생님도 와 주세요. 노인은 아니지만" 해서 한자리에 앉았다. 국수는 너무 싱거워서 억지로 먹었다. 양념이 전혀 안 들었다. 나중에 호박나물을 가져왔는데, 그것도 장물인지 소금인지만으로 볶았을 뿐, 고추고 마늘이고 들지 않았다. 이런 산골에 와서 그 흔한 고추, 마늘조차 얻지 못하는가 싶으니 좀 불쾌했다.

학생들의 오락놀이가 있는데, 농악놀이가 볼 만했다. 모두 땀을 흘리고 하는 것이 참 고맙고 놀라웠다. 언제 저런 걸 배웠을까, 언제 저렇게 연습을 했을까? 농악 다음에 또 춤도 추고 노래도 했는데, 노래는 유행가가 별로 없고 모두 우리 옛날 노래를 불러서 노인들도 좋아했다. 학생들의 태도 또한 너무나 친절하고 인정을 다하고 하는 바람에 마을 사람들, 노인들이 고마워 어쩔 줄 몰랐다. 나중에는 학생들과 한데 어울려 노래도 하고 춤도 추었다. 재하 씨가 작은북을 가지고 놀고, 학구 씨가 노래를 하는데, 아주 잘 놀았다.

또 아이들 학예 발표회가 교실에서 있다고 해서 가 보았더니, 이것은 또 언제 이렇게 연습을 했는지, 노래, 춤, 낭독, 연주 등 종류도 다양하고 아이들도 스스럼없이 나와 잘해서 놀라웠다. 우리 학교 선생들도 이렇게 못 할 것 같았다. 무엇보다도 아이들이 그렇게 좋아할 수가 없었다. 학예 발표가 끝나고 선물 전달이라 해서 아이들에게 학용품을 주었고, 학교에는 또 책을 두 상자나 기증을 해 주었다. 나는 그것을 받고 "우리 선생들도 못 한 일을 해 주어서 감사합니다. 우리 학생들이 남들 앞에 나가서 말도 잘 못 하고 했는데, 이제 여러분들 덕분으로 학생들이 더욱 활발해지고 공부도 잘하게 될 것 같으니 너무나 고맙고 모두 여러분의 은혜인 줄 압니다"고 인사말을 했다.

저녁때 샛마에 나갔다. 왜 그 흔한 고추, 마늘 좀 갖다 주지 않나, 아무리 봉사하러 온 학생이고, 폐 끼치는 일 안 해야 하지만, 그런 것쯤은 도와줘야 하지 않나, 이 산업대학생들이 다른 곳에도 가 있어 나중에 학교에 돌아가면 저희들끼리 대접받은 것도 얘기할 것인데, 대곡동 인심 나쁘단 말은 나오지 말아야 하지 않겠나, 하고 말해 주고 싶었던 것이다. 그런데 동장은 학생들에게 수건 한 장씩 사 주려고 안동 나갔다고 했다. 또, 고추와 마늘, 감자 같은 것은 몇 번 보냈는데, 아마 오늘은 바빠서 국수를 그렇게 한 모양이라 했다. 동장 본인은 "할 줄 몰라 못 장만했겠지요" 했다. 그럴 것이구나 생각이 들었다. 그러면 그렇지.

돌아와 뒤 계곡에 가서 목욕을 오랜만에 하고 내복을 빨았다. 개골에 웅덩이를 깊이 파 놓아서 목욕하기에 참 좋았다.

여학생 하나가 와서 날마다 등사로 내는 소식지에 선생님 글을 싣고 싶으니 원고지 서너 장쯤으로 써 달라고 해서 써 주었다. 그러고 나니 또 마을 사람들이 모여 오고, 학생 하나가 나를 와 달라 한다. 3학년 교실에 들어가니 모두 빙 둘러앉았는데, 좌담회인가 싶었더니, 오늘로 마지막이라고 마을 사람들이 석별회 자리를 마련한 모양이다. 막걸리와 소주가 나오고, 환타와 사이다가 나왔다. 오왕근 선생이 영국 가서 본 얘기를 한 다음은 각자 옆 사람들과 환담했다. 동장이 수건 뭉치를 가져와서 학생에게 전달하고 오 선생 인사가 또 있고, 11시 반에야 흩어졌다.

나는 마지막에 학생 몇 사람과 앉아 얘기를 했다.

학생들이 소득 증대를 하도록 돕는 것도 될 수 없는 일이고, 의식의 변화를 가져오도록 해야 하는데 어떻게 해야 하나? 의식의 변화라니 어떻게 변화시키는가? 의식을 변화시켜서 소득을 올리도록, 즉 소득 증대를 위한 의식 변화란 것도 있을 수 있지만 그런 것에 나는 관심을 안 둔다. 잘살다니 도대체 어떻게 사는 것이 잘사는 건가? 소득 증대했다고 잘사는 건가? 반드시 그렇지 않다.

나는 지례와 봉화, 삼동 사람들 얘기를 예로 들었다. 담배 농사 한 해 동안 죽자 살자 해서 장터에 택시 타고 가서 진탕 먹고 마시고 돈 다 없애 버리고, 또 시계 양복 사고 하는 것을 유일한 보람으로 살아가는 사람들, 아이들 중학교도 못 보내면서 텔레비전 냉장고 사들이는 사람들, 이런 사람들은 아무리 소득이 올라도 항상 가난할 것 아닌가! 살아가는 태도, 정신적인 그 무엇을 가지도록 해야 한다. 문화란 것을 만들도록 해야 한다…….

내 얘기는 대강 이런 것이었다. 학생들도 내 얘기에 동의를 했다.

그런데 나와 얘기를 하던 학생 대표가 말하는 도중에 "우리는 영웅이 있어야 할 것 같아요. 위대한 지도자가 있어야 할 것 같아요" 해서 좀 놀랐다. 나는 전혀 달리 생각한다고 했다. 우리에겐 영웅이고 위대한 영도자고 있어선 안 된다. 우리의 역사와 사회는 백성들이 망친 것이 아니고 임금과 정치하는 사람들이 망쳐 놓았다. 지금도 하고 있는 교육을 보라. 무엇이든지 지시와 명령만 하고 있다. 이래서 교원들은 기계가 되어 있고, 아이들은 창조력을 잃고 이들 역시 노예근성을 익히도록 강요받고 있다. 어째서 우리가 영웅을 기다려야 하나. 어떤 영웅이 나타나면 그가 또 우리를 꽁꽁 묶어 놓을 것이다. 지도자의 허상을 부셔야 한다. 백성들 각자가 자기의 주인이 되어 자기의 행동을 자신이 마음대로 결정하고, 자신의 생활을 제 이성에 따라 결정하도록 해야 한다. 전체주의로 우리는 살 수 없고, 차라리 지금 봐서는 개인주의를 장려해야 한다……. 대강 이런 얘기를 했더니 그들은 수긍하는 듯했다.

나는 또 물어보았다. 학생들이 마을에 와서 국기 게양대 세우고 게시판 세우고 문패 달아 주고, 경로잔치 베풀고 하는 것, 이것은 행정 당국에서 하라는 것 아닌가? 그런데 뜻밖의 대답이었다. 그런 것 전혀 시키지 않았단다. "만일에 시켰더라면 우린 안 했을 겁니다. 우리가 자진해 하는 것이지요" 했다. 그렇다! 그게 사실이겠다. 우선 열흘 동안에 이 학생들은 자기들이 하는 일, 해 놓은 일을 사진 한 장 찍지 않았고, 카메라조차 가져온 바가 없다. 오늘 아침에 경로잔치할 때 찍는다고 카메라 좀 빌려 달라 한 것(교무 선생이 안동에 가져 나가서 없어 못 빌려 주었다)도 그들이 다만 한번 그 모습을 담아 두고 싶어서 그런 것이로구나, 하고 생각되었다.

그렇다면 이 학생들의 행동은 참으로 놀랄 만하다. 오왕근 교수의 말에 의하면 이 학생들 중에는 넉넉지 못한 가정에서 고학도 하면서 공부하는 학생도 더러 있고, 모두 없는 형편에서 식사 같은 것은 자기들 돈을 내어 쌀과 반찬을 사 오고 했단다. 학용품 선물도 그렇게 했단다. 그리고 그렇게 성실하게 마을과 어린이들 위해 일하는 걸 볼 때 감탄하지 않을 수 없다. 내가 지금까지 가지고 있던 대학생들에 대한 생각을 아주 바꿔야겠다는 느낌이 들었다. 우리는 희망이 있구나! 학생들이 이렇게 살아 있구나! 하고 생각하니 한없이 기뻐졌다.

학생들과 얘기를 마치고 방에 돌아오니 12시가 되었다.

1979년 9월 28일 금요일 맑음

　오늘 안동 민속 문화제 백일장 때문에 아침 차로 나갔다. 오후 1시부터지만 아침 차라야 나갈 수 있다. 안동에 내리니 민속 가장행렬이 있었는데, 옛날 사람 모습을 가장해서 학생들과 어른들이 시가를 누비며 지나갔다. "농자천하지대본"이란 깃대를 앞세우고 옛 농사짓는 사람의 복장을 하고 농기구를 들고 메고 소를 몰고 걸어가기도 하고, "원님 행차", "공민왕 행차"도 있고, "시집가는 날"이라 해서 결혼 풍습을 가장한 것도 있고, "장례 행렬"도 있었다. 그런 걸 보면서 모두 웃었다. 주로 학생 단체가 많았다. 농업이고 백성이고 그런 걸 천시하면서 이렇게 도시 사람들이 옛날 사람의 겉모양을 꾸며 보이는 것은 무슨 뜻이 있는가? 그것은 조상들의 뼈다귀 팔아 장사하는 꼴이 아니고 무엇인가? 경주의 신라 문화제도 마찬가지일 것이다. 정신은 다 남 주고 빼앗기고, 겉만 꾸며 보이는 속임수가 여기도 있다. 이것도 하나의 관광 문화라 할 것이다.
　다방에서 몇 시간 기다리다가 12시가 되었는데도 문화원에 연락을 하니 아무도 없다. 문협한국문인협회 지부 사무장 임명삼 씨가 있는 농아학교에 연락해 봐도 임 씨는 지부장한테서 아무런 연락이 없다 한다. 할 수 없이 점심을 먹고 백일장 장소인 영호루에 갔더니 학생들이 많이 와 있는데 1시가 되어도 아무도 안 온다. 임명삼 씨가 이렇게 어느 때까지 기다릴 수도 없으니 제목을 정해 발표하자고 한다. 나는 1시 반까지 기다려 보자고 하고 기다리는데, 20분이 지나서야 김시백 지부장이 혼자 왔다. 종이쪽지에 제목을 써 왔다면서 보여 주는데 '무궁화'니 '새마을'이니 하는 제목이다. 일반, 대학부에서는 '도약'이 좋다고 그걸 자꾸 그대로 하잔다. 나는, 이래선 안 되겠다고 모두 다시 정했다. 갑자기 좋은 제목 생각이 안 나서, 다음과 같이 정했다. 자연을 제재로 한 것은 오늘이 오랜만에 참 날씨가 좋고, 파란 하늘에 구름들이 아름다웠기 때문이다.

	시	산문
초등부	구름	어제의 일기
중등부 고등부	하늘	버스(기차)
대학부 일반부	바람	강물

　제목을 써 붙일 종이와 붓 같은 걸 제대로 준비해 오지도 않았다. 원고지도 준비해 오지 않았고, 한 학교당 다섯 명씩 나오도록 했는데 수십 명이 나온 학교도 있어 그걸 그대로 받기로 했다. 모든 것이 계획도 없고 준비도 없고 한마디로 엉망이다. 이렇게 무성의할 수 있는가. 지부장 김시백 씨는 사무장 임 씨가 마음에 안 맞는다고 일을 맡기지도 않고 연락도 하지 않았는데, 그렇다면 다른 사람을 시키든지 자기가 좀 일찍 나와 처리할 것 아닌가. 오후 5시 가까이 되어 겨우 마지막 학생이 써

냈다. 저녁에 유스호스텔에서 심사를 했다. 지부장이 이번 백일장에 임원들만 나오도록 한 모양인데, 결국 예년과 같이 여러 회원이 나왔고, 심사도 10여 명이 같이 했다. 지부장은 자꾸 "현역도 아닌 사람이……", "현역이라야……" 했고, 이런 점에서 김원길 씨도 같은 태도다. 김원길 씨는(백일장 진행 중에 왔다) 그런 말을 하지는 않지만 정식 문단 등단자만을 회원으로 하든지, 그런 사람을 우대하든지 하고 싶어 하는 사람이다. 그리고, 이건 이번에 비로소 내가 눈치 차린 일이지만, 이 두 사람이 국민학교 교사들을 좋지 않게 보고 있는 것이 확실하다. 그래 사무장도 임 씨를 물러나게 하고 중·고등학교에 재직해 있는 사람을 바꿔 넣고 싶어 한다.

밤에 심사를 하는데 8시부터 11시까지 걸렸다. 나는 역시 국민학교 교육이 걱정되어 국민교생의 작품을 몇 사람과 같이 봤다. 그런데 산문에서 '어제의 일기'를 쓴 걸 보니 그게 또 대부분 일기 같지가 않았다. 쓰기 직전에 제목을 본 여러 학생들이 "선생님, 일기지만 제목을 한 가지 정해서 쓰면 안 될까요?" 하고 질문을 했는데, 나는 "그래도 돼요. 제목을 한 가지 정해서 쓰는 게 좋겠지요. 제목을 안 쓰더라도 그 내용은 한두 가지 쓰고 싶은 얘기를 써야지요" 했다. 이게 잘못되었다. 아이들에게 넘어간 것이다. 이 아이들은 또 평소에 거짓말 쓰기 재주를 익힌 글을 써내게 된 것이다.

또 한 가지 더 크게 느낀 것은 '효행 일기'니 '충효 일기'니

'착한 어린이 일기'니 '새마을 일기'니 하여 하루 한 가지 좋은 일을 하거나 반성한 것을 억지로 쓰게 한 뒤에 그걸 통계 숫자로 내어 "바람직한 행동의 방향으로" 이끌어 간 것을 선전하고 있는 그릇된 학교교육이 너무나 잘 나타나고 있다는 것이다. 거의 모든 아이들이 썼다는 일기가 돈을 주웠다든지, 싸웠다든지, 시험 칠 때 옆 아이 것을 보고 썼다든지 하는 걸 마지막에 가서 뉘우치고 반성하여 착한 사람이 된 얘기다. 그것이 거의 모두 아무런 필연성도 없이 거짓투성이의 말이 되고 있다. 하도 어이가 없어 "이게 대관절 어찌 된 일인가" 했더니 옆에 있는 안동 서부학교 김 선생이 "그게 모두 학교에서 가르치기 때문이지요. 우리 학교에도 이런 일기를 쓰도록 해요. 그래서 일기 검사를 해서 이런 아이들에게 상을 주고, 또 이런 아이들이 많은 학급을 표창하는걸요" 했다. 참 기가 막힌다.

시의 제목 '구름'은 또 거의 모두 구름이 호랑이가 되고 토끼가 되고 하는, 교과서나 잡지에 실린 엉터리 작품의 모작이고, 또 이런 구름에조차 어떤 '착한 아이'식 교훈을 쓰려는 냄새가 풍겼다.

중·고등부의 '하늘'이란 시도 좋은 작품이 한 편도 없었다. 산문 제목 '버스(기차)'는 우리의 생활과 가장 밀접한 문명의 이기를 제목으로 하여 일상적 얘기를 쓰게 한 것이다. 통학하는 학생들을 버스 안에서 보면서, 버스 타는 일상적인 얘기, 생활적인 얘기를 쓰게 하고 싶었다.

그런데, 놀랍게도 이 버스란 제목으로 글을 제대로 쓴 아이가 극히 드물다. 거의 못 쓴 것 같다. 내가 모두 본 것은 아니고 입상한 작품을 주로 본 것이지만, 버스라고 써 놓고 버스 얘기가 아니고, 어릴 때 시골에서 나물 캐고 목욕하고 감 딴 얘기, 그런 평화적이고 목가적인 얘기를 쓴 학생이 많은 데 놀라지 않을 수 없었다. 특히 여학생이 대부분 그랬다.

이 학생들은 현재의 자기들의 생활을 외면하고 있는 것이 분명하다. 옛날 것, 자기와 거리가 먼 것, 그런 것이라야 글감이 되고 문학이 된다고 생각하는 모양이다. 이런 태도는 어째서 생겼는가? 학생들이 이렇게 된 원인의 하나는 교과서가 말짱 그렇게 되어 있기 때문이다. 학교교육이, 특히 국어 교육, 글짓기 교육이 그렇게 되어 있고, 학생들의 글이 그러한 감상적이고 생활 도피적인 행세를 하고 있기 때문이다. 또 하나는 문학이 그렇다. 학생들이 읽게 되어 있는 문학작품이 소녀적인 눈물이나 짜내는 것, 외국적이고 서양적인 생활 태도를 정신없이 모방하는 글들이 대부분이다. 교육과 문학이 학생들을 다 버려 놓고 있다.

'버스'란 작품에 좀 절실한 얘기를 담았다 싶은 글이 꼭 두 편 보였는데, 그것은 교통사고를 당한 얘기였다. 그중에 하나는 쓴 학생이 사고를 당해 다리가 불구가 되었는데, 그 불구의 다리를 이끌고 백일장에 나왔으니 그런 얘기가 절실한 것이 되지 않을 수 없다. 그 작품이 장원이던가 된 것은 잘된 일이다.

한편 잘 생각해 보니 어처구니가 없다. 버스라는 이 현대 산업사회의 대표적인 문명의 산물이 시는 물론이고 산문의 제목조차 될 수 없고, 제목이 된다면 사람이 죽거나 병신이 되는 애기로 된다는 것 말이다. 이것은 오늘날의 산업사회가 근본적으로 인간의 소망과는 다른 사회가 되어 있다는 애기가 될 것 같다.

1979년 10월 9일 화요일 맑음

아침에 갑자기 일직에 다녀와야겠다는 생각이 났다. 그래 앞마을 전화 집에 가서 어제쯤 나한테 전화 안 왔는가 물으니 서울에서 누군지 모르지만 왔는데 안 계신다고 했다 한다. 그래서 오늘이나 내일 또 오면 아마 주례 때문일 것이니 여기까지 와서 수고하고 미안하지만 서울 갈 수 없다고 말해 달라고 했다. 그리고 나서 버스를 기다리는데 가을 옷이라 좀 추웠다.

11시 가까워 일직 가니 권 선생이 있었다. 여러 가지 애기를 하는 중, 권 선생은 일본의 아동문학이 아무 참고가 안 된다고 했다. 전에는 일본 문학을 아주 찬양하더니 웬일인가 싶어, 어째서 그런 생각을 하는가 하니 "그 사람들은 역시 너무 편안하게 작품을 쓰고 있어요. 고통을 하지 않아요" 했다. 정말로 그렇겠구나 싶었다. 그리고 나서 요즘은 동화도 점점 쓰기 어려워졌다고 하면서 글 쓰는 자유가 없으니 차라리 침묵하는 것이 좋겠다고도 말했다. 그러나 나는, 그래도 아직까지는 침묵해서는 안 되고, 역시 괴로워하면서도 쓰기는 써야 할 것이라고 말했다.

보리밥에 된장찌개를 맛있게 먹었다. 권 선생한테 와서 이런 밥과 반찬을 먹으니 어린 시절로 되돌아온 것 같은 마음이 들었다. 옛날 반찬에 옛날 밥 그대로이기 때문이겠다.

흐름사 책에 낼 것 동시라도 한 편 달라고 했더니, 요즘 뭘 써 보자고 시작했다면서 뜻밖에도 노트 하나를 보여 주는데 첫 장에 두 편이 있어 그 한 편을 베껴 왔다.

오후에 마침 안동교회 여전도사가 농아 청년 둘을 데리고 와서 같이 한방에서 얘기했다. 농아 청년 둘은 그림책을 보았다. 이 전도사는 농아들을 교회에서 지도하는 모양이었다. 그래 이 젊은이들도 전도사를 아주 따르는 모양이고, 전도사 역시 이런 젊은이들을 동생같이 자식같이 돌봐 주는 것이 놀랍고 고마운 생각이 들었다.

이 전도사의 현실관, 시국관도 아주 건강했다. 그런데, 성경의 해석, 교회 문제를 얘기해 보니, 역시 우리들과는 거리가 있었다. 기독교가 황금만능주의와 밀착해 있는 것을 전도사는 느끼지 못하는 것 같았다. 나는 아주 솔직하게 생각을 얘기했더니 처음에는 성경을 낭독하면서 자신 있게 말하다가 나중에는 흐지부지해져서 양보하는 듯했다.

오후 4시 40분경에 송리를 나왔다. 약값 보태 쓰라고 2만 원을 억지로 책상 위에 두고 왔다.

안동서는 보리쌀 한 되, 좁쌀 한 되를 사 왔다.

저녁차로 8시 10분에 대곡에 내리다.

1979년 10월 10일 수요일 맑음

'순수한 우리 말의 마을 이름을 부릅시다'란 제목으로 학부모들에게 이 고장의 마을 이름을 한자 말로 부르지 말고 우리 말 이름으로 부르도록 호소하는 글을 등사해서 나눠 주었다. 그리고 넷째 시간에는 받아쓰기 내기를, 3학년 이상 아이들을 운동장에 모아 놓고 했다.

낮에 전화가 왔다기에 가니 일전에 주례를 부탁하러 왔다는 아가씨였다(아가씨가 여기까지 왔다가 30리를 또 차를 놓치고 걸어가다니!). 전화로 주례를 또 부탁하는 걸 거절하는 데 땀을 흘렸다. 서울의 훌륭한 사람을 소개해 주겠다 했더니, 훌륭한 사람 다 싫고 내가 아니면 안 된다고 했다. 그래 다음 일요일도, 그다음 일요일도 일이 있다 했더니 그때서야 그럼 할 수 없다면서 서울의 어떤 분을(꼭 선생님 마음에 드시는 분을) 소개해 달라 해서 성내운 씨와 이원수 선생을 말해 주고 전화번호를 알려 주었다. 다음 만나 백배 사과하겠다고 말했지만 아무튼 미안하기 짝이 없는 일이었다. 이름이 "한증애"라나.

1979년 10월 29일 월요일 맑음

　12시 좀 지나 학교에 오니 교감 선생이 "근조"란 걸 쓴 헝겊 조각을 나눠 주었다. 또 조금 있으니 교육청에서 급한 공문이 있으니 오늘 중으로 가져가라 한다는 전화 연락이 오고, 면에서는 면사무소에 분향소를 차려 놓았는데, 거기서 면내 기관장들이 장례 날까지 교대로 지키고 손님을 맞아야 한다고 전화 연락이 왔단다. 그리고 대성 교장은 내일 오후 1시~6시, 그리고 11월 1일에 또 오후 1시~6시 사이를 지키고 있어야 한다고 했다.

1979년 10월 30일 화요일 맑음

　낮차로 임동에 가서 면 회의실에 차려 놓은 분향소에서 저녁 6시까지 있었다. 어른들은 어쩌다 한 사람씩 오고 두 사람씩 오고 하였지만 국민학생과 중학생들이 무더기로 자주 왔다. 조그만 애들이 무슨 생각으로 와서 절을 하고 할까? 아마 학교에서 가라고 한 모양이지. 국민학교 1, 2학년짜리도 많고, 국민학교에도 들지 않은 아이들까지 데리고 와서 절을 시키는 어른도 있다. 이런 애들이 자기 이웃집에서 평소 잘 알고 있는 할

● 박정희 대통령이 10월 26일에 운명했다.

머니나 할아버지가 돌아가셨을 때 과연 저렇게 가서 절을 할까? 저렇게 하는 것이 예의고 도덕이고 학생 된 도리고, 그래서 자랑이라고 여길 것을 생각해 본다. 메커니즘이란 참 기가 막힌다. 김일성을 어버이라고 한다더니, 그런 짓과 조금도 다름이 없다. 한 늙은이는 절을 하고 또 하고 하더니 일어나 눈물을 닦으면서 나갔다. 또 한 할머니도 합장을 하고 절을 하더니 문간을 나가다가 "아이고 일을 하다가도 생각나 눈물이 자꾸 나지요. 옛날엔 죽도 못 먹어 굶고 했는데 요새는 밥도 보리밥은 맛이 없다고 하는 세상, 이렇게 잘 살도록 해 놓고 저 모양 돌아가시니……" 하면서 눈물을 찔끔거렸다. 이게 '어진 백성'들의 표본이다. 더러는 먼 데서 일부러 왔다는 사람도 있었다. 술집 아가씨도 왔다. 가슴에 "근조" 리본을 달고 남들과 같이 이런 데 나와 인사하는 것이 자랑스러운 모양이다.

면장은 경호실장이 감히 각하 앞에서 그렇게 정보부장을 꾸중하다니, 하고 나무라는 말을 여러 번 했다. "각하"란 말을 꼭 꼭 쓰고 있었다.

볶음밥을 사 먹고는 속이 느글거려 소화제를 또 사 먹고 초만원의 버스를 타고 대곡에 오니 오후 8시 반이었다.

1979년 11월 1일 목요일 맑음

오전에 아이들 작품 필경을 하고, 낮차로 임동 분향소에 갔

다. 오늘 또 당번으로 1시부터 6시까지 대기해야 했다. 아무것
도 하는 일 없이 기다리는 것이라 미리 문고본을 하나 가져가
서 읽었다. 《동물에게 사회란 무엇인가(動物にとって社會とはな
にか)》.

한 시간마다(두 시간마다던가?) 분향하러 온 사람 통계를 보
고하는 것이 면 직원들의 가장 중요한 일로 되어 있는데, 여전
히 국민학생, 중학생이 무더기로 자꾸 왔다. 킥킥거리면서 절
하는 놈도 있고, 어쩔 줄 모르고 있는 여자아이들을 "한 줄로
서!"라든지, "왜 신을 거기 벗어 놓노!"라든지, "한 사람만 나
가 분향해야지!"라고 고함을 질러 소위 야코를 죽여 놓는다.
그리고, 이 아이들이 며칠 전에 학교 대표 이름으로 "아무 외
몇 명"이라 하여 모두 숫자로 들어 있는데도 또 이름을 적었
다. 두 번씩 다 숫자에 들어가 있는 셈이다.

분향객 숫자를 시간마다 집계하여 보고하는 것이 면 직원들
의 가장 중요한 할 일로 되어 있는데, 면 직원 한 사람이 들어
오더니, 우리 면 보고가 지금 3,300명으로 되어 있는데, 너무
숫자가 적어 타 면에 비해 저조하다고 오후에는 5,600명까지
올리라는 지시가 내려왔다 한다. 면장은 별 말이 없다가 각 학
교에서 아직 덜 온 아이들 숫자를 넣어 보라고 한다. 나는 "어
째 그런 짓 시키는 대로 다 하려고 해요. 돌아가신 분 욕보이는
것이니 그만두시오" 했더니 전혀 내 말은 귀에 들어가지도 않
는 것 같았다. 그리고 그까짓 인원수 거짓 보고쯤 별 문제없다

는 태도였다.

나는 할 수 없이 우리 학교 직원들 이름 다 쓰고, 아이들 숫자도 재적대로 써넣어라 했다. "○○○ 외 140명" 했더니 면 서기가 143명이라 적는 것 같았다. 그래도 그렇게 해서 2,300명을 어떻게 채우는가 싶었더니(아이들이 와도 일일이 다 적지도 않았으니) 나중에 접수부를 보니 ○○○ 외 50명, ○○○ 외 32명…… 이런 식으로 계속 적어 놓았다. 기가 막힌다. 이래 가지고 무슨 나라 꼴이 되겠는가!

박 대통령은 살아서 우리 백성을 이렇게 모두 거짓말쟁이 다만들고, 관공서를 허위 보고 작성의 기술자로 다 만들었다. 이제 죽어서 스스로의 죽음을 조문하는 사람의 숫자마저 거짓으로 집계되어 온 세상에 선전하도록 해 놓았다. 그는 이것을 영광으로 생각하고 있는 것일까?

이 역사적인 비극이 부디 새 역사 창조의 계기가 되었으면 얼마나 다행이랴? 하느님이 내린 징벌의 뜻을 우리가 깨달아야만 그렇게 될 것이다. 그러나 어쩌면 이것은 머지않아 다가올 인류의 크나큰 비극의 조그만 서막일지도 모른다. 나는 아무래도 비관에서 벗어날 수 없다. 우리 인간들이 하는 꼴을 보니 어디 희망이 있겠는가.

아무튼 우리 나라가 인류사의 한가운데서 살고 있다는 느낌이 들어 모든 것이 두렵게 느껴진다.

1979년 11월 7일 수요일 맑음

숙박비가 아침 식사 한 끼하고 한 사람 2천 원이나 됐다. 무척 비싼 요금이다.

9시에 차가 와서 다른 교장들과 같이 삼계학교까지 가서 내렸다. 여기서부터 삼계, 동인, 동계, 월곡, 계곡의 차례로 오후 4시까지 바삐 돌아다니면서 보았다. 택시를 하나 대절했지만 정산서 점심시간이 너무 걸려 그만 오후에는 아주 급히 계곡에 다녀와야 했다.

모두 내가 있는 학교보다 잘 다듬고 잘 꾸미고 있고, 교육도 알뜰히 하는 것같이 보였다. 특히 장부 많이 만들어 놓고 상장 많이 타 놓은 학교가 많아 놀랐다.

가는 학교마다 담배나 수건 같은 걸 봉투에 넣어 주었고, 차, 맥주, 사이다 등도 내놓았지만 거의 먹지 않고 나왔다. 먹을 틈도 없었고, 그런 것 먹고 싶어 하는 사람도 없었다.

아주 불쾌한 학교가 한 학교 특히 기억에서 사라지지 않는다. 면 소재지인 월곡인데, 내가 채점하는 정신문화 교육부 면에 대해 장부를 내놓고 설명하는 일을 담당한 교사가 "특별히 힘들여 하고 있는 것 있으면 말해 주시지요" 했더니 별로 하는 것도 없이 그저 교육청에서 강조하는 걸 하고 있는 것처럼 말하고 나서 장부를 보이는데, 그것도 보나 마나 한 것이었다. 그런데, 그 교사가 덧붙여 하는 말이 가관이다. "교장 선생님, 제가 맡은 것 점수가 적으면 저희 교장 선생님께 큰 꾸중 듣습니다. 부디 잘 매겨 주십시오" 했다. 하도 어이가 없어 그런 걱정 하지 말라고 했지만, 생각해 보니 교장이란 사람이 교사들에게 평소 그런 식으로 늘 대하고 말했음이 틀림없다.

그 사무실에서 나와 교실 옆에 나가니 뒷산 밑에 콘크리트 벽을 쳐 놓았는데, 거기 페인트로 세계지도가 크게 그려져 있다. 이렇게 방토 벽이나 교사 측면 벽을 이용해서 지도를 그려 놓은 것은 참 잘한 일이고, 이런 학교를 다른 데서도 보아서 본받을 만하다고 생각했는데, 그 지도 바로 옆에도 크게 시공자 교장 아무개, 교감 아무개라고 써 놓아서 놀랐다. 이게 무슨 짓인가! 자기 돈 들여 제 손으로 만들어 놓았다 해도 이렇게 못할 것인데, 교육청 돈 받아 사람 시켜—특히 교직원들 시켜 해 놓고 제 이름 내다니! 나는 내 옆에 서서 설명하는 교감 선생을 보고 곧 한마디 참을 수 없어 해 버렸다.

"교감 선생님, 이거 이렇게 이름 새기는 것 아닙니다. 남들 보면 칭찬하는 것이 아니라 욕합니다."

교장은 어제 임동면 내 학교 다니고 아직 안 돌아왔다. 다른 학교 교장은 다 왔는데 여기만 안 왔다. 교장한테 직접 말했더라면 더 좋았을 것인데.

그런데, 4시 차로 안동 와서 6시경에 다방에 들어가 채점한 것을 집계해 보니 바로 그 학교가 1등이다. 그런 짓 해서 겉만 꾸며 놓은 것이 점수 따기로 제일 유리할 수밖에 없다. 그런 짓을 해서 점수만 따고 상장만 받는 것을 목표로 학교를 경영하는 것이 가장 유능한 교장이다. 이 교장은 지난봄에도 바로 옆의 학교에서 이런 식의 학교 평가로 상장을 받았는데, 이번에도 또 받게 되었다.

대체 그 학교 경영 진단이란 것이 장학 방침 다섯 가지 항목을 즉각 열 개 작은 항으로 나눴는데, 그러니 그 항이 모두 50가지다. 이 50가지 항을 각각 2점 만점으로 채점한다. 0점은 거의 없으니 한 항의 점수 차이는 1점뿐이다. 그러니 무엇이든지 50개 항목에 걸쳐 조금씩 하는 척 흉내만 내는 것이 유리하다. 한 가지를 깊이 파고들어 교육해 보려는 방법은 점수 따기로는 졸렬하기 짝이 없다. 결국 장학 방침을 수박 겉핥기로 흉내만 내어 장부나 조사하게 만들고 겉이나 적당히 꾸며 놓는 것이 학교 경영을 잘하는 요령으로 권장되는 셈이다. 기가 막히는 장학 방식이다.

동부 교장과 같이 성실하숙에 들었다. 방과 이불이 깨끗하고, 조용한 집인데, 이날은 하필 이웃 방에 시끄러운 손님이 들어와 또 잠을 못 잤다.

1979년 11월 13일 화요일 맑음

새벽에 일어나 하타노 간지의 《문장 심리학 입문(文章心理學入門)》을 끝까지 읽었다.

문장 심리에 관해 많은 지식을 얻었다. 그런데 이 책에서 아이들의 글에 언급한 부분은 서툰 것 같고, 또 결론에서 문장의 과학성을 말하는데, 일본의 언문일치를 강조하던 자연주의 시대의 문장론을 오늘날도 여전히 계승하고 있는 것을 잘못이라고 하면서, 오늘날과 같이 혼란한 시대에는 표현 대상보다도 글의 심리적 효과 면을 중시하여야 하고, 그래서 사회의 상황은 고려하지 말고 언어 그 자체의 성질과 효과를 순수 상태에다 두고 결정하고 측정해서 거기서 직접 자기의 문체를 발견해야 한다고 하는 것은 일본의 역사와 사회 사정은 그럴지 모르지만 우리에겐 별 참고가 안 된다. 우리에겐 사회가 혼란돼 있지만 우리 모두가 수행해야 할 뚜렷한 역사적 사회적 과제가 너무나 명확하게 놓여 있는 것이다. 그리하여 민중들에게 읽혀야 할 문장을 쓴다는 것이 문필가들의 가장 큰 과제라고 생각된다.

오늘은 갑자기 기온이 내려 아침 온도가 영하 3도다.

김준동 장학사가 장학지도를 하러 왔는데, 아침 9시 30분쯤 (수업도 시작하기 전이다)에 와서, 무엇으로 왔는가 물으니 걸어서 왔단다. "선생님들이 이런 데서 수고하시는데 어쩌다 걷는 것 당연하지요" 한다. 이런 사람은 좀처럼 없을 것 같다. 또 장부도 지도안, 학급경영록만 보고 다른 것은 내 달라 하지도 않았다. 교실에 가서는 공책, 일기장, 손드는 태도, 악기, 실험 기구 다루는 것, 기초적인 기능과 학습 태도가 어떤가를 알아

보고 그런 것을 지도했다. 추상적인 이론은 일체 말하지도 않았다. 사무실에서 교육 얘기를 해 보니 아주 이해가 깊은 것 같았다. 낮차로 나갔다.

김 장학사와 같이 교실을 다녀 보니, 장학사가 왔는데도 청소 도구 넣어 놓은 진열장이 어수선하게 열려 있고 거기 비며 걸레들이 흩어져 어지럽게 놓여 있고 마루는 쓸지도 않았다. 신들이 마룻바닥에 굴러 있다. 교실 정면에 걸린 태극기가 비뚤게 걸려 있기도 했다. 그러니 뒷벽 게시란에 아이들 미술 작품이 몇 달 전 그대로 걸려 있을 수밖에.

내가 이런 것 자주 말하는 것은 아니지만 아무리 말해도 안 듣는다. 삼계 교장과 여러 날 전 얘기한 대로 아이들이 점심을 굶고 학교에 와도 전혀 관심이 없고, 오후에 체육이며 그 밖에 수업을 하면서도 조금도 굶은 아이들 생각은 안 하고, 청소를 하고 다시 또 더 늦게―해지기까지 붙잡아 두기 예사니, 그렇게 늦게까지 아이들 데리고 참교육이라도 하면 모르지만 공연히 그렇게 붙들어 두고서 이것저것 심부름이나 시키기 예사니, 이게 인간의 양심일 수가 없다. 대부분의 교원들이 이렇다. 이런 풍조는 어떤 교장이나 장학사 몇 사람이 고칠 수도 없다. 교육행정, 장학 행정은 물론이고, 사회질서가 근본적으로 바뀌어야 한다. 인간의 생명을 존중할 줄 알고 진실과 양심과 정의가 설 수 있는 사회를 지향하는 정치 풍토가 되기 전에는 불가능하다.

오늘은 복도에 걸어 둔 온도계가 낮에도 영하로 내려가 있는 채로였다. 오후에 각 교실에 난로 가설.

1979년 11월 19일 월요일 맑음

아침 7시 30분 복도 기온 영하 7도.

오전에 5학년 보결 수업에 들어갔다. 난로 받침대에 아직 모래를 넣어 두지 않았고, 난로 당번도 정하지 않고 있다. 학급 당번도 물어보니 모른다. 그런 당번이 정해져 있지 않다. 청소를 어떻게 하는가 물어보니 1년 내 여학생들이 한다고 한다. 자치 생활 조직이 전혀 안 되어 있다. 옆의 6학년 교실 복도가 하도 어지러워서 가 보았더니 진열장 속에 장작개비가 몇 개 들어 있다. 진열장 위에 쓰레기통으로 쓰는 나무 상자가 있는데 그 속에 온갖 쓰레기 뭉치와 함께 난로 재를 쳐서 신문지로 뭉쳐 놓았다. 그냥 버려두어서는 큰일 나겠다 싶어 셋째 시간 마치고는 직원 모임 종을 쳐서 모두 불러 모아 주의시켰다. 난로 점화, 재 치기는 교사들이 직접 하라고 했다.

청소 시간에 5학년 아이 하나가 교무실 앞 화단 잔디밭을 뛰어다니기로 나오라 했더니 "청소합니다" 하면서 손에 나뭇조각 주운 것을 쳐들어 보인다. 그러더니 잠시 후 그 나무 꼬챙이들을 개나리 나무 위에 슬쩍 던져 버리는 걸 보고 창문을 열고 "왜 그걸 거기 버리는가" 하니 시치미를 떼고 딴전을 부린다.

74

괘씸한 생각이 들어 사무실로 불러와서 "네가 잘못한 걸 모르느냐?" 하고 다그쳐 물으니 "잘못했습니다" 한다. 그럼 가거라 했더니 나가서 어디로 가 버리고 그 나뭇조각들은 치우지도 않고 두었다.

오늘 오후엔 적령 아동 조사로 직원들이 부락에 나가기로 해서 수업을 오전만 했다. 그런데 한실로 가게 되어 있는 정 선생은 가지도 않았다. "다 조사해서 알고 있어요" 했다. 그러면서 바드레 가는 노 선생 따라 놀러 갔다. 강 교무, 노, 정 셋이 오후 3시가 지나서야 바드레 간다고 갔다. 물론 놀러 가는 것이다.

오늘은 이것저것 불쾌한 것이 많았다. 또 청소 시간인데, 사택 뒤에서 5학년 아이들이 여럿 삽으로 도랑을 파고 있다. 얼어붙은 도랑을 파고 있는 것이다. 왜 저런 걸 선생들이 하지 않고 아이들에게 시키나 싶어 보고 있으니 도랑을 팔 필요도 없는데 자꾸 판다. "누가 그런 것 파라더냐?" 하니 "6학년 상배가 안 하면 내일 아침 죽인다 해요" 한다. 이게 무슨 일인가. 아이들 사회의 폭력이 여기서도 횡행하는구나 싶어 상배를 불러오라 해서 물어보니 "거기 파라고 안 시켰어요" 한다. 5학년 아이들에게 다시 다그쳐 물으니 지푸라기를 주우라고 했는데 그 지푸라기가 얼어붙어서 할 수 없이 판다고도 하고, 상배가 파라고 시켰다고도 한다. 아마 상배란 놈이 무서워 사실대로 말을 못 하는 듯했다. 상배한테, 왜 그런 일을 시켰나, 하니 1학년 선생님이 하라고 하셨다 한다. 1학년 선생은 선도 당번이고, 상배는 선도생이다. 나는 상배한테 아이들에게 청소를 시키더라도 고이 시킬 것이고, 절대로 위협을 준다든지 하면 안된다고 말하고, 사택 뒤에서 일하는 아이들을 보내고, 사택의 사모님들 있는 앞에서, 이제부터 사택 주위의 청소를 아이들에게 절대 시켜서는 안 된다고 고함을 질렀다.

오후에 문집 표지와 차례를 등사했다. 선생들한테 "이걸로 책 만들기에는 너무 빈약하니 각 학반에서 참고 될 만한 작품 있으면 몇 편씩 더 내주면 좋겠다"고 아침에 말했지만 한 사람도 내는 사람이 없다. 필경이고 등사는커녕, 자기 반 아이들의 작품을 읽어 보는 것조차 안 한다. 할 수 없이 이것만으로 책을 만들기로 했다. 모두 35페이지다. 책 이름을 〈칡기덩굴〉이라 붙였다. 사투리가 좋다는 생각도 들었다.

아이들 교육을 한다는 교사들이 이렇게 게으르고 이기적이고 비양심적이어서야 어찌 되겠는가. 싹 다 물러가야 한다.

1979년 11월 26일 월요일 맑음

임동까지 와서 면장을 만나 한참 얘기하고 낮차로 들어왔다.
오늘 저녁이 반상회 날인데, 그만둘까 하다가 마을에 나갔다.
마을 사람들에게 '우리가 살아갈 땅을 지키자'란 제목의 얘기를 해 주고 싶었다. 온 산천이 비닐로 덮여 있고, 마을마다 소석회 비료가 길가에 쌓여 버려져 있는데, 그것이 밟혀 터지고,

물속에 들어가 고기고 개구리고 씨가 말라 버리고 있기 때문이다. 동장이 방송을 해도 겨우 여덟, 아홉 명밖에 안 모였다. 할 수 없이 대강 얘기해 주었다.

동장은 소석회 얘기를 하면서, 그게 우리 마을 사람들이 요청하지도 않은 걸 경지 면적에 비해서도 다른 지방보다 엄청나게 많이 나와 항의를 했다는 것이다. 여기는 산골이라 아직은 퇴비도 많이 쓰고 있고, 또 지난번 산업대학에서 토양학의 권위자란 교수 한 분이 와서 토양조사를 한 결과 석회를 안 뿌려도 된다고 했는데, 왜 이렇게 많이 보냈느냐고 했더니, 농수산부에선가 어디서 직접 조사도 나오고 해서 면장과 군수가 좀 애먹었다는 것이다. 동장이 사표까지 내놓고 항의했다니 잘한 것이다. 그래도 하도 면장이 잘 수습해 달라고 부탁해서 어쩔수 없었다는 것이다.

이 석회 비료는 한 포에 250원씩 주민들이 부담한단다. 그만큼 국가에서 돈을 들여 만들어 싸게 팔고 있는 건 사실이지만, 왜 그러면 필요한 지방에 보내지 않고 이런 데 보내는가? 마을마다 산더미같이 쌓아 두기만 하고 논밭에 뿌리지 않는다. 가까운 데야 가져가 뿌리겠지만, 먼 산골짝까지 운반한다는 것은 여간 힘드는 일이 아니고, 그런 산밭에선 필요도 없는 것이다. 돌모기에선 열 집쯤 되는데 3백 포가 배당됐단다. 3백 포에 250원이면 상하차 비용, 운반비까지 모두 8만 원이 넘어 들었다는데, 그 돈 다 지불하고도 안 가져간단다. 가져갈 수가 없이 높은 산봉우리에 있는 사람들이다. 나중에 갖다 두었다는 걸 세어 보니 백 포뿐이더란다. 관심이 없으니 어디 얼마나 갖다 두었는지 알아보지도 않았겠지. 그래 그 백 포를 한 포당 백 원씩 해서 도루 팔았단다. 그걸 다른 곳에서 일부러 사러 오는 사람이 있는 모양이다. 필요한 사람, 필요한 지방도 있는데 어째서 이런 곳에 이토록 많이 보내서 주민들의 원성을 사고 산천을 오염시키는지, 행정하는 사람들이 한심하기 짝이 없다. 어제 녹촌이 얘기 들으니 평리 있을 때 아이들이 그 석회 가루를 뿌려 던지는 장난을 하다가 실명한 사건까지 있었다 한다. 그게 눈에 들어가면 눈이 먼다고 한다. "피부에 닿아도 나빠요" 하고 마을 사람이 말했다. 물속에 풀어 고기를 잡으니 그럴 것이다.

박대운 반장 집에서 반상회 마치고 9시 텔레비전 뉴스를 보는데, 반정부 집회를 열다가 들켜서 여러 사람이 잡혔다는 소식이 첫머리에 나왔다. 사진은 안 나오고 말만 나오는데, 결혼 청첩장을 나눠 주고 사람을 많이 모아 놓고는 대뜸 구국 선언문이라고 해서 통일주체국민회의 대의원이 대통령을 못 뽑도록 해야 한다는 선언을 했단다. 주동자가 90여 명이라는데, 그 중에서 전직 국회의원 두 사람의 이름과 함석헌, 김병걸 두 분의 이름이 나왔다. 함 선생이 어느새 외국에서 돌아왔구나 싶었다. 김병걸 씨는 자유실천문인협의회지금의 한국작가회의 대표가 돼 있었던 모양이다.

계엄령 하에 언론의 자유도 완전히 봉쇄해 놓고 구 정권, 유신 체제를 강제로 끌어온 정부 관리들이 그대로 눌러앉아 대통령을 뽑는다는 것은 당치도 않은 일이라 좌시할 수 없다고 계엄령에 걸릴 것을 알면서도 거사를 한 것이겠지.

그 뉴스를 보더니 다른 사람들은 아무 말이 없는데 동장이 "저것들이 또 저런 짓을 하니 큰일이다"고 했다. 말단 공무원의 의식을 반영한 것이다. 나는 "저 사람들 뒤에는 아마 수많은 학생들과 지식인들이 있을 겁니다. 그 사람들 주장은 일리가 있으니 덮어놓고 계엄령 가지고 탄압하는 건 좋지 않을 겁니다"고 했다.

10시가 돼서 학교에 오니 숙직실에서 모두 담배 내기 화투를 치고 있었다. "놀이 삼아 하는 건 좋은데, 너무 늦게까지 안 하는 게 좋겠어요" 했더니 모두 그래 하지요, 했다.

1979년 12월 9일 일요일

마리스타교육원 학생들의 시화전을 보았다. 시인들의 흉내를 내려고 하고, 문학 청소년의 흉내를 내는 작품이 많았지만, 그중에는 자기 자신의 숨김없는 느낌과 생각을 쓰려는 진실한 시의 싹이 상당히 엿보였다. 안동고등학교에서 또 시화전을 문화회관에서 연다고 해서, 두 곳의 작품을 비교하면 재미가 있을 것 같아 거기도 가 보았다. 그런데 안동고등학교 학생들의 작품은 작품이고 그림들이 좀 더 세련되어 있는 듯 보였지만, 잘 살펴보니 그 작품들의 제재가 획일화되어 있고, 표현이 개성이 없고 모방만 하고 있는 것이 한층 잘 들여다보였다. 문예부 교사들의 신묘한 문학작품 창작 지도의 해독을 입어 아이들이 그 모양으로 된 것을 생각하니 기가 막혔다. 문화회관 전시실 한쪽에는 시화 작품이 걸려 있고, 다른 한쪽에는 학생들의 미술 작품이 60여 점 전시되어 있었는데, 그 그림들은 대부분 수채 풍경화였고, 고○(高○알아볼 수 없음) 미술 작품도 약간 있었다. 그런데 그 많은 그림들을 둘러보고 놀란 것은 인물이 전혀 안 그려져 있다는 거다. 정말 어린아이 하나도 그림 한쪽 구석에 조그마하게라도 그려져 있는 것이 없다. 심지어 공사장의 그림을 그려 놓았는데도 공사 현장의 온갖 작업 도구며 일한 자리까지 있으면서 사람이 없다. 사람의 노동과 관련이 있는 그림은 그 공사장 그림 하나밖에 없었는데도 그랬다. 참으로 한심한 교육이다.

밤에 마리스타에서 시화전의 합평회 같은 것이 있어, 전시장 학생들과 교사들, 또 소식을 듣고 모인 몇몇 사람들이 원탁으로 둘러앉아 좌담을 했다. 권정생 씨도 와서 좋은 애기를 했다. 나는 될 수 있는 대로 학생들끼리 의견 교환이 되었으면 싶었는데, 사회를 김 수사가 해서 내가 자꾸 의견을 주도했지만 학생들도 처음이고, 무엇보다도 미리 진행 계획이 없고 이런 행사를 처음 해 보는 터라 잘 안 되었다. 결국 또 내가 지나치게 말을 많이 하는 꼴이 되었다. 그리고 임병호란 젊은이가 자꾸 괴상한 시론을 떠벌려 불쾌했다. 나는 그의 말을 두어 번 비판하고 봉쇄했던 것이다.

떡과 과자를 앞에 두고 얘기를 하면서, 될 수 있는 대로 이 고학생들이 열등감을 씻어 버릴 수 있도록 용기를 주려고 했는데, 여학생들 몇몇은 얘기를 하거나 인사말을 하면서, 아무것도 아닌 말인데도 눈물을 흘리고 있었다. 그만큼 그들은 처음으로 사회적인 인정을 받는 것을 감격했던 것 같다.

내가 한 얘기는 한국의 어느 도시 어느 학교 학생들의 시화전보다도 참된 것이 보이는 훌륭한 시화전이었다는 것, 어른들이나 책의 시를 흉내 내지 말라는 것, 제재와 형상화의 문제, 시화전의 한계와 그 제약성, 우리 문화를 계승하고 창조하는 기수가 되어 달라는 것, 노동(근로)의 뜻과 고학생의 긍지…… 같은 얘기였다.

그런데 학생 가운데 나이도 많고 키가 큰 남학생이 하나 있어 괴상한 의견을 말했는데, 그는 아주 비뚤어진 열등감 속에서 살고 있어서 작품에도 그런 태도가 나타나 주목되었다. 나는 그 학생을 위해 한참 동안 얘기를 해 주었다.

다 마치고 나서 수사들이 아주 만족한 듯한 표정이었다. 내가 오늘 저녁 여기 참가한 것이 참 잘한 일이었구나 싶었다. 앞으로도 도와주고 싶었다. 김 수사는 "이 선생님, 정년 퇴임하시면 우리 학교에 교장으로 오셔서 일 좀 해 주십시오" 했다. 그

건 그저 한 말이겠지만, 고맙고 반가운 말이었다. 나는 오랫동
안 김 수사의 그 말을 생각해 보았다. 정말 그렇게 할 수 있으
면 좋겠다는 생각도 들었다.

성실하숙에서 나, 전 형, 권정생 씨, 권종대 씨 넷이 유숙했다.

1979년 12월 15일 토요일

종업식을 하고 낮차로 나왔다.

마리스타수도원에 갔다. 오늘 저녁에 교육계획 수립하는 데
꼭 좀 와서 조언을 해 달라는 부탁을 받은 것이다. 전 형은 벌써
와 있었다. 저녁을 먹고, 회의를 시작할 때까지 시간이 있다면
서 실기교육원 학생들한테 한 시간 수업을 해 달라고 해서 할
수 없이 들어갔다. '참과 거짓'이란 제목으로 이것저것 얘기했
는데, 너무 요령이 없어서 학생들이 지루했을 것 같고, 실망했
을 것 같았다. 이 학생들은 고등학교 정도의 나이와 학력인데,
낮에 일하고 밤으로 야학을 하지만 일반 고등학교 학생들보다
오히려 생각과 행실이 낫고, 말도 똑똑히 잘한다고 보였다.

교육계획은 새해에 할 것을 미리 짜는 것인데, 우선 교육목표
를 어디다 두어야 하는가, 하는 것부터 의논이 되었다. 정식으
로 인가가 된 고등학교가 아니고, 2년제에다 야학이며, 가르치
는 과목도 한정 되어 있다 보니, 이런 학교에서 부딪히고 있는
일반적인 어려움이 그대로 문제가 되었다. 이 회의에는 학생

들도 몇 사람 참석해서 발언을 하였는데, 그 발언을 들으니 검정고시를 목표로 공부하는 학생이 요망하는 것이 가장 큰 문제가 되었다. 그리고 마리스타의 수사와 선생들(일반 고등학교 교사로 근무하면서 여기 밤으로 나와 희생적으로 봉사하고 있다)은 타이프나 기타 어떤 기술을 배워도 취직할 데가 없고, 아무리 착실하고 기술이 좋아도 돈 없고 백 없으면 아무 데도 들어갈 수 없으니, 애써 교육을 시키고, 공부를 해도 장래 희망이 없다는 것이다. 수도원장인 마뉴엘 수사도 자주 한숨을 쉬었다. 결국 학생들의 공부하는 성분을 나누면 다음 세 가지가 된다.

첫째, 직업 훈련, 둘째, 검정고시 준비, 셋째, 삶에 필요한 학력, 혹은 인간 교육.

이 셋 중에서 첫 번째는 세 번째와 분리해서 생각할 수 없으며, 두 번째는 학생들의 숫자도 적을뿐더러 설령 많다 하더라도 이것을 중심으로 교육할 수는 없다. 그런 교육은 마리스타 수도원이 아니더라도 할 수 있다. 또 다른 곳에서 더 잘할 것이다. 결국 세 번째가 기본이 되고 핵심이 되는 것이다. 인간 교육만이 아이들의 불행을 구할 수 있는 길이다. 내가 특히 이런 것을 주장했더니 다른 수사나 강사들도 모두 동의했고, 특히 마뉴엘 수사가 크게 동감을 표시해서 반가웠다. 새해에는 가정방문 등을 해서 개별적인 지도를 잘해 보자고 모두 열심히 의논하는 데는 나도 감동하지 않을 수 없었다.

전 형과 수도원 방에서 잤다. 이 수도원에서 자는 것이 처음이다. 보통 외인들은 안 재우는데, 우리는 특별 대우를 받은 셈이다.

1979년 12월 21일 금요일

오늘은 병원 순례를 하게 되었다. 이원수 씨가 치암 수술로 서울대병원에 입원하고 계시고, 한윤이 씨가 교통사고로 세브란스병원에 입원 중이다. 이 밖에 이현주 목사도 최근 상경하였다가 무슨 까닭인지 입원 중이란 소식이 있고, 안동서 와서 입원 중인 오원춘, 정호경 신부도 있다. 요즘은 왜 그런지 사고가 많다. 홍은표 씨가 타계해서 바로 며칠 전에 장례를 지냈다고도 하니 웬일인가?

김종상 씨한테 전화를 거니 같이 가 보자고 해서 창비에서 기다리니 강세중 씨도 오고 손동인 씨도 와서 네 사람이 같이 갔다. 먼저 서울대부속병원에 이원수 선생을 문병하기로 하고 찾아갔다.

이 선생은 한 달쯤 전이던가 편지가 왔는데 후두암이 생겨 이걸 수술을 해야 할지 약으로 고칠지 아무튼 병원 신세를 져야겠는데 따라서 요즘은 술을 못 먹게 된 것이 섭섭하다는 사연이었다. 그래 암이라고 해서 좀 놀랐지만, 편지 사연이 조금도 염려하시는 것 같지 않아 뭐 대단찮은 정도겠지 생각했는데,

84

얼마 전에 신창호 씨가 서울 갔다 왔다면서 이원수 선생이 입원하셨다더라 해서 걱정이 됐던 것이다. 어제 서울신문에서 나와 원갑으로 갈 때 동광문화사에 근무하는 윤일숙 씨를 만나 이원수 선생 소식을 대강 듣기는 했다. 수술이 이만저만 큰 것이 아니었던 모양이다. 코로 호스를 위장에까지 넣어 주사기로 영양분을 공급하고, 목구멍을 뚫어 숨을 쉬게 하고 허벅지 살을 도려내어 귀에다 붙이고 했다니 생각만 해도 몸이 떨릴 정도다. 그런데도 문병을 가니 오히려 이것저것 웃기는 얘기만 해서 자꾸 눈물이 나오는 걸 겨우 참았다는 것이 윤일숙 씨 말이었다.

대학병원 입원실 한 방을 찾아가니 면회 사절이란 글자가 문에 붙어 있었지만 그대로 들어갔다. 이 선생은 침대에서 일어나 앉아 계셨다. 허벅지에 손바닥만 한 넓이로 붕대를 반창고로 붙여 놓았다. 이마에도 그렇게 해서 머리를 싸매고 계시고, 왼쪽 볼에는 윤 씨 말같이 살을 마치 귀같이 길게 붙여 놓고 계셨다. 입은 한쪽으로 돌아가 버리셨다. 미국서 돌아온 맏아드님이 옆에 있고, 사모님도 서 계셨다. 얘기를 들으니 어금니 뿌리에 암이 생겼는데, 그걸 제거하기 위해서 입술, 턱, 볼의 살을 끊어 젖히고 어금니를 죄다 뽑고, 암이 생긴 부위를 4센티미터×4센티미터×3센티미터의 넓이와 길이로 도려냈는데, 암의 뿌리가 턱뼈의 일부에까지 뻗어 가 있어 그 뼈도 한쪽을 끊어 냈다고 한다. 그리고 그 제거된 자리에 이마의 살을 갖다 붙이고, 이마엔 허벅지의 살을 붙이고, 이렇게 하게 된다고 하며, 이제 가장 급하고 위험한 수술은 끝났고, 다음 2차 수술은 한 달쯤 뒤에 하게 된단다. 이런 얘기를 아드님도 하고 선생님 자신도 하셨다. 선생님은 수술한 것을 설명하는데 아주 유머를 섞어 가면서 웃겼다. 그리고 조금 있다가 식사 상이 들어왔는데, 보니 미음 같은 것이다. 그런 걸 하루 여섯 번 잡수신단다. "내가 애기가 돼서 이런 걸 먹어요" 하셨다. 수술한 지가 열흘 정도 지나서 이젠 일어나셔서 입으로 그런 음식을 잡수시기도 하고, 또 휠체어 같은 데 앉아서 병원 복도를 다니고 하신단다. 그리고 한 달 뒤에 수술할 때 다시 입원하기로 하고, 이젠 일단 퇴원해서 댁에서 다니면서 치료하는 것이 비용도 덜 들고, 또 손발의 운동도 되어 빨리 낫는다는 의사의 말이란다.

김종상 씨는 벌써 여러 번 찾아온 모양이다. 의사들이 하는 말을 전하는데, 이런 선생님을 생전 처음 본다는 것이란다. 이렇게 죽음을 태연히 맞이한다는 것은 보통 사람이 아니라는 것이다. 정말 암이라는 진단이 내리기만 해도 모두가 실신하거나 살아갈 힘을 잃고 그만 누워 있기가 예사인데, 암이란 진단이 내려도 술 먹지 못하는 걸 섭섭하게 여기는 편지를 띄우고, 한윤이 씨 병원엘 찾아가 걱정해 주고, 홍은표 씨 장례식에 참석하고, 그 무서운 수술(아침 7시부터 오후 6시까지 걸렸다니!)을 한 이튿날에 문병 간 사람을 도로 웃기어 주었다니. 이건 비범한 사람임이 분명하다.

우리가 병원에서 웃고 얘기하고 있을 때 어떤 낯선 사람 하나가 찾아와 인사를 하는데, 명함을 보니 분도출판사 서울 사무실에서 일을 보는 사람이었다. 마침 이원수 선생의 장편소설 《지혜의 언덕》이 다 되어 가져왔던 것이다. 이 선생은 그 책머리에 한 권 한 권 사인을 하셔서 나눠 주셨다. "선생님, 오늘 날짜 적어 주시면 더욱 기념이 되겠습니다"고 했더니 그렇게 날짜를 쓰셨다.

　이 선생 맏아드님은 내일 미국으로 떠난다고 했다. 여권이 그렇게 돼 있단다. 아무튼 내일 일단이라도 퇴원하시는 걸 보고 떠나니 만분다행이다.

　서울대병원을 나와 이번에는 세브란스병원으로 한윤이 씨를 찾아갔다. 한윤이 씨는 한 달쯤 전에 교통사고로 중상을 입고 입원했는데, 중태에 빠져 있다는 신문 보도를 어떤 사람이 얘기해 줘서 보았던 것이다.

　한윤이 씨는 매우 성실한 인품의 동화 작가다. 동화도 잘 쓰고 앞날이 촉망된다. 얼마 전에 직장을 나왔다고 하여 어디 알맞은 자리에 취직이 되었으면 하고 걱정이 되었다. 우리 아동문학가협회의 일도 알뜰히 해 온 사람이다. 내가 알고 있는 것은 이 정도다. 그런데 세브란스병원에 가면서 김종상 선생이 한 얘기를 들으니, 중학교 때부터 신문 배달 같은 것을 하여 고학을 해서 대학까지 나왔단다. 그것도 장학생으로 공부했다니 얼마나 놀라운 아가씨인가! 가정엔 아버지가 안 계신 모양이고, 아마 곤란한 것이 틀림없다. 사고가 난 그날 밤은 출판사에서 퇴근하여 집으로 가는 길인데, 건널목을 건너는데 과속으로 달리는 택시가 한 씨를 치어서는 30미터나 그대로 끌고 갔다니! 운전사란 놈이 술에 취해 있었단다. 그 모양 됐으니 어찌 되겠는가. 온몸이 으깨져서 피투성이가 되었고, 아주 죽었던 것인데, 기적적으로 살아났단다. 죽은 사람의 신원을 알 수 없다가 천만뜻밖에도 그 사람이 눈을 떠 전화번호를 가르쳐 주더란다. 그래(교통순경인지 운전산지 행인인지 모르지만) 공중전화로 달려가서 그 번호를 돌리니 이준연 씨더란다. 이준연 씨는 한윤이의 오빠의 친구란다. 이래서 이준연 씨가 오고 이영호가 오고, 김종상이 와서, 피투성이가 된 사람을 안고 병원에 가서 응급치료를 하는데, 몇 번이나 숨이 끊어지고 했다는 것이다.

우리가 찾아갔던 병실은 이원수 선생이 계시던 서울대병원의 것보다 좀 더 좁은 데다 거기엔 또 다른 한 사람의 환자가 옆에 누워 있었다. 한윤이는 일어나지도 못하고 가만히 누워 있는데, 보니, 얼굴 한가운데가 위쪽 이마에서부터 아래쪽 턱까지 수술해 기운 자욱이 불그레하니 나타나 보였다. 왼쪽 어깨도 수술해 깁스로 대어 놓았고, 오른쪽 팔과 오른쪽 다리 전체를 또 그렇게 깁스를 해 놓았다. 골반 수술을 크게 했단다. 진단서를 보여 주는데, 병명이 꼭 열 가지가 돼 있고, 전치 스물몇 주다. 합병증이 생길 경우 치료는 더 오래 걸린다고 해 놓았다. 김종상 씨 말 들으니, 처음엔 뇌진탕의 증세가 나타나 걱정이었는데, 천만다행히도 뇌에는 큰 충격이 없었던 것 같아 지금까지 별 이상이 없고, 내장도 큰 탈이 없고 등뼈 등도 큰 이상이 없단다. 단지 골반과 어깨뼈가 염려스러우나, 수술과 치료 경과가 뜻밖에 좋아서, 이대로 가면 치료가 끝났을 때 정상적 활동을 할 수 있다는 전망이란다. 불행 중 다행이란 이런 경우이겠다.

한 달 입원비가 5백만 원이란다. 앞으로 다섯 달 걸리면 몇 천만 원이 되겠는데, 퇴원해서도 회사에서는 위자료 같은 것을 지불해야 되겠지. 그러니까 운전사들이 사람을 치었을 경우, 다시 보아 죽지 않고 살아 있으면 차를 뒷걸음쳐 다시 한 번 갈아 죽인다는 것이 사실이리라.

서울대병원이고 세브란스병원이고 그 규모가 어마어마하게 컸다. 큰 병원의 병실마다 사람들이 꽉 차서 입원하려야 할 수 없는 사람들이 많단다.

"이 큰 병원에 들어 있는 입원 환자의 9할이 교통사고 환자랍니다."

한윤이의 말이었다.

이렇게 도시에 사람을 끌어모아서 교통지옥 만들어 수없이 사람을 죽이면서도 근대화다, 국민소득 몇 불이다, 하고 떠들고 있는 위정자들이란 바로 살인마들이 아니고 무엇인가.

우리가 얘기하고 있을 때 이준연 씨가 또 찾아왔다. 그는 여러 번 온 모양이다. 그도 실명 직전 상태의 눈을 가지고 있는 사람이다.

세브란스를 나와서 이현주 목사가 있는 경희대학부속병원을 찾아가려다가 나 혼자 찾아가기도 힘들고 해서 그만두었다. 이 목사야 대단치 않겠지, 하는 생각도 들었다. 또 성모병원의 정 신부, 오원춘 씨도 그만두었다. 시간도 너무 지나 저녁때가 되었던 것이다.

종로로 와서 손, 김 씨와 애기나 하려고 오다가(강세준 씨는 회사 일이 바쁘다고 세브란스병원에서 나오면서 헤어지고) 김종상 씨가 종로 5가에 볼일이 있다고 해서 같이 그곳에 가니 장원덕 씨가 하고 있는 출판사였다. 장 씨는 글짓기 교육에 관한 책을 많이 내고 있는데, 이런 책을 주로 서울 시내의 선생들에게 나눠 주어서 팔고 있는 것이다. 장 씨는 우리가 들어가자마자 그런 책을 다섯 권쯤씩 나와 손 선생한테 기증해 주었다. 장 씨가 하는 일은 좀 정신이 흐리멍덩한 장삿속으로 하는 일이었지만 나는 수고 많이 한다고 인사해 주었다. 그런데 장 씨가 선물로 준 책에는 언젠가 책방에서 본, 내가 번역해서 소개한 세계 각국 어린이들의 글을 아무 허락도 없이 베껴 실어 놓은 그 책은 들어 있지 않았다. 일부러 안 준 것이겠지.

장 씨는 또, 한인현 글짓기 지도상 수상자들의 모임을 갖기로 해서, 이번에는 그분들이 작품을 뽑기로 한다고 했다. 그러면서 "선생님은 1회 수상자이니 1월 15일경엔 꼭 와 주시면 좋겠습니다" 했다. 나는, 어른들한테 지도상이란 걸 주는 것은 모르지만, 아이들 한둘을 뽑아서 무슨 상이니 하여 준다는 것은 아무 뜻이 없고, 오히려 교육을 해치는 노릇이라고 말했다. 그래도 자꾸 15일 모임에는 나와 달라고 하기에 웬만하면 오겠다고 대답했다.

장원덕 씨 사무실에서 나와서 김, 손 두 분은 장 씨한테 잡혀 술자리에 앉아 있고, 나는 약속이 있다고 먼저 나와 종로 5가 디즈니다방에 가서, 아침에 전화로 연락이 된 원해성, 한증애 두 신혼부부를 만났다. 이 두 젊은이는 지난번 주례도 서 달라고 나를 찾아 안동 대곡까지 와서 못 만나고 30리를 걸어서 돌아간 사람들이다. 그 후로 다시 전화로 주례를 부탁받았지만 나는 사절했던 것인데, 결국 내가 소개한 이원수 선생의 주례도 못 받고, 이 선생이 또 소개한 유여촌 씨가 주례를 서게 된 것이다. 그래 얼마 전 서울서 대구로 전화를 걸어 와 또 만나고 싶어서 이번 서울 길에 약속했던 것이다. 참 미안해서 견딜 수 없었는데, 저녁 식사 대접을 꼭 하겠다고 해서 옆에 가서 저녁 식사를 같이 했다. 참 얌전하고 성실한 젊은이들 같았다. 〈뿌리깊은나무〉에 실은 일본 제국주의 잔재 문제를 논한 내 글을 읽고 감동한 다음에 또 다른 책들을 읽었다고 했다. 결혼식 사진을 부쳐 드리겠다고까지 해서 고맙다고 인사하고 헤어졌다.

그길로 다시 디즈니에서 김종상, 손동인 두 사람을 만나 문단 얘기, 협회 운영 문제 얘기를 했다. 난 아동문학가협회 같은 것이젠 아무 기능도 발휘 못 하게 됐으니 해산해 버리는 게 좋겠다고까지 말했는데, 김종상 씨는 그래도 누가 일할 사람이 나와 운영해 나가도록 해야 한다는 의견이었다. 누가 일할 수 있는가 물으니 아무도 할 사람이 없다면서 그런다. 결국 올겨울에도 시상식이니 선거니 하여 그런 것만 하고 넘길 것인가? 회보 하나 못 내는 사람들이 무슨 협회고 단체고 만들고 있는가. 이 겨울만 지내 보고 나는 이런 단체와 아주 결별해야겠다고 생각했다. 손동인 씨도 별다른 의견이 없었다.

원갑에 가니 전 형이 혼자 기다리고 있었다. 밤에 잠이 잘 안 왔다. 문단과 협회 운영 일이 자꾸 머리를 어지럽혔다.

1979년 12월 27일 목요일

아침에 마리스타에서 수사들과 전 형과 같이 빵과 콩 삶은 것과 우유로 식사를 했다.

9시 반부터 국민 정신교육 실천 보고회가 있는 안동여중으로 찾아갔다. 교문 입구 운동장 한쪽에 "필승, 2등은 싫다"라는 간판이 붙어 있는 걸 보고 한심한 생각이 들었는데(이것은 경북의 모든 학교에서 교내에 걸기로 돼 있다) 보고회장인 2층 강당으로 올라가는 입구 복도에 세워 둔 큰 칠판에 쓰인 글을 보고 기가 막힌 생각을 했다. 그 칠판엔 당번 교사의 이름, 그 주일에 공부할 영어와 한자 숙어 외에 격언이란 난이 있어 다음과 같은 격언이 판서돼 있는 것이다.

"가난한 사람에게는 진실을 말하여 주어도 믿지 않는다."

어느 못된 양놈들이 만들어 놓은 악의에 찬 이런 말을 그대로 아이들에게 교훈으로 내걸어 보이다니! 나는 잠시 분노가 치밀어 참을 수 없을 지경이었다. 어째서 학원이란 데가 이 꼴이 되었는가. 교사란 자들이 이토록 비인간화되었는가. 기가 막힌다.

초·중등학교의 모든 교장들과 연구 주임 혹은 연구 담당 교사가 모이는 이 자리에서, 거기 들어가는 아무도 나 밖에는 그 글귀를 읽은 이가 없었던 것 같다. 설령 읽어도 아무런 생각이 떠오르지 않았을 것이라 생각되기도 했다.

회의가 시작되었는데, 맨 처음에 문교부 지정 국민 정신교육 시험 교육청으로 되어 올해 그 교육 실천 결과를 전국 각지에서 모여든(청주인가 어디에서 열렸던) 보고회에 가서 보고한 바 있다는 엄재현 학무과장이 나와 역시 그 보고한 것을 그대로 슬라이드를 보이면서 얘기했다. 그것은 물론 떠벌리기 선전 행사와 통계 숫자의 나열로 된 것들이었는데, 엄 과장은 그래도 그 보고가 아주 잘되었다고 많은 사람들의 감명을 사고 칭찬을 받았다고 했다.

다음은 두어 학교에서 '명상의 시간' 운영이니 또 무슨 주제니 하여 자기 학교 선전을 늘어놓았다. 그중 바로 오늘 장소를 빌려 준 이 안동여중의 교육 실천 보고는 그 형식으로 봐서 아주 완벽한 것이었다. 슬라이드도 잘돼 있었고, 설명하는 사람도 남녀가 서로 바꿔 가면서 고운 목소리로 하는 말들이, 라디오나 텔레비전에서 듣는 아나운서의 것에 못지않았다. 그러나 그 내용이란 모두 무슨 행사를 해서 어떤 성과를 올렸다는 식이었다. 모두 다 허식이었고 상품 광고식이었다. 나는 도중에 참을 수가 없어 책을 꺼내 보았다. 민방위 교육 때 시시한 연사가 나가 얘기하는 것을 듣는 것 이상으로 참기 어려운 시간이었다. 그 기막힌 격언을 아이들에게 교훈이라고 가르치는 학교에서 무슨 교육을 하겠는가.

그다음에 지정된 여섯 학교에서 10분씩 나가 또 그런 식의 광고 선전을 했다. 이거야말로 희극 중의 희극이요, 비극 중의 비극이다.

오후에 마리스타에 가니 전 형이 계속 일본어 공부를 시키고 있었다. 세 시간쯤 같이 앉아 있다가 대곡으로 간다고 하고 나왔다.

1979년 12월 29일 토요일

아침 차로 나왔다. 대통령 사진을 소각하라는 공문이 이제사 나왔기에 청부한테 오늘 교무 선생 나오면 내가 없더라도 태우라고 전하고 나왔다. 숙직실 문구멍이 뚫어지고, 방바닥이 더러운 것은 어제 청부 시켜 다 바르고 청소해 두었다.

대구 오니 11시 반, 곧 이호치과에 가니 환자들이 아이 어른 할 것 없이 꽉 차서 기다리는데 앉을 자리가 없을 지경이었다. 두 시간쯤 기다렸다. 내가 기다리는 줄 알고 이재호 선생이 옆의 다방에 들러 차를 시켰다. 아침부터 저녁 늦게까지 잠시도 쉴 시간 없이 환자만 상대하는 치과 의사는 얼마나 고달프겠는가. 더구나 항시 그 냄새나는 입안만 들여다보고 피고름을 만지고 하는 일이니 얼마나 정신인들 지치겠는가. 내가 그런 말을 했더니 정말 괴롭다고 했다. "그러나 직업이니 할 수 없지요" 했다. 그리고는 곧 수필 얘기가 되었는데, 나는 또 그의 작품을 칭찬하면서 수필집을 내는 것이 어떠냐고 했다. 이것은 인사말이 아니라 정말 경북에 있는 수필가치고 가장 우수한 작품을 쓴다고 내가 보았기 때문이다. 그런데 이재호 씨는 "아이구, 제 글이 책이 되겠습니까. 아직 훗날을 기다려야지요" 했다. 참 겸손한 사람이다. 그러면서 그는 이번 경북수필 동인회지에 낸 '목련'이란 작품은 자기로서는 시원찮은 작품인데, 남들은 그게 아주 좋다고 하더라 했다. 나는 '목련'도 좋지만 지난번에 낸 것이 더 좋아 보이더라, 했다. 이 씨는 이때 "제가 직업에 관계되는 글은 얼마든지 소재가 있는데 그런 걸 쓰고 싶지 않아요" 해서, 그리고 보니 이 씨의 글엔 직업인으로서의 생활 세계가 없다 싶어 왜 그런 걸 쓰고 싶지 않은가 따져 보고 싶어졌다.

　"제 생각으로는 누구나 자기가 가장 관심이 큰 문제를 두고 애기하는 것이 옳을 것 같아요. 그래야만 모두가 공감할 수 있는 글이 되지 않을까요."

그러나 이 씨는 뜻밖에도 반대 의견을 말했다.

"자기의 일상적인 것, 신변의 애기를 하게 되면 보편성이 없을 것 같아요. 글이란 만인에게 공감을 주는 것이어야 하는데, 수필이 신변잡기가 돼서는 안 되거든요."

그러나 자기가 온몸과 마음을 바쳐 일하는 삶을 애기하는 것이 "신변잡기"가 되는 것일까? 그렇게는 생각되지 않는다. 자기의 삶은 모든 사람의 삶에 이어지는 것이어야 한다. 삶의 애기가 단순한 신변잡기에 머무르지 않고 모든 사람의 마음을 사로잡을 수 있는 글이 될 수 있도록 하자면 역시 자기의 삶이란 것을 개인적인 것, 남과의 단절된 곳에서 파악하지 않고 모든 사람의 삶의 한 부분, 한 표현으로 인식하는 시점의 확보가 요청되는 것이다. 이 씨가 자기 자신의 정직한 일상적 삶을 애기하지 못한다면 그 까닭은 어디에 있는가?

"사실 직업에 관계된 글을 전혀 안 쓴 것은 아닙니다. 지금까지 16편쯤 쓴 것이 있기는 해요. 모두 의학 잡지에 실은 것인데요."

"별로 읽지는 않았지만 최신해 씨 같은 분의 글은 직업과 생활에 관한 글이 아닌가요. 그리고 작고한 박문하 씨의 글도 좋지요. 누구나 자기의 직업이나 전문 분야에서 쓰고 싶은 걸 쓰면 남들에게 재미있는 글로 읽히는 것 아닐까요."

"그런데 의사들이 쓴 직업적이고 생활적인 글을 보면 남들은 재미있을지 모르지만 우리가 보면 재미가 없어요. 역시 정직하게 쓰기가 힘들어요. 너무 생활을 미화해 놓은 게 싫어요."

이건 참 뜻밖의 사실이다. 의사들의 글에 이런 면이 있구나 하는 걸 비로소 느꼈다. 그렇다면 교원들도 마찬가지 아닌가. 내가 교육의 얘기를 쓰고 있지만, 어느 정도 나 자신을 철저히 얘기하고 교육계를 밑바닥까지 정직하게 드러내 보였는가 생각할 때 부끄럽기 짝이 없다. 나 역시 생활을 미화하고 있었던 것 아닌가. 그렇다면 생활을 얘기하지 않는 것이 차라리 나을지 모른다.

그러나 그래도 쓸 수 있는 데까지 쓰는 것이 옳은 일이 아닐까? 모든 것을 모조리 폭로한다고 해서 반드시 좋은 것도 아닐 것이다. 이 씨가 생활을 기피하고 있는 것은 어쩌면 이렇게 온종일 환자들에게 시달리는 생활을 하고 있으니 자연 글 쓰는 데서나마 이 기막힌 생활과는 다른 세계를 찾아가 보고 싶어 하는 심경이 되는지도 모른다.

"이 선생은 수필로서 휴식의 세계를 맛보시려고 하는 것 아닙니까?"

"그렇습니다. 마음의 안식처를 글 쓰는 데서 구하고 있지요."

역시 그렇구나 싶었다. 나는 그가 좀 더 기다려 달라면서 다방을 나가는 뒷모습, 한쪽 다리를 절면서 나가는 뒷모습을 바라보면서, 어쩌면 저분은 어릴 때부터 저런 신체적 결함에서 오는 열등감이 삶의 태도를 크게 좌우한 것이 아닐까 하고 직감했다. 직업과 생활과 그 밖에 모든 괴로운 현실에서 일단 떨어진 곳에 자기 마음의 이상향을 설정해 놓고 싶은 간절한 염원이 그의 수필이 된 것 아닌가 생각되었다. 그의 작품을 겨우 몇 편밖에 안 읽어서 단언하기는 어렵지만. 아까 그가 학생 시절부터 불면증에 시달려, 지금도 밤에 잠을 잘 못 잔다고(그래서 밤공부를 한 탓으로 서울대학에도 가고, 지금은 수필도 쓰고 한다 했다) 한 말을 다시 이런 내 짐작과 결부시켜 생각할 때, 그는 지금도 생활과 이상의 틈바구니를 어쩌면 방황하고 있을 것 같기도 했다.

병원 대기실에서 〈서울신문〉을 보니 오늘 나온 것에 내 글이 실려 있다. 한 자도 고쳐진 것 없이 그대로 나와 있어 반갑기는 했으나 이런 걸 이젠 이재호 씨한테 보이고 싶지 않다. 거의 모든 중앙지가 다 와서 병원 대기실에서 구겨지고 휴지로 되는 것 같은데, 이재호 원장은 이런 신문을 볼 틈도 없는 것 같다. 어린애들이 꾸겨 쥐고 다니는 그 〈서울신문〉을 내가 접어 호주머니에 넣었다.

내 차례가 되어 들어갔다. 나는 아무래도 틀니를 해야겠다고 했더니, 그렇게 하는 게 역시 좋겠다면서, 왼쪽 어금니 세 개 덮어 놓은 걸 한참 걸려 벗겨 내는데 온통 흉한 냄새가 내게도 느껴질 정도였다. 아이구 이 삼뿌라산플라티나 덮어 놓은 것 이를 망쳐 놨습니다고 했다. 그건 벌써 6년도 넘었을 것 같은데.

삼뿌라가 나쁜지 어떤지 내가 알 턱이 없고, 이가 아프지도 않아 그냥 버려두었던 것이다. 이 두 개를 빼야 될지 그냥 둬야 할지 모르겠는데, 사진을 찍어 봅시다, 했다. 한참 기다려 사진을 찍었다. 이번이 두 번째 찍는다. 엑스레이 찍는 것은 어쩐지 불쾌하다. 또다시 한 시간쯤 기다려 들어가니 이 선생은 사진을 들여다보면서, 머리를 잠시 기웃거리더니 아무래도 두 개를 다 빼는 게 좋을 것 같다고 말했다. 또 빼야 하는가! 그러나 나는 이제 이 선생을 전적으로 믿게 되었다. "빼야 되면 빼야지요" 했다. 이 선생은, 워낙 큰 이가 돼서, 오늘 하나 빼고, 월요일 다시 하나 뺀다고 했다. 그러면서 마취 주사를 놓고 빼는데 아주 시간이 오래 걸려 무척 애를 썼다. 빼지 않아도 될 것을 빼는 것이 아닐까 걱정도 됐다. 마치고 난 뒤에 이 선생은 "속에 고름 주머니 같은 걸 긁어낸다고 좀 파냈으니 아플지 몰라요. 집에 가서서 찬물 찜질을 하시는 게 좋겠어요" 했다.

집에 와서 밤늦게까지 피가 자꾸 나서 뱉고 뱉고 했다. 아, 이젠 어금니를 다 빼고, 틀니로 살아가는 인생이 됐구나 싶었다. 내일쯤 서울로 갈 생각했더니 이 치료를 이대로 해 놓고 갈 수 없다. 월요일 남은 것 하나 더 빼고 가야겠다. 할머니는 동쪽 방에, 나는 큰 방에 잤다.

2부

1980년부터
1981년까지

1980년 1월 13일 일요일

  간밤에는 개가 앓아누워 있다가 몇 번이나 일어나 자리를 옮기고, 더구나 내 머리맡에 와서 눕고 해서 잠을 잘 못 잤다. 오늘은 아내가 개가 힘이 저렇게 없이 누워 있으니 어디 병원에 데려가든지 의사를 부르든지 해야 되지 않나 하는 것을, 워낙 여러 날 아팠고 먹을 것을 제대로 먹지 못해서 힘이 없어 그러니 푹 잠이나 자도록 해 놓으면 나을 것이라 말하고 그대로 두었다. 사실 수의사를 부른다 해도 그들이 무슨 짓을 할지 믿을 수 없는 것 아닌가 싶었다. 그런데 개가 아무것도 안 먹고 힘이 없어 보인다. 어쩌다 일어났다가도 곧 쓰러질 듯이 주저앉아 버린다. 우유를 갖다 주어도 안 먹는다. 어제저녁에는 우유를 먹기에 자주 주었더니 너무 많이 먹어서 그런지 밤중에 일어서 나가고 싶어 해서 내보냈더니 마당을 여기저기 다니다가 동쪽 모퉁이 어둔 곳에 가자 설사 똥을 마구 쏟는 것 같았다. 그러더니 들어와서는 다시 누운 뒤로 잘 일어나지 않고 먹지도 않았다. 우유를 너무 준 것이 또 잘못이었던가 생각되기도 했다. 그런데 오늘은 또 너무 안 먹어 안 되겠다 싶어, 우유를 먹이려고 애쓰다가, 손가락에 우유를 묻혀 입에 갖다 대니 그 것을 혀로 핥고 핥고 하다가 접시에 쏟은 걸 대니 좀 먹고 해서 그럭저럭 한 병 가깝게 먹였다. 국수물도 그렇게 해서 좀 먹였 다. 그런데 누워 있는 걸 보니 아침까지는 발을 오그려 그 위에 머리를 얹고 자더니 낮에는 아주 다리를 쭉 뻗고 누웠다. 눈도 잘 안 뜬다. 아내는 그걸 보고 걱정한 것이지만 수의한테 가도 별 수 없을 것 같고, 저렇게 쇠약한 개를 데려가는 것도 문제 고, 개한테 약 먹인다고 다리 잡고 입 벌려 억지로 먹인다든지 해서(아내가 누구에게 듣고 수의사한테 가면 그렇게 약을 먹 인다고 했다) 생으로 잡게 될 것도 같아 안 갔던 것이다.

오후 안동 가면서도 자꾸 개 걱정이 됐지만 할 수 없었다.

마리스타에 가니 전 형, 권정생 씨 들이 와 있었다. 거기 오늘 도 일본책 공부하던 고등학교 선생들이 몇이 있었다. 모두 같 이 식당에서 저녁을 먹고 졸업식장에 갔다. 졸업식이 아니고 좌담회 같은 걸 한다고 들었는데, 국기 경례며 애국가 제창에 서부터, 졸업장 수여, 상장 수여, 회고사, 내빈 축사 등으로 역 시 졸업식의 형식을 갖추었다. 단지 그런 것 마치고 영화를 보 고 좌담을 하고 같이 노래를 부르고 한 것이 다를 뿐이었다. 차, 과자, 떡 같은 것, 밀감 같은 것이 책상 위에 놓여 있어서 그런 것 먹으면서 좌담을 했다.

내빈 축사는 권정생 선생이 맨 처음에 하고, 그다음엔 어느 노인이 하고 세 번째로 내가 했다. 모두 사회자의 지명으로 한 것이다. 권정생은 정직하게 살자는 말을 했고, 어느 노인은 무슨 얘기를 했는지 확실히 기억나지 않으나 아무튼 좀 낡은 교훈을 얘기한 것 같다. 그렇다. 여러분이 졸업해서도 끊임없이 무엇을 알려고 하여 지식을 넓혀야 된다는 말을 했다. 나는 갑자기 무슨 얘기를 할까 걱정이다가 마침 한 가지 생각이 났다. 내가 얘기한 요지는 이렇다.

여러분의 졸업을 진심으로 축하합니다. 오늘 여러분의 졸업은 다른 어떤 학교의 졸업보다 더 귀하고 값진 것인 줄 압니다. 나는 여러분이 이 학원에서 두 해 동안 공부한 것이 참으로 귀중한 공부를 한 것이라고 생각하는데, 그 까닭을 좀 말해 보겠습니다.

얘기가 좀 달리 됩니다만, 나는 며칠 전에 광주의 어느 유아원 선생을 만나 이런 얘기를 들었어요. 유아원이라면 네 살 정도의 어린애들, 유치원에도 들기 전의 어린애들을 데리고 놀면서 교육하는 곳입니다. 그 유아원에 한번은 어느 어머니가 아이를 데리고 와서 좀 입학을 시켜 달라고 간청하면서 "이 아이는 세 살 때 벌써 천자문을 다 읽고 다른 한문도 좀 공부했습니다. 재주가 뛰어났으니 아무쪼록 이 재주를 뻗쳐 주십시오"라고 해서 어쨌든 그 아이를 받게 되었답니다. 이 유아원 선생이 그 아이를 데리고 천자문을 읽으라 하니 과연 한 자 한 자를 정확히 읽고 다 외우더랍니다. 그래 이런 아이를 어떻게 지도할까 하다가 우선 재미있는 동화책을 읽도록 했다지요. 그 아이의 기억력이 비상해서 한 번 읽은 동화는 그 줄거리를 아주 똑똑히 외웠다 해요. 선생님이 하시는 얘기도 고대로 외워 부모들에게 들려주었답니다. 그런데, 유아원생들끼리 둘러앉아 얘기를 하고 놀 때 보면 다른 아이들은 재미있게 얘기를 주고받고 놀고 있는데, 이 아이는 항상 혼자고, 또 누가 무엇을 물어도 대답을 얼른 그 묻는 말에 맞게 할 줄 모르더랍니다. 그리고 서로 얘기를 시키면 더욱 그렇게 되어 대답할 줄 모르고, 어떤 문제에 대한 의견 같은 걸 말하게 하면 전혀 벙어리가 된답니다.

 여러분, 사람의 머리는 무엇을 듣거나 읽거나 그것을 모조리 외워 두는 것이 좋은 게 아닙니다. 외우는 것보다 잊어버려야 합니다. 읽은 것을 잊어버리고, 들은 것도 잊어버리고, 이래야 자꾸 듣고 읽을 수 있고, 머리도 가벼워지고, 새로운 것이 머릿속에 들어갈 수도 있고, 그런 모든 것들이 잠재의식 속에 쌓여 새로운 것을 창조할 수도 있게 됩니다. 그런데 모조리 머릿속에 기억해 두면 머리가 터져 나가지요. 아무것도 새것을 더 넣을 수 없고, 또 창조할 수도 없습니다. 기억력이 비상하여 많은 것을 외우기만 하면 그만큼 아무것도 새것을 만들거나 새로운 일에 대처하는 능력을 가질 수 없어요. 인간이 기계가 되는 겁니다. 그 유아원의 아이는 놀라울 만큼 기억을 잘해, 한 번 들거나 읽은 것은 정확히 외우고, 시키면 그대로 하는데, 한 번 자기가 외운 것 말고 새로운 것을 창조해 내거나 시키지 않은 것을 하라면 그만 바보같이 아무것도 못 하게 되는 것인데, 기억력 훈련만 하고 지식 외우는 공부만 한 사람은 이와 같이 인간스런 힘이 없어지고 완전히 기계가 되는 것이랍니다.

우리 나라 김웅용이란 아이 얘기 모두 잘 들어서 알지요? 그렇게 천재 소년이라고 야단법석이 되었던 아이가, 지금 열여섯인가 되었는데, 이제는 예비고사를 간신히 합격했다고 하지요. 그리고 영국의 어느 심리학 교수가 자기 아이를 천재로 길러야겠다고 아주 어린애 때부터, 침대에 누워 있을 때부터 지적인 훈련을 하여 놀랄 만한 천재같이 만들었지만, 결국은 박사, 교수가 되어도 제대로 동료들과 어울리지 못하고 고독하게 살다가 견디지 못하여 몇 해 뒤에는 어느 시골에 가서 이름 없는 점원으로 지냈지만 그것도 두어 해가 못 가 발견이 되자 신문기자가 찾아가고 해서 그만 결국은 자살해 죽었다고 합니다. 지식만 머릿속에 집어넣는 교육이 사람을 이와 같이 만듭니다.

여러분, 지금 우리 나라의 교육은 국민학교에서부터 중·고등·대학에 이르기까지 시험 준비 교육으로 단편적인 지식만을 밤낮 강제로 주입하는 교육을 하고 있습니다. 그것은 사람을 바보 만드는 교육, 병신 만드는 교육입니다. 우리 집 아이들도 지금 도시에서 공부하고 있는데 병신 다 됐어요. 초등학교

1학년짜리부터 그래요. 벌써 동화책을 줄줄 마음대로 읽는 것은 좋은데 일기를 쓰라고 하니 못 써요. 밤낮 숙제한다고 국어책을 진저리 나게 베껴 쓰고 하는데, 제가 한 것을 마음대로 쓰라면 한 줄도 못 써요. 하도 기가 막혀 이래 이래 써라, 이런 말로 쓰라고 하면, 그 시키는 말을 써넣고 그다음은 뭘 써요? 하고 시키기를 기다려요. 할 수 없이 또 그다음 쓸 것을 말해 주고, 주고 하는데, 이래 밖에는 아무것도 못 쓰니 병신 아니고 뭐예요. 그림도 예쁜 계집애 만화 같은 걸 언제나 한결같이 그리고 있지요. 아무리 다른 걸 그리라 해도 못 그립니다.

우리 나라 학생들은 초등학교에서부터 이렇게 커서 중학, 고등, 대학까지 병신 되는 공부합니다. 어처구니없는 병신 만드는 학교—이게 오늘날의 학교입니다. 여러분, 여러분은 이런 학교를 국민학교에서 중학교까지 다녔지만, 그 이상 다니지 않은 것이 천만다행입니다. 이 마리스타 학원에서 2년 동안 이런 바보 만드는 공부가 아니라 참사람 되는 공부를 한 것은 얼마나 다행한 일인지 모릅니다. 여러분의 졸업을 축하하는 마음, 기쁘기 말할 수 없습니다.

그다음에 또 하나 여러분을 축하할 것이 있습니다. 여러분이 이 학원을 지금 나가면 상급 학교가 있어 여러분을 기다리는 것이 아닌 형편 같습니다. 좋은 취직자리가 있는 것도 아닌 것 같아요. 집 걱정, 살아갈 걱정까지 많은 줄 압니다. 그런데 나는 이런 어려운 처지에 있는 것이 참된 사람의 생활을 하는 데 매우 유리한 것이라 생각합니다. 언젠가 여러분과 같이 교실에서 한 시간을 애기하면서 지낸 일이 있습니다. 그때 여러분들 애기 들어서 흐뭇하게 느낀 것은 여러분이 다른 학교 학생들과는 달리 뭔가 세상을 진실하게 살아가야겠다는 생각을 거의 모두 하고 있는 것입니다. 그런데 사람이 물질적으로 넉넉하여 편안한 처지에 있으면 진실한 삶을 살기 지극히 어렵습니다. 부유한 사람은 백 사람에 한 사람 진실을 살기 어렵지만, 가난하고 고생하는 사람은 열에 일곱은 진실한, 인간다운 사람으로 살게 됩니다. 그러니까 여러분은 진실한 삶을 살도록 하나님이 일부러 그런 처지에 쫓아내어 시험을 해 보시는 것입니다. 하나님은 우리를 사랑할수록 시련을 겪게 하고 진실의 길을 갈 수 있는 환경을 만들어 주십니다. 이런 의미에서 여러분의 앞길을 축하하고 싶어요.

더구나 마리스타는 졸업 후에도 여러분이 자주 찾아와 걱정을 털어놓고 의논하기를 기다립니다. 이 얼마나 고마운 모교입니까. 어려운 처지의 사람일수록 서로 손잡고 힘을 모아 세상을 살아가야 합니다. 우리가 믿을 수 있는 것은 우리 자신의 힘뿐입니다. 모두 졸업 후에도 한마음이 되고, 한 형제가 되어 언제까지나 같이 살아가 주기 바랍니다. 축하합니다.

대강 이런 애긴데, 다 하고 나서 생각하니 애기가 조리가 없고, 할 말을 다 못 했다는 생각이 나서 후회가 됐다. 역시 나는 말을 할 줄 모른다.

그다음에 영화 상영이 있었는데, 프랑스 대사관에서 얻어 온 것이라던가? 세 편 영화의 내용은 이런 것이다.

첫 번째. 어린애들이 등과 머리통 뒤쪽에 깊은 구두 발자국이 찍혀 그 자리를 나무토막과 나사로 보충해서 마치 기계같이 행동하며 살아간다. 가정에서 학교에서 그렇게 해서 어른들이 시키는 대로 움직이는 아이들은 컴퓨터 같고, 움직이는 기계 그대로다. 그 발자국은 어째서 찍혔는가? 콘크리트 건물이 하늘을 꽉 막고 서 있는 거리를 아이들이 간다. 그 앞에 거만한 장군 같고 깡패 같고 우상 같은 존재가 길 한가운데 떡 버티어 서 있다. 아이는 그걸 보고 저절로 위축되어 그 앞에 꿇어앉는다. 엎드려 절한다. 엎드려 있는 그 아이의 뒤통수와 등줄기를 그 거인의 구둣발이 덮쳐 꽉 밟고 짓누른다. 이렇게 해서 아이의 등과 머리 뒤통수엔 깊은 발자국이 푹 찍힌다. 아이는 일어나지도 못하고 슬슬 기어 나와 겁에 질려 어쩔 줄 모른다. 그다음의 화면은 수많은 어린애들이 수많은 군화에 짓밟히는 광경이 온 땅 위에 전개되는데 그것이 너무 인상적이어서 언제까지나 머릿속에서 지워지지 않았다. 물론 그림으로 그린 작품이었다.

두 번째 본 것은 자동차로 상징되는 현대의 기계문명의 상황과 그○알아볼 수 없음를 집약해서 상징해 보여 준 것인데, 역시 문명 비평적인 것으로, 영화 기술이 놀랍다는 느낌이 들었다.

세 번째는 장난감 인형들이 나와 온갖 놀이를 하고 놀다가 저희들끼리 싸움이 나서 모조리 불타 버리고, 그다음엔 다시 수도원의 수사들이라고 김 수사가 설명해 주는 장난감 모습들이 나오는데, 무슨 얘기인지 알 수 없었다. 나중에 김 수사 말에 의하면, 가난한 사람들이, 남들은 돈으로 헌금하여 하나님을 즐겁게 하는데, 자기는 아무것도 드릴 것이 없어, 생각다 못해 시장 바닥에서 배운 곡예를 해서 보인다는 것이다. 권정생 씨는 이 영화를 훨씬 더 자세히 설명해 주었다. 김 수사의 말 듣고, 그런 기독교의 논리는 자칫하면 오늘날 사회에서 지배자들에게 이용되고 환영될 것뿐이고, 그런 지배자들한테서 생겨난 것이라 여겨졌는데, 권 선생 말 들으니 수긍이 가기도 했다. 우리가 하나님을 즐겁게 한다는 것은 각자가 가진 인간다운 마음을 그대로 발휘하면 된다는 것이다.

이 세 편의 영화 중 첫째와 둘째의 것은 문명과 사회를 비판한 것이고, 셋째의 것은 인간의 내면적 진리, 특히 가난한 사람의 인간적 진실을 종교적 차원에서 보여 준 것이다. 이 중에서 역시 첫째 영화가 가장 인상적인 것은 우리 사회의 정치 교육 문화의 상황을 그대로 상징해 보인 것이라 여겨졌기 때문이다.

마치고 나서 의견 교환이 있었다. 학생들은 구두 발자국에 찍히지 말아야겠다는 말을 많이 했다. 역시 첫째 영화가 가장 인상적이었던 모양이다. 나는, 구두 발자국에 찍힌다는 것을 우리가 특히 학교교육에서 받는 피해 면에서 심각하게 생각해야 할 것이라 말했다. 전 형이 또 한마디 한 것이 적절했다.

"여러분이 구둣발에 밟히는 걸 힘이나 돈의 세력에 짓눌려 박해를 입는 그런 것만 생각하기 쉬운데, 사실 구둣발에 짓밟히는 것은 누구나 다 아는 것이고 큰 문제가 아닙니다. 그보다도 자기가 구둣발에 밟히고 등과 머리에 발자국이 나 있는데도 밟히지 않았다고 생각하는 것이 더 큰 문제래요. 가령 여러분이 눈썹을 이상하게 그리고, 옷을 남 따라 입으려고 하는 것은 스스로 하고 싶어서 한다고 자신하지만 이게 더 기막힌 발자국입니다. 그것은 오늘날의 돈과 권세가 하는 짓이요, 사람들의 정신을 마비시키고 비뚤어지게 만드는 텔레비전 선전과 유행적 욕망 추구 생활을 강요하는 마약입니다. 인간스런 삶을 살아가지 못하게 하는 것이 바로 우리를 짓밟는 구두 발자국이지요."

나는 전 형의 말이 참 좋다고 생각했다. 권정생 선생은 정직한 생활, 진실한 생활을 못 하게 하고 허위의 생활을 하도록 하는 것이 짓밟히는 것이라 말했다.

그다음에 김 수사가 또 사회를 잘했다. 그렇다면 우리가 안 밟히도록 하려면 어떻게 하겠는가 좀 말해 보자 했다. 나는 그저 좋으니 각자가 한마디씩 의견을 내보자고 했다. 그런데 그 다음 나온 몇 사람의 의견이란 것이 모두 중·고등학교 선생들이었는데, 그게 대단히 좋지 못했다. 맨 처음 말한 것은 다름 아닌 마리스타 학원의 강사요, 그것도 가장 중심적 노릇을 하는 사람으로 오늘 밤 졸업식에서도 학원장을 대신해서 졸업장과 상장을 주고 회고사란 것을 한 사람이 이런 말을 했다.

"세상을 밟고 밟힌다고만 보아서는 안 될 것 같아요. 그 밟힌다는 것도 생각하기에 따라서는 그렇게 안 볼 수도 있지요. 또 그렇게 밟는 사람도 결국 우리들이 시킨 것이 아닙니까."

뭐 대강 이런 말이었다. 참 어처구니없다는 생각이 들고, 마리스타에서 학생들을 가르친다는 사람의 입에서 이런 말을 하다니, 놀랍고 서글픈 생각이 들었다.

그다음엔 전 형한테 일어 배우러 오는 사람의 말이다.

"얼굴에 분을 바르고 화장하는 것은 보는 사람에 따라 다르게 생각할 수 있습니다. 남들에게 기쁨을 주기 위해 화장을 한다고 볼 수도 있지요."

참 어이없는 말인데, 또 한 사람, 그날 처음 본 듯하지만, 이역시, 어느 중·고등학교 선생이었을 것이다.

"학교교육에서는 밟히는 것과 밟는 것의 두 가지를 다 가르칠 필요가 있습니다. 꼭 자유와 구속을 다 가르쳐야 합니까."

나는 이 세 사람의 말이 차례로 나올 때마다 화가 치밀어 와서 반박을 해 주고 싶었지만, 하도 어이가 없는 말이고, 또 여기에 대해 별로 말을 하는 사람이 없어 간단히 비판만 했다. 맨처음 마리스타 강사로 졸업장 내주고 회고사 한 사람의 말 다음에는 이렇게 말했다.

"그건 그래 사회를 봐서는 안 됩니다. 이 사회는 어디까지나

밟는 자와 밟히는 자가 분명히 있는 것이고, 그렇게 보는 것이 정직한 견해입니다. 밟는 자도 그들대로의 처지가 있다고 본다면 그것은 밟는 것을 긍정하는 것이지요. 더구나 그들이 하는 짓이 우리가 그렇게 만들어 놓아서 모두가 우리들에게 책임이 있다고 본다면 이건 중대한 잘못이 있습니다. 이 점을 밝혀야 합니다. 가령 돈과 권력이 우리를 짓밟고 있다, 이건 사실이지요. 그런데 그 돈과 권력을 잡은 자는 누구인가? 사장이나 집권자다. 그 사장이나 집권자는 누가 그런 자리에 앉혔는가? 우리가 앉혔다. 그럼 그렇게 짓밟는 것이 우리들 자신의 행위가 아닌가? 이런 논리엔 속임수가 있지요. 사회구조에 속임수가 있듯이. 어디 선거가 제대로 된 적이 있습니까? 헌법이 국민의 의사대로 만들어졌습니까? 현실과 사회를 똑바로 봐야지요."

그다음 사람의 발언에도 나는 참을 수 없어 즉각 반박했다.

"분 바르는 행위, 사치한 옷 입는 행위가 좋다, 나쁘다고 토론하는 것은 그것을 일반론으로만 논의하는 한 아무런 의미도 없고 해결도 불가능합니다. 우리의 현실, 우리 농촌과 도시의 현실이 이러이러하니까 여자들의 분수에 안 맞는 화장은 잘못이다. 도시 사람 흉내 내는 생활은 정신없는 짓이다, 이렇게 돼야지요. 그런 추상론은 아무 소용이 없습니다."

그런데, 내가 반박한 다음에는 아무도 다시 나를 반박하지 않았다. 그리고 학생들에게 자유와 구속을 함께 가르쳐야 한다는 말에 대해서는 하도 어이가 없는 말이 자꾸 이렇게 나와 아무 대답도 안 했다. 고등학교 선생들이 왜 이 모양인가? 추상적인 이론만 말하는 능력밖에 없는가? 이게 바로 대한민국 교육이 지금까지 아이들의 등과 뒤통수에 찍어 놓은 구두 발자국임이 분명하다.

그런데, 내가 말한 다음 김 수사가 역시 참 좋은 얘기를 해 주었다. 그것은 요즘 전기 고치는 사람들이 각 가정을 다니면서 100볼트를 220볼트로 고쳐 놓기만 하고, 거기 쓰는 전열 기구를 고치거나 어떻게 사용하라는 지도를 전혀 안 해 주는데, 이것 때문에 각 가정에서 피해를 많이 입고 있다는 것이다. 더구나 그 전기 고치는 것도 제대로 잘 고쳐 놓지 않아 사고가 일어나는데, 알아보니 이것은 각 지방을 모두 담당한 업자들이 있어 의무적으로 해 주게 되어 있으니, 여러분들은 속지 말고 잘못해 놓았거나 일을 안 한 것이 있으면 그대로 두지 말고 전기 회사에 연락하라는 것이다. 그러면서, 이런 것이 바로 우리 백성들이 짓밟히는 조그만 하나의 예니까 아무튼 우리가 안 밟히고서 제대로 주인으로서 인간으로서 살아갈 수 있게 해야 한다고 끝을 맺었다.

지금 생각하면 밟고 밟히는 문제에서 내가 한 말—인간적으로 살아간다든지, 권정생 씨가 한 말—정직하게 살아가든지 하는 말도 더 현실 문제에 밀착하지 않은 생각이란 반성이 된다. 김 수사는 참 좋은 교육과 생활을 하는 사람이라고 느껴졌다.

다 마치고 사무실에 왔을 때, 또 그 뒷말이 오고 가는 중에 안동고등학교에 있는 선생(전 형한테 일어 배우는 사람으로 역사 전공한 사람이다) 하나가 "그런 밟고 밟힌다는 골치 아픈 문제는 안 생각하는 것이 좋아요" 해서 나는 또 불편한 느낌이 더했다. 그래서 "세상에 밟는 자가 있고 밟혀서 죽어 가는 자가 수없이 있는데 그런 것 나는 모른다 하는 사람은 제3의 입장을 취하는 사람이지요. 제3의 입장을 취하는 것은 밟고 밟히는 상황을 근본적으로 긍정하는 것입니다" 이렇게 말해 주었더니 그는 좀 얼굴빛이 달라졌다. 아무 말도 못 했다. 역사 공부를 한다는 사람이 이럴 수 있나? 나는 뒤에 방에서 권 선생하고 셋이서 잘 때 전 형한테 말해 줬다.

"전 형, 그까짓 일어 공부고 뭐고 치워라. 그따위 미꾸라지 같은 인간들 일어 공부고 역사 공부고 휴머니즘이고(오늘 보니 《현대의 휴머니즘(現代のヒューマニズム)》이란 문고판 책을 공부하고 있었다) 하면 뭘 하나? 다 미꾸라지같이 살아가는 사람들의 처세 수단밖에 안 된다. 때려치워!"

사무실에 앉았을 때 마뉴엘 수사가 와서 한마디 했다. "참 어려워요. 어떤 나라에서는 손님이 왔을 때 그 주인이 손님 대접한다고 자기 마누라를 제공하는 것을 예의로 알거든요. 그러니 짓밟고 밟히는 문제도 어려워요".

나는, 이 마뉴엘 수사 역시 우리 사회와 역사 현실을 몸으로 겪고 있는 사람은 아니구나, 이렇게 성실한 사람도 이 땅에 와서 하는 일에는 한계가 있구나 싶었다. 그래서 말해 주었다.

"그래요. 그런 어려움이 있습니다. 그런데, 우리가 하는 말은 그런 어려운 문제에 대한 철학적 탐구가 아닙니다. 그런 것은 필요 없지요. 우리 자신의 절실한 문제를 두고 하는 말입니다. 그것만이 우리의 진실입니다."

마리스타수도원 방에서 전 형과 권 선생과 셋이서 잤다.

1980년 1월 14일 월요일

아침에 마리스타회당에서 빵으로 간단한 식사를 하고 나와, 정 신부가 편찮다고 하니 가 보자고 전 형이 말하기에 교구청에 갔다. 거기서 네 사람이 한참 이것저것 얘기하다가 정 신부가 농민회관 자리 사 놓은 데 가 보자고 해서 같이 차를 타고 용상에 갔다 와서 문화회관 식당에서 점심을 먹었다. 회 백반을 먹었는데, 변소에 갔다 나오니 밥값을 벌써 정 신부가 다 치렀다. 미안했다. 그렇게 고생하고 나와도 대접 한번 못 했는데 말이다. 정 신부는 충치가 있어(겉으로 안 보이는데 충치란다. 자각 증세도 별로 없었다. 여러 개의 이가 탈 나 있단다) 머지 않아 치료를 하러 서울로 가서 병원에 입원해 있어야 한다고 했다. 이뿌리 쪽에 구멍이 많이 나 있다고 하며, 수술을 해야 된다니, 그런 일도 있는가 싶었다.

식당에서 나와 3층에 가서 오 신부를 만나 한참 얘기하고 내

려와 다시 교구청에 가서 오후 5시까지 환담을 했다. 네 사람
이 교구청에 들어갈 때 마침 울진교회에 가서 만난 일이 있는
오상국 청년이 찾아와서 같이 오후 5시까지 정 신부 사무실에
앉아 얘기했다. 오 군은 대구교도소에 근무하는데, 오늘 안동
에 볼일이 있어 잠깐 온 길에 정 신부를 찾은 것이라 했다.

5시에 나와 권 선생을 또 억지로 데리고 가서 약을 만 3,300
원어치(두 가지 약으로 한 달분) 사 주고 전 형과 권 선생과 헤
어져 오 군하고 같이 직행으로 대구에 왔다.

직행을 타고 오면서 오 군한테서 교도소 얘기를 많이 들었다.
대구교도소에는 지금 사형수만도 수십 명이 된다고 했다. 수
감자들 접촉해 보면 사기범 같은 사람이 제일 대하기 어렵고,
살인강도범 같은 사람들은 전혀 뜻밖에도 사람이 순직하고 인
간적이라 했다. 그리고 사형수 집행하는 현장을 더러 보는데,
몇 해 전에 집행되어 죽은 사형수 한 사람은 평생 잊을 수 없는
사람이라 했다. 그 사람은 일자무식한 사람으로 가족도 친지
도 없는 농사 노동을 하는 사람으로 지극히 순박하여 도저히
그런 죄를 저지를 사람이 아니더란 것이다. 그래 알고 보니 영
양 어디서 살던 사람인데, 산판에서 도끼로 사람을 찍어 죽인
살인 사건이 났는데, 가족도 없고 아무것도 모르는 사람에게
살인범의 누명을 덮어씌운 것이라 했다.

"죄인 만드는 것 문제 아니래요. 범행 때 쓴 도끼 갖다 놓고,
경찰이 '너 이것 쥐어 보라'고 해서 지문을 남기는 일은 밥 먹

기보다 쉽게 할 수 있는 일이니까요."

그리고 사형이 집행될 때 마지막 선고를 하고(사형수는 언제나 집행 때까지 미결로 둔다는 것이다) 목사가 와서 하고 싶은 말을 하게 하고, 기도를 드리고, 찬송을 하는 걸 보았다면서, 이렇게 말했다.

"그 사람이 마지막으로 목사님 앞에서 한 말을 전 잊을 수 없어요. '난 예수님을 믿지만 내가 사람을 죽인 일이 없다는 것은 하느님이 잘 아실 겁니다. 나는 이렇게 억울하게 죽지만, 이런 일이 앞으로는 똑바로 조사가 되어 다시는 사람이 억울하게 죽는 일이 없도록 해 주시오' 하면서, 찬송을 같이 부르는데 그렇게 힘찬 찬송가 소리를 저는 그때까지나 지금까지나 들어 본 적이 없어요. 그 사람은 분명히 죄 없이 죽은 겁니다."

그리고 오 군은 대구에서도 엠네스티 지부를 결성하려고 하는 친구가 있다고 하면서, 자기는 앞으로 교도소에 있을 동안 갇힌 사람들 위해 힘껏 일하겠다고 했다. 소년수들 위해(그들은 온종일 짐승같이 갇혀 가만히 앉아 있다고 한다) 책을 모아 넣어 주어서 읽게 하는 일도 해 보려고 한다 했다.

참 좋은 청년이다. "전 고향 교회에서 이 목사님 같은 분을 만나게 된 것을 참으로 다행하게 생각합니다. 이 목사님 때문에 제가 그래도 조금이라도 인간적인 생각을 하게 됐지요. 앞으로 저도 신학 공부를 해서 이 목사님 같은 분을 따르고 싶어요" 하기도 했다. 그러면서 가톨릭은 그래도 훌륭한 신부님들이 많은

데, 개신교는 아주 타락했다면서 특히 확고한 보수주의 교회의 신자들 비판을 많이 했다. 대구엔 거의 모든 교회가 보수파라면서, 그래도 그중에서 성락교회의 추온한 목사님이 이 목사와도 친하고, 아주 좋은 분이라면서 한번 만나 보라고 말했다.

나는 우리 집 전화번호를 적어 주고 더러 찾아와 달라고 했다. 그도 자기가 있는 셋집 전화번호를 써 주었다.

8시에 집에 오니 개가 오늘 죽어서 묻었다 해서 참 마음 아팠다. 홍역이라고 의사와 이웃 사람이 말하더란다. 주사를 놓았다고 정우_{큰아들}가 말해서 감기인 줄만 알았는데, 홍역이라니 얼마나 앓고 고생하다가 죽었는가! 진작 병원에 가 볼 것을 내가 죽인 것 아닌가! 주사를 놓아도 효과가 없는 수가 많고, 더구나 순종 개는 홍역에 약하고, 또 환경이 바뀌면 그 병에 걸리기 쉽단다. 그런 걸 몰랐구나!

의사를 너무 무시하고 불신한 것이 이런 결과를 가져왔다. 죽을 때 그렇게 사람에게 기대려고 하고, 일어서려고 하다가 쓰러지고 했다니, 사람 죽는 거나 무엇이 다른가. 내가 너를 죽였구나 싶어 견딜 수 없었다.

1980년 1월 17일 목요일

그동안 모인 우편물 가운데, 부산에서 온 〈어린이문예〉의 원고 청탁서가 있는데, 그게 걸작이다.

1. 분야 : 동시

2. 제목 : 자유

3. 내용 : 밝고 건전한 내용

4. 매수 : 2백자 원고지 3매 한

5. 기한 : 1월 31일

6. 기타 : 약력 및 사진 1매

이렇다.

"밝고 건전한 내용"이 뭔가! 이렇게 회답을 써 줘야지.

"원고 청탁서 감사합니다만, 좀 바쁘고, 더구나 저는 '밝고 건전한 내용'의 동시를 만들 재주가 없으니 부디 용서해 주십시오"라고.

1980년 1월 20일 일요일

아침에 일어나 쓰려고 했던 사퇴서는 결국 못 쓰고 말았다. 그걸 지금 써내도 모두가 말려서 안 받을 것 같고, 또 어제 선거해 놓고 하루 만에 사표 낸다는 것이 명분이 안 서고, 다음 총회의 임원 개선까지 회장 자리를 어찌할지, 대리할 사람도 없어 매우 곤란하다는 걸 생각했다.* 할 수 없다. 이러다가 3월에 다행히 멀리 전근이라도 되면 그만두는 게 자연스럽겠다고

• 1월 19일에 한국문인협회 안동지부 총회에서 지부장(회장)으로 뽑혔다.

생각했다.

유스호스텔에서 나올 때 여관비를 물으니 6,200원이다. 자기는 여덟 사람이 잤다. 6,200원은 회비로 내게 했다. 앞으로 매월 월례회 때는 문화회관 다실에서 모여 의논도 하고 합평도 하고, 그리고 그날 밤은 유스호스텔의 방 한 칸을 빌려 멀리서 온 사람들 합숙을 하는데, 찻값과 방값을 회비로 지출하게 한 것이다. 매월 회비는 천 원씩 내기로 했다.

국숫집에 가서 국수를 먹고 모두 헤어졌다.

다방에 가서 일기를 적고 마리스타수도원에 갔다. 요즘은 수사들도 조용한 모양이다. 아니, 일요일이라서 그런가. 김, 마뉴엘 모두 서울에서 온 노미화 양과 환담하고 있었다. 노미화 양은 서울에서 어느 국민학교 선생으로 있는데, 어제 처음 만났다. 서울서 나를 만나기 위해 안동까지 언니하고 왔단다. 교편 생활 1년인데, 키가 조그마하고 얼굴이 귀엽게 생겨서 아주 어려 보인다. 국민학교 6학년이라 해도 충분히 곧이들게 될 체격이다. 사실 오늘 얘기 들으니 학교 운동장에서 아이들과 체육을 하고 있는데 6학년 남학생들이 어디서 전학 온 여학생인 줄 알고 놀리면서 자꾸 돌질을 하더라는 것이다.

수도원 사무실에서 앉아 얘기하는데, 도중에 임명삼 씨도 와서 같이 얘기했다. 노 선생 언니는 따로 돌아앉아 음악 감상을 하고 있었다. 전축을 틀어 놓고 귀에다 혼자만 듣는 걸 걸어서 의자에 기대 누워 자듯이 하고 있었다. 그 언니도 용모가 고왔다.

내가 맨 처음에 들어갔을 때 마뉴엘 수사가 물은 것은, 지난번 졸업식 때 상장 주고 하던 선생이 영화 보고 난 다음 토론 때 얘기하던 말을 어떻게 생각해요, 였다. 나는 "그 사람이 그럴 줄 몰랐어요. 그래 가지고 어떻게 실기학원 학생들 인간 교육을 할 수 있을지 의문스럽습니다" 했다. 김 수사는 "그 선생님이 생각이 그래서 우리끼리 종종 토론이 되는데, 그래도 그분이 학생들 위해 애써 가르치려고 해서 그 점은 고맙게 생각하고 있어요. 앞으로 이 문제를 모두 모여서 토의해 봐야겠어요" 이래서 마뉴엘 수사는 "김 수사님, 그것 한번 꼭 모여 협의하도록 날짜를 정하고 계획해 보지요" 했다. 나는, 그 구둣발에 밟히는 영화를 교재화하기 위해 교안을 짜 두면 좋겠다고 말했다.

다음엔 노 양의 얘기가 계속되었다. 노 양은 "선생님, 전 서울의 학교 선생 노릇을 참을 수 없어요. 어떻게 선생님 학교에 올 수 없을까요? 꼭 오도록 해 주세요" 했다.

이 말은 노 양이 내가 있는 학교의 선생이 몇 명인가, 올봄에 이동해서 나갈 사람은 없는가, 하고 물어서 두 사람쯤은 이동되어 나갈 것이라고 말했더니, 이렇게 뜻밖의 말을 꺼낸 것이다. 나는, 서울에 모두 가지 못해 애쓰는데, 왜 그러는가 물으니, 노 양은 한참 동안 교직 초년생이 겪은 여러 가지 경험담을 얘기했다. 무슨 체육대회에 아이들을 데리고 나가 상을 못 타서 윗사람한테 꾸중당한 일, 학력검사 성적이 나쁘다고 야단맞은 일, 학부모들한테서 항의받은 일, 돈 봉투를 거절하느라고 땀을 흘린 일, 그러다가 나중에는 봉투를 가져오지 않아 이번에는 섭섭한 생각이 들었던 일, 보이스카우트 학생들한테 돈을 안 걷었다고 많은 학부모들 앞에서 창피당하도록 학부모 회장인가 하는 사람이 모욕을 한 일, 수없이 눈물을 흘린 온갖 일들, 80명의 학생들이 와글거리고 말을 안 듣고 눈물을 흘리게 한 일들…… 참 너무 기가 막힌 얘기들이었다. 그것은 내가 듣지 않아도 짐작할 수 있는 일들이었지만, 한국의 지옥 같은 학교 현실을 새삼 느끼게 되어, 분노의 감정을 일으키게 했다.

"난 점수 올리는 교육은 잘 못하거든요. 그런데 우리 반이 열 몇 반 되는 4학년 전체에서 점수가 꼴찌에서 둘쨉니다. 그러니 속상하고 울고 싶어요."

그렇게 쾌활하고 명랑한 소녀가, 아이들 데리고 재미있게 뛰놀면서 행복한 교육 생활을 했어야 할 희망에 넘친 선생님이 날마다 눈물을 흘리며 1년을 지내 왔다니! 어지간히도 참고 온 것이다.

"하도 애들이 떠들면서 애를 태우고 해서, 밖에 혼자 나왔다가 다시 들어가 교단에 엎드려 눈물을 흘리다가, 그래도 안 되어 학생들에게 말했지요. '너희들 어쩌면 좋겠나?'"

이래 가지고는 도저히 공부할 수 없으니 어쩌면 좋겠나 하고 의논했다는 것이다. 그러니까 그중에서 예! 예! 하고 손을 드는 애들이 여럿 있는데, 한 놈이 일어서서, "원산폭격 하면 돼요!" 하더라는 것이다. "뭐? 원산폭격? 그게 무슨 말이야?" 그랬더니 그 녀석이 뛰어나와 교단 위에 올라오더니 손을 짚고 발을 들어 거꾸로 이렇게 물구나무를 서더라는 것이다.

"난 참 놀랐어요. 그래 그걸 어쩌란 말인가 했더니, 모두 그렇게 원산폭격을 시키면 조용해진다고 하잖아요. 참 기가 막혀요. 알고 보니 다른 교실에서는 모두 그런 단체 기합을 먹여서 조용히 잘하고 있어요. 벌을 세우는 것도 가지가지래요. 꿇어앉히기도 하고, 걸상 쳐들고 앉히기도 하고, 책상 위에 올라앉히기도 하고, 몸통 받혀 엎드려 있도록 하는 것도 있고, 별의별 기합이 다 있지요."

노 양은 고등학교를 나와 한때 공장에 가서 노동조합 운동도 했다고 김 수사가 얘기했다. 교단 생활 이외에 노 양이 한 얘기는 대학생들의 독서회 같은 모임에 나갔던 경험담이다. 그것은 대학생들이 얼마나 현실과 거리가 먼 자리에서 추상적인 공리공론만을 책으로 하고 있는가, 하는 것을 알기에 충분한 얘기였다. 나는 노 양이 다시 내가 있는 학교로 꼭 오고 싶다고 간청해서 할 수 없이 말했다.

"나도 월급쟁이 노릇밖에 못합니다(노 양은 어제 일직까지 권 선생을 찾아갔는데, 권 선생도 그렇게 말하더라고 했다. 이 선생 학교에 가도 마찬가질 것이라고). 그래도 내 있는 데 오면 좀 덜할 것이지만, 올봄에 내가 또 어디로 옮길지 몰라요. 내 전근을 누가 자꾸 귀찮게 걱정하는 사람이 있는 것 같아요.

노 선생, 그런 생각 말고 서울서 한 해만 더 고생해 봐요. 노 선생이 얼마나 괴롭다는 것은 잘 알아요. 누구보다도 내가 잘 알아요. 세상이 온통 탁류로 흘러가는 판에 노 선생 혼자 순수한 인간의 마음과 교육 정신을 가지고 그 엄청난 탁류를 거슬러 올라간다는 것은 얼마나 장한 일입니까? 괴로우면 괴로울수록, 눈물을 흘리면 흘릴수록 위대한 자리에 자기가 서 있다고 자각하고 자각해야 합니다. 노 선생은 어린이들의 순수를 홀로 지켜 주는 영웅이 되는 것입니다. 부디 거기서 좀 더 버텨 주세요. 그리고 내가 좋은 동지를 소개해 줄게요. 가서 자주 만나 의견을 나누고 답답한 심정도 풀면 큰 힘이 될 겁니다."

이래서 이주영 선생 주소를 적어 주었다. 주순중 양의 학교 이름도 적었다. 또 그 밖에 두어 사람. 그리고 앞으로 한 해 동안 일기를 꼭 써 보라고 권했다. 이건 아주 귀한 글이 될 것이고 역사의 산 증언이 될 것이라 했다. 노 양은 그대로 서울에 있으란 말에 좀 실망한 것 같았지만, 좋은 동지를 소개해 준 것을 반가워했고, 수기를 쓰는 일에도 흥미를 갖는 것 같았다.

오후 4시경 임명삼 씨와 교구청 정 신부를 만나러 갔다. 나는 내일 정 신부와 서울 갈 약속을 했고, 임 씨는 《친일문학론》을 빌려 보고 싶어 했던 것이다.

교구청에서 정 신부가 일하는 것 좀 기다렸다가(《친일문학론》은 어디서 빌려 온 것을 돌려주었단다) 같이 나와 저녁 식사를 했다. 지난번 교도소에서 나왔을 때도 식사 대접 못 하고 내가 도로 얻어먹고 한 것이 미안했는데, 오늘은 기어이 내가 낸다고 내게 되어 얼마쯤 체면이 선 느낌이었다.

다시 셋이서 마리스타에 가서, 지하실 실기학원 사무실에서 김 수사, 마뉴엘 수사, 그리고 일본 말 배우러 온 두 사람, 노 양과 노 양 언니, 이래 모두 여덟이서 얘기도 하고 노래를 부르기도 했다. 노 양 언니가 기타를 타고 노래를 한참 부르다가 나한테 노래를 부르라고 했다. 나는 음악론을 잠시 지껄였다. 요즘 노래가 모두 가사고 곡이고 감각적이고 육감적이고 경박한 것뿐이어서 나는 노래라면 딱 싫고, 노래 안 한 지 오래된다고 하니 마뉴엘 수사가 내 말에 동의를 해서 반가웠다. 그래도 동요를 좀 불러 달라고 모두 요청해서 '새○알아볼 수 없음'을 불렀다. 그리고 좀 기분이 나서 다른 것도 부르고, 그리고 일본 말 배우러 온 사람들 공부되겠다 싶어 '석양(夕日)'이란 동요를 칠판에 일어로 쓰고 한국 말로 번역해서 그걸 불러 주고 따라 부르게 해서 가르쳤다. 내가 생각해도 너무 나서서 한 것 같다. 그런데 어제 잠도 못 자고 머리가 무겁고 했는데, 이렇게 노래를 부르고 나니 머리가 시원해서 놀랐다.

11시에 전 형과 언제나 들어가 자는 방에 들어가 잤다.

1980년 1월 21일 월요일

아침에 일어나니 모두 청소를 하고 있어서 나도 걸레를 찾아

내가 여러 번 잤던 방의 방바닥을 닦았다. 식당에서 식사를 하고, 나올 때 노 양을 만나 교단 수기 다시 부탁하니, "선생님, 간밤에 다시 생각했어요. 서울 학교에 그대로 있는 것이 좋겠다고요. 서울에 있으면서 선생님 하신 말씀대로 일하겠어요" 했다. 노 양 자매는 도서실의 책 정리를 하고 있었다. 다음 만나자고 하고 나와 교구청에 갔다.

10시 반쯤 되어 정 신부가 운전하는 차를 타고 예천을 지나 점촌까지 가서, 점촌성당에 들렀다. 거기서 여러 신부들을 만나 인사를 하고, 차를 마시다가 다른 신부들이 잠시 나간 틈에 정 신부와 나만 남은 자리에서 정 신부가 얘기를 꺼냈다.

"어떻습니까? 권정생 선생이 사회주의에 기대를 거는 것 같지 않습니까?"

나는 그런지도 모른다고 했다. 그러니까 정 신부는 이현주 목사가 번역한 《노동자의 하느님》도 봤지만 남미의 정세와 우리 정세는 다르고, 그곳은 아주 급박하다면서, 우리는 그렇게 할수 없고, 자기와의 싸움을 하는 것이 근본이고 그런 가운데 서서히 사회를 바로잡도록 해야 할 것이라고 했다.

나는, 정치도 중요하고 교육과 종교도 중요해서 이 두 가지 중 어느 것 한 가지만으로는 안 된다고 했다. 인간의 바탕을 닦아 나가는 것이 근본 해결책인데, 그렇다고 해서 정치를 소홀히 하면 교육을 제대로 할 수 없고 인간의 영혼을 구제할 수도 없으며, 정치만 바로잡는다고 해서(바탕이 안 되어 있는데) 모든 것이 해결된다고 생각할 수 없다 했다. 그러나, 교육이고 인간 정신의 구제고 그것을 제대로 하려면 정치가 잘돼 나가야 하는데, 정치를 어떻게 잘하나? 자본주의가 벽에 부딪혀 있다는 것은 누구나 이해할 것이다. 그렇다면 이 문제의 해결은 사회주의거나 사회주의에 가까운 정책을 쓰는 길 이외에 무슨 길이 있는가? 권정생 선생이 사회주의를 생각하는 것도 무리가 아니며, 권 선생은 기독교적 사회주의를 생각하는 것이리라……고 말했다.

1980년 1월 25일 금요일

8시 30분발 우등 차로 안동에 오니 오후 2시. 마리스타에 가서 김 수사에게 《비바람 속에 피어난 꽃》을 주고, 곧 택시로 대곡 가서 창비에 실을 원고를 가지고 나왔다. 택시 운전사가, 요즘은 도무지 돈이 안 벌린다면서, 택시 만드는 회사에서도 외국에 수출이 안 되니 그걸 국내에 소비하려고 5년까지 쓸 수 있는 차를 4년만 되어도 폐차해서 바꾸라는 지시가 내려와, 택시 운수회사가 운영이 안 된다고 했다. 불황 시대가 온 걸 여기서도 실감하겠다.

안동에 나와 전 형과 정 신부와 같이 저녁 식사를 하고 농민 회원 모임이 있는 문화회관에 갔다. 전 형이 거기 가서 땅 사는 것 광고해 알아보면 좋을 것이라 했기 때문이다.

회의장에 들어가니 마침 토론을 벌이고 있었는데, 칠판에다 첫째, 헌법 개정에 농민의 권리를 주장하는 조항을 넣도록 한다. 둘째, 농민을 위한 농협이 되게 하는 것. 셋째, 죽어도 잘사는 방법. 이런 내용을 적어 놓고 이것을 토의하는데, 그중에서 어느 것부터 먼저 토의하느냐 하는 논의였다. 그런데 갑론을박으로 오랫동안 얘기하다가 겨우 거기 씌어 있는 차례대로 하자고 결정했을 때는 시간이 다 가 버려서 소중한 내용 토론은 전혀 하지 못하고 이것을 앞으로 1년간 토의 연기를 하자는 제안이 가결되어 휴회하고 말아 참 어이없다는 생각이 들었다.

다음 시간에는 모두가 둘러앉아 3분 동안 무엇이든지 하고 싶은 얘기를 차례로 하는데, 나는 다음과 같은 내용의 얘기를 했다.

"며칠 전에 서울에 있는 어느 여교사가 와서 서울의 교육 상황을 여러 가지로 얘기하는 중에 아이들이 하도 말을 안 듣고 떠들어서, 너희들 왜 그렇게 떠드느냐 하고 의논하니, 선생님 아이들을 패야 합니다, 매로 때려야 합니다, 기합을 먹여야 해요, 하더랍니다. 지난여름 내가 있는 학교에 서울의 어느 대학의 학생들이 농촌 봉사를 한다고 왔는데, 열흘 동안 있다가 갈 때 대학생 대표와 잠깐 얘기할 기회가 있어 만났더니, 선생님, 우리에겐 지도자가 있어야 합니다, 영웅이 필요합니다, 했어요. 국민학생이고 대학생이고 이렇게 노예근성으로 길들었어요. 그런데 오늘 저녁에 여기 와서 여러분들 토론하는 것 듣고 놀랐어요. 아까 어느 분이 헌법 문제를 두고, 우리 농사꾼들이 헌법을 고치는 일에 참가한다는 것은 말도 안 돼요, 이것은 삼강오륜에도 위배되는 일이래요……, 한 것 같은데, 이건 나로서 충격적인 말이었습니다. 우리 농민이 왜 헌법 개정에 참여 못 합니까. 헌법이고 민주주의고, 이제부터 농민이 주인이 돼서 모든 나랏일을 맡아 할 각오가 돼야 하지요……."

대강 이런 말을 했던 것인데, 나중에 알고 보니, 그런 말을 한 사람은 농담으로 한 것이었다. 그런데 왜 또 농담을 한단 말인가? 그런 토론을 뭣 때문에 하는 것인지 도무지 이해가 안 된다.

다 마치고 아래층에 내려가 술을 마시면서 노래도 부르고 하다가 다시 방에 들어가 앉아서 또 얘기를 했다. 그리고는 밤 1시에 잤다.

1980년 2월 12일 화요일

아침 버스로 안동에 나갔다. 구정이 다가와 장 보러 가는 사람이 많았다. 요즘은 버스가 한 차례(오후 2시 안동발 3시 20분 대곡 착, 4시 대곡발 5시 20분 안동 착) 더 다녀도 이렇게 사람이 만원이다.

금동수 군의 입학 문제로 마리스타수도원에 갔다가 교육청에 갔더니 교감 선생이 써 놓은 내신 서류가 잘못돼서 다시 쓰

자니 교감 도장이 없고, 할 수 없이 그냥 가져가서 내일 보내기
로 했다.

광문사, 스쿨서점에서 졸업생 상품을 사고 학무과장과 점심
을 같이 먹으면서 교감 인사에 관해 얘기했다. 3년 만기로 나
가기 쉬운데, 후임 교감 잘 보내 달라 부탁했다.

라디오와 면도기의 배터리 약을 사다가 외제 만년필이 좋은
것 있다면서 자꾸 사라기에 이것저것 구경하다가 파카51을 2
만 원 주고 샀다. 이게 작년에 1만 5천 원 하던 것이다.

2시 차로 들어왔다.

어제는 부산에서 숙제를 안 한다고 꾸중 들을 것이 겁나 집에
도 못 간 아이가 얼어 죽었다는 기사가 나오더니, 오늘 신문에
는 역시 부산의 용호국민학교에서 개학 첫날, 아침 9시 조회
시간의 벨이 울리자 학생들이 쏟아져 나가는데, 계단에서 깔
려 죽은 아이가 다섯 명, 중경상자가 열여덟 명, 생명이 위독한
아이가 두 명이라는 보도가 나왔다. 숙제와 시험문제 풀이 경
쟁이 돼 있는 학교교육, 집단 수용소로 되어 있는 도시 학교들,
이 학교교육 문제를 근본적으로 해결하려고 하지 않고 지엽적
인 문제나 건드리고 껍데기 선전만 하고 있는 정부가 한심스
럽다. 이런 것을 바로 비판하지도 못하게 국민의 입을 틀어막
고 있는 계엄 군부와 그 군부를 적당히 감싸고 있는 미국의 처
사, 경제의 파탄을 앞두고 과연 이대로 어느 때까지나 갈지 두
고 봐야 할 일이다.

1980년 2월 13일 수요일

아침에 일어나 한윤이한테 편지를 썼다. 지난 연말 보내온 편지의 회답을 병실 번호를 모르고 있다가 이제사 그 편지가 다시 눈에 띄어 하는 것이다. 병실 번호는 아직도 모른다. 지난번 상경했을 때 김종상 씨한테서 병동만 적으면 갈 것이라고 들었던 것이다. 모처럼 편지를(대필로 시켜서) 한 것인데, 회답도 안 보내 줘서 얼마나 섭섭할까? 얼마나 괴롭고, 외로워할까. 죽었다가 살아난 사람 아닌가. 이젠 더욱 좋은 작품을 쓰게 될지 모른다. 부디 훌륭한 작가가 되어라.

출근을 해서 졸업생 대표와 재학생 대표가 읽게 되는 인사말(송사, 답사란 것)을 읽어 보라 했더니 그 인사말이란 게 엉망이다. 작년에 읽었던 것을 그대로 하기로 했다는 것이다. 겨울방학 중에 읽는 연습을 해 놓으라고 했더니 읽는 것도 차마 들을 수 없을 지경이다. 읽는 아이를 봐주고, 인사말도 아주 고치기로 했다. 아무래도 안 되겠기에 오늘은 종일 오전에는 재학생의 인사말을, 오후엔 졸업생의 인사말을 써서 정서까지 하고, 거기 낭독할 때 숨을 끊어 읽는 자리까지 표시해서 아이들에게 주었다. 이런 걸 쓰기로는 참 오랜만이다. 우리 학교 선생들이란 사람들이 이런 인사말도 못 쓸까? 잘 못 쓰는 정도가 아니라 이건 아주 엉망진창이다. 읽는 아이를 고른다는 것도 발음이 지극히 똑똑지 못한 아이를 일부러 골랐다는 느낌이

들 정도다.

　오후에 졸업생 인사말을 읽게 되는 아이만 남겨 놓고 내가 다 쓸 동안 사무실 난롯가에 앉혀서 기다리게 하고 있는데, 정 선생이 그 학생을 보더니, "넌 세수를 좀 깨끗이 해서 얼굴이 하얘지도록 할 수 없나?" 했다. 그 아이가 부끄러워 어찌할 줄 모른다. 내가 보기에 그 아이 얼굴이 좀 검붉은 것뿐이지, 얼굴에 때가 묻었다든지 한 것은 아니었고, 물론 세수를 게을리한 아이는 아니었다. 나는 정 선생 말에 몹시 화가 났지만 웃으면서 얘기했다. "얼굴이 하얀 사람은 병이 들어야 그리되는 거지요. 검붉은 게 건강하고 좋잖아요" 그랬더니 정 선생도 자기의 잘못을 알아차렸는지 모르지만 웃었다.

　선생들, 특히 도시에서 온 선생들이 시골 아이들을 이런 식으로 기를 죽인다는 것은 얼마나 잔인하고 비인간적인 것인가! 나는 국민학교 선생님들이 시골 아이들의 머리를 깎아 주고 손톱을 깎아 주고 손발을 씻어 주는 일을 별로 훌륭한 일을 하는 것이라고 보지 않기로 이젠 자신 있게 결정했다. 옛날 일본인 교사들이 우리 나라 농촌 어린이들의 목욕을 시켜 주고 때를 밀어 준 것을 그리 높은 교육적 행동이라고 보지 않듯이.

　지금 우리의 교사들이 동족의 어린이를 교육하는 데 복장 단정과 신체 청결을 중요한, 몸을 닦는 덕목으로 강조하는 태도를 경멸한다. 이런 사람들일수록 이 땅의 아이들의 정신과 몸이 송두리째 병들어 비뚤어지고, 그들의 생명이 여지없이 짓

밝히는 엄연한 현실에 대해서는 나 몰라라 하는 식으로 살아
가고 있는 것이다.

펌프에 물이 안 올라와 큰일 났다. 앞집에도 물이 안 나오고,
모두 뒤편 ○○○알아볼 수 없음 씨네 우물에 가서 떠오는 판인데,
거기서도 물이 달려 구정물이 나온다는 소식이다.

1980년 2월 23일 토요일

수료식을 하고 안동에 나왔다. 오늘은 지부 총회와 오승강 씨
시집 《새로 돋는 풀잎을 보며》 출판기념회가 있는 것이다.

오후 4시에 문화회관에서 총회를 열 때는 사람이 별로 안 모
이더니 5시 출판기념회 때는 모두 45명쯤 되었던 것 같다. 대
구서도 오 씨 친구와 오 씨의 시를 읽은 젊은이들이 몇이 오고,
구룡포, 포항에서도 오고, 또 봉화등기소장으로 와 있는 김하
종 씨가 왔다. 시와 인간을 얘기해 주기로 되었던 이동순 씨는
아무 연락도 없이 안 왔다. 그래 어쩔까, 하다가 대구서 온 ○○
알아볼 수 없음 씨(이분이 창비에 시를 발표한 젊은이다)가 얘기
를 해 주어서 다행이었다. 김하종 씨는 시 낭독을 아주 잘했다.
나는 맨 처음 지부장으로서 인사말을 했는데, 어째 말이 제대
로 잘 안 되었다. "이다음 제2 시집이 나올 때는 오 선생의 고
향 마을에서 축하회를 열었으면 좋겠다"든지, "시인은 길들지
않는 존재다. 우리도 모두 넓은 의미의 시인이 되어서 생활을

창조해 나가야 우리 역사가 제대로 열린다" 등의 얘기를 미리 생각해 둔 대로 하기는 했으나, 역시 나는 말이 서툴다. 거기다 요즘은 어금니가 빠져서 말하는 데 힘이 든다.

오 씨의 시집은 개회 직전에 겨우 도착해서 나눠 가졌다. 책이 참 곱게 만들어졌다. 회비는 천 원씩 내어 찻값, 저녁 식사대, 유스호스텔 대관료 등으로 지출했다.

오승강 씨 시집《새로 돋는 풀잎을 보며》출판기념회
1980년 2월 23일 오후 5시. 안동문화회관 502호
오늘 오승강 선생의 시집 출판기념회를 개회함에 있어, 제가 남 먼저 인사말을 하게 된 것을 외람되게 생각합니다.

출판기념회란 것이 언제부터 있었던 풍속인지는 모릅니다만, 아무튼 한 작가나 저술가가 그 자신의 심혈을 기울여 생산한 저작물을 모두가 축하해 주고, 그의 작품이나 저작물에 대해 좀 더 이해를 할 수 있는 기회를 가지고, 다시 저작물을 이웃과 더욱 많은 사람들에게 읽히도록 하는, 문학 혹은 학문의 보급, 사회화의 계기가 되도록 한다는 것은 매우 필요한 일이라 생각됩니다. 그런 만큼 출판기념회란 것은 덮어놓고 야단스럽게 떠벌리는 상업적인 잔치 같은 행사가 될 수 없다는 것은 모두 생각할 만한 일이라 봅니다. 오늘 이 자리도 이렇게 조촐한 모임으로 여러분들과 한자리에 앉아, 진정으로 이 시간만은 오늘의 주인공인 오승강 씨의 시와 인간을 생각하는 기

회가 되도록 하고 싶습니다.

이 출판기념회의 뜻을 다시 몇 가지 생각해 보았습니다.

첫째는, 무엇보다도 이 자리가 저자 오승강 씨의 첫 시집 출판을 기념하는 자리란 것을 말하고 싶습니다. 무엇이든지 '첫' 자가 귀하고 중합니다. 생일도 아기의 첫돌 잔치를 크게 차립니다. 입학도 국민학교 1학년 입학이 가장 큰 입학이고, 졸업도 국민학교 6학년 졸업이 평생 잊히지 않습니다. 여러분들 글 쓰시는 분, 맨 처음 자기의 작품이 신문 잡지에 활자화되었을 때의 기쁨과 감격을 잊지 못할 것입니다. 그래서 오늘 이 자리를 우리가 마음껏 축하해야겠다는 생각입니다.

다음 두 번째는, 안동이라는 이 고장에서 출판기념회를 가지는 특별한 뜻을 말하고 싶습니다. 대개 지방 문인들이 신춘문예나 잡지에 당선, 추천이 되면 곧 도시로, 특히 서울로 가 버립니다. 그런 경향이 너무 현저합니다. 서울로 가기 위해 문학 공부를 한 것 같은 느낌이 듭니다. 그런데, 오승강 씨는 지금 영양에 있고, 앞으로도 이 지방에 살아갈 것이라 믿습니다. 그리고 지방에 살고 있는 문인이 책을 냈다 해서 서울이나 대구에 가서 출판기념회를 열어야 된다고 생각해서 그렇게 하고 싶어 하기만 한다면 이것 또한 그 문학 정신이 순수하다고 할 수 없습니다. 이러한 도시 지향성, 서울 지향성이란, 따지고 보면 그 근본이 외래적이고 서양적이고 물질적인 데 관심을 보이는 불건전한 태도라 아니할 수 없습니다. 저는 오승강 씨가 앞으로 제2 시집이나 제3 시집이 나왔을 때는 이 안동에서도 출판기념회를 가질 뿐 아니라, 안동보다도 영양읍에서, 그리고 영양읍보다도 오 선생이 자라난 그 고향 마을 어느 사랑방 같은 데서 그 마을 사람들이 모여서 축하를 할 수 있도록 했으면 얼마나 좋을까, 생각합니다. 그러면 우리도 그 마을에 한번 가서 그 마을 사람들 앞에서 시인을 축하해 주고, 시를 낭독하고 싶습니다.

셋째로는, 시집 출판의 어려움입니다. 한 편의 시를 쓰자면 피를 말려야 한다는 사실을 우리는 누구나 잘 알고 있는 터이지만, 그런 엄청난 정신노동의 댓가가 또한 너무나 저렴한 화폐가치로 환산되고 있다는 것이 우리의 딱한 현실입니다. 같은 글이라도 산문은 그래도 좀 덜한데, 시는 써도 발표할 지면이 너무나 좁고, 지방의 동인회도 대개가 시인들의 모임입니다. 그러니 시집은 거의 모두가 자비로 출판하게 되지요. 그토록 애를 써서 작품을 생산한 것을, 또 이번에는 물질적으로 감당하기 어려운 비용까지 들여서 시집을 내지 않을 수 없으니, 이것이 오늘날 시인이 봉착한 이중고의 현실입니다. 그러니, 오늘 이 출판기념회야말로 여러 가지 뜻으로 고난과 시련을 이겨 낸 한 시인의 영광을 축하하는 자리가 되겠습니다.

시인은 시대의 선구자입니다. 오늘날 우리 민족이 처해 있는 고통의 현실을 앞두고, 특히 우리 향토에서 살아가는 시인, 문필가들은 시대를 꿰뚫어 보는 예지와 시대를 앞장서는 고행을 하지 않으면 안 되리라고 생각합니다. 이런 모든 뜻을 담은 오늘의 이 모임은 너무나 뜻이 크다는 생각을 안 할 수 없습니다. 모든 사람들이 비인간적으로 길든 세상에서 시인이야말로 생활과 역사를 창조하는 살아 있는 인간이 되어야 할 것입니다.

오승강 씨를 제가 안 지는 겨우 몇 해 전부터인데, 만난 것도 서너 차례 정도, 그것도 잠시 인사를 하거나 간단한 대화를 했을 뿐입니다. 그래서 저는 오 씨의 시를 별로 읽지 못했고, 시집도 오늘 처음 받은 터입니다. 오 씨에 대한 관심을 가진 것은 지난해 봄에 구룡포국민학교에서 고향인 영양군으로 전근을 갔는데, 그것도 영양에서 가장 산골짝 분교장에 간 때문입니다. 차도에서 걸어서 다섯 시간이라든가, 일곱 시간 걸리는 곳이라고 해서 놀랐습니다. 얼마나 외로울까 해서 편지를 몇 번 띄운 일이 있지요. 그러다가 지난해 가을이던가, 오 선생이 엽서 한 장을 보내왔는데, 거기 쓴 말이 "선생님, 시집을 내어도 될까요?"란 말 딱 한마디였습니다. 시집을 처음 내는 사람은 대개 패기가 있어서 그것이 자만심으로 나타나기까지 하는 것이 흔한데, 이렇게 겸손한 사람이 시를 쓰는가 싶었습니다. 이분의 편지도 보면 꼭 할 말만 몇 마디 씁니다. 우리 문협 모임에서 밤늦게까지 작품 합평을 한다고 모두 열을 올리고 기염을 토해도 오 선생은 가만히 앉아 듣기만 합니다. 너무나 겸허합니다. 나는 오 선생이야말로 시인이고, 시를 생활하는 사람이구나 하는 생각을 했습니다. 시는 웅변이 아니고 침묵이란 엄연한 사실을 나는 새삼 오 선생의 편지글과 오 선생의 행동에서 배웠습니다.

오늘 이 자리에 모인 우리들의 할 일은 한 시인의 시집 출판을 축하해 주면서, 이 시인의 앞날에 더욱 큰 비약과 발전이 있도록 격려해 주고, 그래서 우리 자신들도 모두 마음을 가다듬는 기회가 되도록 하는 일입니다. 일찍이 이 안동과 영양, 특히 영양에는 훌륭한 선배 시인들이 많이 난 곳입니다. 그런 선배 시인들의 뒤를 잇는 또 하나의 시인이 여기 나왔다는 것을 우리는 진정 자랑스럽게 여깁니다. 이분의 갈 길을 지켜보고, 항시 따스한 우정의 손길을 펴 주어 더욱 정진하도록 하는 것은, 우리 모두의 의무라 생각합니다. 부디 이 자리가 그런 자리가 되도록 바라면서 두서없는 인사를 마칩니다.

1980년 2월 29일 금요일

아침에 일어나 밥상이 들어오기를 기다리는 동안 권정생 선생과 정호경 신부가 또 토론을 하게 되었다. 권 선생이 먼저 우리 기독교는 참 기독교로 되려면 무엇보다도 물질적으로 불행을 당하고 있는 이웃들을 구제해야 되겠고 그렇게 하려면 기독교사회주의의 길을 가지 않을 수 없다고 말했던 것 같다. 이 말에 대해 정 신부는 왜 그런 주의에 집착하는가 하면서 공산주의고 사회주의고 그런 것을 주창하는 사람은 투쟁만 부르짖는

데 그 투쟁은 자신과의 투쟁이 아니고 외부와의 투쟁만을 말하는 것이라고 했다. 이래서 두 사람은 밥상이 들어와도 먹지 않고 오랫동안 입싸움을 했다. 권 선생은 "우리가 가난한 사람을 위한다, 신앙으로 백성을 구한다, 백성을 위한 일을 한다고 하지만, 막연히 그런 말로 남이나 이웃을 위할 순 없어요. 뚜렷하게 입장을 밝혀야 합니다" 했지만 정 신부는 여전히 대답하기 어려운 문제는 슬쩍 피하고 다만 추상적인 이론을 자꾸 말했다. 그리고 옆에서 가만히 듣고 있으니 정 신부가 하는 말 속에 정 신부의 입장과 생각이 참 잘 드러나고 있는 것 같았다. 내가 보기도 정 신부는 신부의 입장에서 불쌍한 백성들에게 구원의 손길을 뻗쳐 준다는, 어디까지나 자기를 우위에 앉혀 놓고 동정을 베푸는 태도다. 그는 농민이고 노동자고 결코 그런 민중들의 고통을 몸으로 체험하는 자리에 서 있지 않다. 그런 고통을 모른다. 그러니 정치고 투쟁이고 하면 아주 불한당이나 무지 무식한 사람들이나 관심을 가지고 하는 일인 줄 안다.

아침밥을 먹고 권 씨와 헤어져 차 속에서 오면서 나는 겨우 한마디 했다. "우리가 아무리 전체를 위해 뜻을 같이하고 있다고 하더라도 모든 문제에서 완전히 의사의 일치를 바라는 것은 무리일 것 같아요"라고.

영덕까지 와서 성당에 잠깐 들르자고 정 신부가 말해서 거기 들렀더니 그곳 신부가 어제 대전 모임에 갔다 왔는데, "아주 놀라운 소식을 한 가지 들었습니다"고 하면서 김재규의 법정

최후 진술에서 알려져 있지 않았던 일부를 말해 주었다. 그것
은 부산·마산 사태*가 벌어졌을 때 김재규가 그것을 목격하고
어떻게 해서라도 수습해야겠다는 생각으로 대통령에게 의견
을 말했으나 그 의견은 채택이 안 되고 차지철의 말대로 공수
부대가 투입됐다. 그 공수부대를 보낼 때 김이 "그렇게 하면
수만 명이 희생될지 모릅니다"고 했더니 박이 "결국 발포 명령
을 내린 한 사람이 책임을 지면 될 것 아닌가. 내가 명령하겠
다"고 하면서 "십만 명이 아니라 백만 명이 죽어도 괜찮다"고
말했다 한다. 그래서 공수부대가 투입됐을 때 "칼 든 학생들을
난도질해 버려라"는 명령을 내려서 많은 학생들이 칼에 찔리
고 난도질당하는 참담한 지옥이 연출되었던 것이다. 또 김재
규가 자기 재산을 모두 나라에 바치겠다고 각서를 쓴 것은 본
의가 아니며, 그것은 전기 고문을 당하고 그랬다고 한다. 김은
한 번 자살을 하게 해 달라, 그 대신 자기 부하들의 목숨을 모
두 살려 달라는 청을 한 일이 있다고 하며, 다만 자기의 유산은
부하들의 가족에게 나눠 달라고 했다는 것이다.

영덕성당에서 나와 차로 오면서 나는 생각했다. 언젠가 한번
은 이 모든 사실이 백일하에 드러날 터이지만, 만일 이런 소식
들이 모두 사실이라면 김재규는 혁명가의 한 사람으로 역사에

• 부마민주항쟁. 1979년 10월 16일부터 10월 20일까지 부산·마산 지역을 중심
  으로 박정희의 유신 체제에 저항한 시위 사건이다.

남을 것이다. 다만 특수한 상황 속에서 특수한 임무를 수행하면서 혁명을 한 사람이다. 그리고 그런 특수한 상황에서 그러한 일을 했다는 것은 참으로 엄청난 비극을 미연에 방지한 것이 되었고, 그러한 임무 수행이야말로 그 어느 혁명가에 못지않은 어려운 일이었다고 나는 본다. 만일 김이 좀 더 정치적인 두뇌와 수완이 있었더라면 그는 이런 혁명의 실패를 자초하지 않았을 것이고, 그 자신과 우리 국가 민족을 지금과 앞으로 다가올 것이 예상되는 불행에서 구할 수 있었을 것이다. 그러나 그가 가령 머지않아 사형이 된다고 하더라도 그가 수행한 일이 무위로 돌아갈 수는 결코 없을 것이다. 그의 비극적 최후는 한층 그를 역사 속의 인물로 빛나게 할 것이 틀림없다.

안동에 와서 정 신부와 먼저 헤어지고, 권 선생하고 문협 사무실에 잠시 들렀다가 권 선생과도 헤어지고, 석유 다섯 되를 사 가지고 오후 2시 차로 들어왔다. 오늘 문협회원 원고 가지고 (회지 내는 일) 김원길 씨와 같이 대구 가려고 했는데, 아무래도 3·1절 기념식을 마치고 나와야겠기에 내일 가기로 약속했다.

학교에 와 보니 〈창작과비평〉 봄 호, 기타 기증 책들이 여러 권 와 있고 편지 중에 서독에서 보낸 김문영 씨의 편지가 있는데 읽어 보니 바로 지난번 돈을 부쳐 온 사람이다. 돈은 내 책을 읽고 농촌 어린이들을 위해 무슨 도와줄 길은 없는가 하고 이분이 회장으로 있는 교회에서 의논한 결과 그렇게 돈을 모아 보내기로 했다는 사연이다. 어린이들을 위해 유용하게 써 달라는 말이다. 교회 신도가 겨우 30명이라는데 이런 일을 하다니!
참으로 놀라운 일이다. 그리고 참 부끄러운 일이다. 이걸 어떻
게 써야 할지 얼른 생각이 안 난다. 잘 생각해 봐야겠다.

1980년 3월 4일 화요일

　오전에 앞마을 구현댁 장례에 갔다. 묘지는 학교에서 바로 앞
에 보이는 산기슭인데, 마을 사람들이 모두 나와서 땅을 파고
있었다. 곡소리가 나서 누가 상주 노릇을 하는가 싶어 인사를
하니 고인의 조카뻘 되는 사람이라 했다. 마을 사람들은 한쪽
에서 구덩이를 파고, 한쪽에서는 불을 피워 쬐고 앉아 이런저
런 시국 얘기를 하고 있었다. 모두 조금도 슬퍼하는 얼굴이 아
니다. 곡하는 사람도 실은 곡이 아니라 노래 부르는 기분인지
모른다. 차라리 이게 더 좋다는 생각이 든다. 울고불고 하는 것
보다 웃고 떠들고 하는 것이 얼마나 좋은가.
　오후에는 교장 회의 사항(교육계획 기타) 전달을 하고, 교육
계획서 짜는 일을 분담해 주었다. 교감은 아무것도 할 줄 모르
고 대부분 내가 해야 할 처지다.

1980년 3월 5일 수요일

　"도시의 개들은 옷이 남루한 사람을 보면 짖어 대는데, 벽지

의 개들은 왜 양복쟁이 신사를 보면 짖어 댈까?"

〈관리기술〉 3호에 실린 어느 전남 벽지학교 교감이 쓴 교육 수기의 한 구절이다. 재미있는 말이다.

낮차로 안동에 나와 문협 지부 사무실에 가서 군수 앞으로 〈안동문학〉지 발간비 보조 요청 공문안을 김원길 씨와 의논해서 써 놓고, 마리스타에 갔다. 오늘 저녁에 입학식이 있는 것이다.

7시 반경부터 식이 있었는데, 입학생은 모두 20명. 2학년과 졸업생들까지 나와 원탁으로 둘러앉아 이색적인 모임을 가졌다.

맨 처음 원장 마뉴엘 수사님의 얘기가 있었는데, 학교라 하지 않고 우리 집, 우리의 배우는 집이란 말을 한 것이 참 재미있었다. 선생과 학생이 같이 행한다는 말도 좋았다.

그다음에 내가 축사를 부탁받아 미리 생각해 간 얘기를 하려고 하다가 딴 생각이 들어 이것저것 두서없이 말을 해 버렸다. 내가 처음에 한 것은 "방금 원장님 하신 얘기 듣고 느낀 것은, 내가 여러분의 입학을 축하하러 온 것이 아니고 나도 여기 배움 집에 입학하러 온 것이구나, 하는 느낌, 깨달음입니다"고 말한 것이다. 그다음 오늘날 일반 학교에서의 비인간적 교육 상황을 말하고, 여러분들이 이 나라와 민족을 구하는 중추적 인물이 되어 달라, 그런 기대를 여기서 해 본다고 했다. 그리고 사람 되는 공부에는 세 가지가 필요한데 첫째, 일하는 것, 둘째, 책 읽는 것, 셋째, 생각하는 것, 이 세 가지 중 어느 한 가지도 오늘날의 일반 학교에서는 하지 못하고 있으며, 오히려 일하지 않고 생각하지 않고 책 읽지 않는 인물을 기르고 있는데, 이렇게 보면 여러분들이야말로 가장 참된 교육을 받게 되는 행복한 학생들이라 할 수 있다고 말했다. 내가 말한 뒤에 몇몇 선생들이 간단히 얘기를 한 중에 안동여고 이 선생 얘기가 좀 재미있었다.

다 마치고 떡과 과자를 가져와서 먹으면서 노래도 부르고 했다. 거기서 나도 자청하여 "정이월 다가고……"를 부르고 또 섬머힐 얘기를 하면서 마리스타 학원이 한국의 섬머힐이 되었으면 좋겠다고 말했다. "선생님들이 참 여러 분인데, 낮에 가르치는 것은 월급 타기 위해 어쩔 수 없이 가르치는 것이고 밤에 가르치는 여기서야말로 진짜 교육을 해 줄 것이다"는 말도 했다. 선생들이 16명인가 된다는 말을 들었다. 학생들에 비해 참 많은 선생들이다.

그런데 올해 20명 입학생 중 남학생은 단둘이다. 내가 소개해서 들어온 동수 군이 너무 외롭겠다는 생각이 들었다. 마리스타 학생의 이런 경향은 정규 상급 학교로 남자는 모두 가 버리고 여자들만이 도중에 떨어져 남는 현상을 잘 말해 주는 것 같다. 여기서도 부모들의 자녀 교육에 대한 관심이 아들 위주로 되어 있고 여자들은 버림을 받고 있다는 것을 알 수 있다.

그것이 끝나고 사무실에 오니 지난번 복사해 놓은 오가와 미메이의 〈들장미(野ばら)〉 공부를 하자고 해서 한 시간 반 동안

그걸 강의해 주니 11시쯤 되었다. 전 형과 마리스타 방에 들어 갔다.

1980년 3월 16일 일요일

오후에 나와서 차를 타고 안동에 내려 문협 지부에 가니 문이 닫혔다. 마리스타에 가니 임명삼 씨가 있어서 거기 교정지를 주고 김원길 씨한테 전해 달라고 했다. 그리고 김 씨 앞으로 편지도 써 놓았다. 회보 빨리 내어서 책 출판비 모두 준비하도록 알릴 것, 회보 편집 내용 등이다.

마리스타에서 김 수사와 임 씨와 같이 고학생 얘기를 했다.

김 수사는 최근 가정방문 갔던 얘기를 했다. 이발소에서 일하는 아이가 나오기로 했는데 안 나오게 된 얘기를 했다. 찾아가니 주인이 의자에 앉아 있는데 구두를 닦더라는 것이다. 하루 나오고는 다시는 안 나오는데, 찾아가니 주인 앞에서 난처한 듯이 말을 못 하고 다른 데 나와서 "내일부터 가겠습니다" 하더니 또 안 온다는 것이다. 또 한 집 아이가 안 나와 찾아가니 그 아버지가 아들의 방 안에 앉아서 일어나지도 않고는 "그 애가 학교 간다면서 직장도 그만뒀어요. 먹고살아야 학교지, 살지도 못하는데 학교는 무슨 소용이 있어요" 하더라는 것이다.

임명삼 씨는 자기 학교에 일하는 아이가 있는데 한 달에 월급이 3만 원이란다. 그 아버지가 얼마 전 조그만 배를 타고 나가더니 행방불명(조그만 배 타고 나가 소식이 없으면 죽은 것이 뻔한 일 아닌가요!)이라, 고향에 누이동생 둘을 어머니가 데리고 있고 저는 농아인 두 동생을 데리고 안동에 와 있는데, 그 동생 둘을 어떻게 해서라도 공부를 시키려고 하고 있다는 것이다. 방세와 학비 제하면 한 달에 2만 원으로 살아가야 하는 모양인데 굶고 살아가는지도 몰라요, 형편이 하도 딱해서 이번 달부터 월급을 좀 올려 줘야겠다고 과장님한테 부탁하기는 했는데 어찌 될지 몰라요, 했다. 그리고 또 자기 학교에 선생 하나가 상지전문교 야간부에 다니려고 하니 교장이 허락하지 않았는데, 주위의 동료들이 교장한테 간청해서 겨우 허락을 얻었다는 것이다. "교육을 한다는 교장이 이런데, 다른 기업체나 상업하는 사람들이 거기서 일하는 아이들이 밤에 학교 가는 것 좋아하겠습니까" 했다.

정말 그렇겠다. 요전에 운전사 식당에서 한 소녀에게 야학하라고 권고한 데 대해 그 소녀가 취하던 태도는 충분히 수긍이 되고도 남을 것 같다. 내가 너무 세상을 모르고 있다는 느낌이 들었다.

마리스타에서 저녁 식사를 하고 가라는 것을 차 시간이 다 됐다고 억지로 나와 차를 탔다.

학교에 오니 〈주부생활〉에서 원고 독촉 전보가 와 있었다. 원고는 이미 금요일 날 대구서 부친 것이다. 백만재 선생이 기장 씨앗을 1킬로그램쯤 더 보내 달라는 편지를 보내왔다.

1980년 3월 24일 월요일

수요일 부역 때문에 샛마에 가서 금석우 씨를 만났더니 바드레 백진욱 씨가 조성우 씨 회장된 데 대해 불만을 품고 부회장을 그만두겠다고 한다 했다. 조 씨 같은 젊은 사람이 회장 되었는데 그 밑에 나이 쉰이 넘은 사람이 부회장으로 어찌 일하겠는가, 하더란다. 또 바드레 사람들이 조 씨한테 감정이 별로 좋지 않은 일도 있는 모양이다. 학교 일에 협조는 하지만 부회장으로서는 이제 가지 않겠다니, 이래서 가뜩이나 바드레란 마을이 학교 일에 게으른데 어찌 되겠나 걱정되었다. 금 씨는 그만 부회장 한 사람 바꾸자고 했다. 그러면 잘될 듯합니까, 하니 될 듯하다 한다. 그럼 그래 보자고 했다.

오후 4시 차로 안동 나갔다. 오늘 밤에 장자연구서클의 모임이 마리스타에서 있고, 내일은 치과에 가기로 한 것이다. 마리스타에 가니 조동일 씨가 정 신부, 전 형과 같이 휴게실에 앉아 얘기하고 있었다. 조금 있다가 거기서 비빔밥을 먹고 모두 4층 오락실에 가니 모인 사람이 15명쯤 되었다. 권종대, 정 신부, 정재돈, 정재돈 씨 부인, 안동여고 이 선생, 또 뒤에 온 여선생(숙대 나와 봄부터 안동 와 있는 사람), 신부 또 두 사람, 도립병원 의사 한 분, 김 수사, 마뉴엘 수사, 또 견습 수사 한 사람, 또 마리스타에 와 있는 고대 제적 학생?…… 그러고 보니 19명쯤 되었나 보다. 내가 제일 만나고 싶었던 울진의 이 목사도 일직의 권 선생도 이번에는 안 왔다. 들으니 울진 이 목사는 또 병원에 입원했다는 소문도 들린다. 어찌 됐는가. 너무 일을 많이 하는 게 탈이다. 권 선생도 아직 일어나지 못하고 있는지 모른다.

오늘은 〈아큐(阿Q)정전〉에 대해 얘기하기로 해 놓았다. 맨 처음 전 형이 노신의 연보를 한참 얘기하는데 그게 좀 지루했다. 전 형에 앞서 권종대(사회) 씨의 서론 같은 얘기가 더 지루했다. 그다음에 또 전 형이 노신의 다른 글을 잠시 소개한 다음 각자 발언을 하게 되었는데, 별로 말하는 사람이 없어 내가 먼저 시작했다.

내가 한 말의 요지는 이렇다.

첫째, 아큐는 참 기가 막힌 인간이다. 아큐란 인간 속에는 중국 역사의 모든 정체성이 너무나 잘 나타나 있다. 거기엔 노예 근성이 있고, 잔인성이 있고, 비겁함이 있고, 그 밖에 모든 동양적 정체성이라 할 만한 것이 집약되어 나타나 있다. 노신은 이러한 노예적 식인적 삶을 통렬하게 비판한 것 같다. 그래서 이러한 역사를 극복하지 않으면 중국은 멸망한다는 것을 이 소설은 얘기하려 했던 것이다.

그런데 나는 이 〈아큐정전〉을 읽고 오늘날 산업사회 속에서 타락되어 가는 우리 나라 사람들과 비교해 보았다. 우리의 노예근성도 아큐에 비해 형태만 달랐을 뿐이지 조금도 덜함이 없다. 그 밖에 모든 비인간적 성격이 아큐와 다름없이, 너무나 흡사하게 되어 있는 것이 우리들이다. 그리고, 우리 쪽이 한층 더 못한 것은, 이 아큐에게는 그래도 자존심이 있었는데 우린 그런 것마저도 없어졌지 않은가.

아큐가 저한테 가장 만만하게 보이는 왕털보를 만나는 대목을 예로 들어 본다. 아큐는 왕털보가 이를 잡는 걸 보고 자기도 이를 잡으면서 그 이라도 더 많이 잡음으로써 자기의 우세를 찾으려고 했지만 그것도 안 되자 먼저 욕을 걸고, 그리고 또 먼저 한 대 치려고 했는데 도리어 잡히고 말았다. 이번에야말로 위신을 회복하려고 했던 것이 도리어 그 꼴이 되자 "군자는 남을 때리지 않는 법이야!" 하고 말하는 것이다. 이러한 자기 합리화가 중국인의 기질의 일면을 잘 말해 주는 것이 아닐까 생각되는데, 우리에겐 전혀 그런 것이 없다. 우리에겐 철저하게 자기 비하와 부정, 열등감과 외국 숭배, 타자 추종, 모방이 있을 뿐 아닌가 싶다. 이것이 한국적 정체성이 아닌가.

우리의 문학에는 아직까지도 이런 한국적 정체성을 형상화한 작품이 없다.

둘째, 아큐는 길에서 이를 잡고 있는 밑바닥 인간이다. 이름도 성도 없고 고향조차 알 수 없는 인간을 마치 무슨 위인의 전기처럼 서론을 쓰고 또 무슨 장(章), 무슨 장으로 나눠 놓았는데, 여기 노신의 역사관이 있는 것이다. 역사의 주인을 이런 사람으로 보고 있는 데 대해 그 어느 중국인이 부정할 수 있겠는가. 그런데, 적어도 이런 역사의 전연(全然)을 총체적으로 파악

할 수 있도록 그린 작품이라면 수천 면(面)이 되는 대하소설로 쓰지 않으면 적어도 4백~5백 면의 장편은 되어야 가능하다고 보는 것이 상식인데, 이 정도 중편의 길이도 채 못 되는 작품으로서 이렇게 완벽하게 썼다는 것은 놀랄 일이 아닐 수 없다.

셋째, 앞의 첫 번째에서 노신이 중국인의 병적 삶의 태도를 날카롭게 비판했다고 했지만, 이 소설은 단지 비판에 그친 것이 아니다. 아큐에는 노신의 동족에 대한 무한한 애정이 그대로 그려져 있는 것 같다. 아큐가 법정에 끌려와 법관에게 심문을 받으면서 이름을 적으라니까 글자를 몰라 못 쓴다고 하니 그럼 동그라미를 그리라고 하는 대문이 나온다. 아큐가 동그라미를 제대로 그리려고 생전 손에 쥐어 보지 못했던 붓을 잡고 떨리는 손으로 간신히 동그라미를 그렸는데 그게 수박씨 모양이 되었다고 하는 곳을 읽으면 눈물겨운 느낌이 난다. 이토록 순박한 인간이 바로 '백성'이 아니었던가. 노신은 그저 무조건 자기의 동포가 가엾은 생각이 들어 이 소설을 썼는지도 모른다.

내가 말한 다음 차츰 이 사람 저 사람 말이 나와 11시 30분에 겨우 해산했다.

오늘 저녁에 말한 것 중 기억에 남은 것은 정 신부는 여전히 노신은 자기 내부의 싸움을 극복하기 위해 이 소설을 쓴 것 아닌가, 하고 말한 것이고, 이동순 씨는 별로 내용도 없는 것을 아주 시적으로 곱게 다듬은 말로 얘기했고, 조동일 씨는 작품을 읽어 보지도 않고 그 자리에 앉아 감상을 말하는 것이 타당

한 말도 있고 그렇지 않는 것도 있었고, 권종대 씨는 좀 지루하지만 자기 나름대로의 견해를(그다지 깊은 생각은 아니지만) 얘기했다는 것이다. 정재돈 씨의 생각은 매우 건전했다. 마뉴엘 수사가 참 우리 말을 잘한다는 걸 새삼 느꼈다. 전 형은 여전히 별로 주장을 하지 않았다.

1980년 4월 8일 화요일

오전에 표지판 두 개를 쓰고, 교육청에 공문 전화 보고를 했다.
표지판은 국민교육헌장 내용을 밝히는 구(舊) 행동 지표를 없애고 김현승의 시 '나무'의 한 구절을 쓰고, 또 "나라에 충성 부모에 효도"란 것을 없애고(이것은 교문 앞에도 있으니) 빅토르 위고의 시 한 구절을 썼다. 페인트로 내가 대강 썼다.
오후 1시 차로 교육청에 가서 보고 공문을 내주고, 곧 대구로 가서 이호치과에 갔다. 틀니가 잘못되어 오른쪽 밑의 맨 앞 편의 이를 압박해서 아파 끼울 수 없이 된 것을 한참 깎아서 끼우니 덜했다.

1980년 4월 10일 목요일

오늘은 면내 교장들이 모여 학교마다 다니면서 '태세 정비 상황'을 심사 채점하여 그중 한 학교를 우수교로 교육청에 추천하게 되었다.

아침 9시 반경, 첫 시간이 시작되었을 때 모두 택시로 왔다. 우리 학교부터 시작하기 때문에 나는 여기서 나가면 되는 것이다. 먼저 사무실에 안내해 앉혀 놓고 교육목표며 1교 1특색 발휘 같은 것을 내가 설명했다(선생들은 교실에서 나오지 말라 했다). 그러고 나서 "우리 학교에는 선생님들이 될 수 있는 대로 행정하는 소위 윗사람을 의식하지 않도록 하려고 하고 있습니다. 우선 여기 대통령 사진만 해도 난 이걸 걸지 않으려고 했지요. 지난번 우리 경북 교육 전진 대회 때도 교육감부터 이제는 교장들이 법에 걸리지 않는 범위에서 자기 신념대로 교육하라고 했거든요. 제 생각도 본래 그렇고 그래서 좀 생각대로 교육을 하고 싶지만 이런 사진 같은 것도 선생들이 어느새 걸어 놓은 걸 어쩝니까. 그걸 떼 내릴 수도 없고 그냥 뒀지요. 또 지난해 장학사, 학무과장이 왔을 때도 선생들이 여비 줄까요, 하는 걸 그 사람들 출장비 다 받고 다니는데 줄 필요 없어요. 과장은 나를 잘 아는 사람인데 그런 짓 하면 도리어 나를 욕해요. 또 새로 온 장학사들 그런 버릇 들여서는 안 돼요. 이랬는데 어느새 몰래 돈 봉투를 주었지요. 선생들이 이렇습니다. 모두 기계가 되어 있어 학교가 교장인 내 한 사람의 의지와는 다른 방향으로 돌아가고 있어요. 그러나 될 수 있는 대로 양심과 이성을 기둥 삼아 교육을 해 보려고 애는 쓰고 있습니다" 이렇게 말하고, "우리 학교 점수는 내가 그런 데 관심을 안 가지고 있으니 생각하신 대로 내려 주십시오. 뭐 필요하시면 선생님들 부를까요? 장부는 필요 없다 해도 거기 뭘 갖다 놓은 모양입니다" 이렇게 말했더니 예, 예 됐습니다, 볼 것 있습니까, 하는 사람도 있고 장부를 들춰 보는 사람도 있었다. 그러고 나서 바깥에 나가 학교 시설한 것 안내하면서 설명하려 했는데, 거의 모두 듣는 것 같지 않았다. 이 사람들은 돈이나 많이 들여 외견상 근사한 것을 만들었으면 감탄해하면서 볼 사람들이구나 싶었다. 대접은 차 한 잔씩, 그리고 봉투에 담배 한 갑씩 넣어 주었다.

다음은 임동동부, 그리고 사월 이렇게 해서 오전에 세 학교를 마치고 임동서 점심을 먹고 오후엔 지양학교에 갔다가 택시를 되돌려 임동, 안천으로 해서 지례동 뒷바들에 와서 차를 기다리라 해 놓고 지양 마치고 뒷바들재를 잠시 넘어가 기다리는 차를 타고 길산을 보고, 거기서 협의를 한 다음 되돌아왔다.

오늘 각 학교에 다녀 보니 모두 학교 외관은 깨끗이 잘 다듬어 놓았다. 그중에도 지양학교는 아주 도시 학교같이 잘되었다. 이 학교는 여러 가지로 조건이 좋다. 주민들은 농토가 많아 농사짓는 사정이 면내서 가장 좋다. 문교부 급식 지정 학교로 아이들이 점심을 아주 잘 먹는다. 급식비가 많이 나와 학교 경영도 수월하니 부모들이 학교에 대해 고마워하여 돈이고 부역 일이고 잘 협조해 준다. 거기다 교육청에서는 인사이동 때 특히 열심히 일하는 선생들을 보내니 학력도 높아 지난 3월의 준비도 검사 평균이 65점인가 됐다(우리 학교는 40몇 점이다). 선생들은 모두 살림을 한다. 문교부 지정 학교는 근무 성적 점수도 많이 받게 되어 있으니 선생들의 근무 태도가 다를 수밖에 없다. 그런데 마지막 협의 때 내가 이런 말을 했다.

"지금 우리가 본 것을 채점해서 통계를 낼 수도 있지만 그렇게 하는 것이 지난해 경험으로 봐서 반드시 정확한 결과가 나올 것 같지 않아요. 어떤 사람이 고의로 점수 차를 크게 두면 그 사람 한 사람이 마음대로 하는 결과를 가져올 수도 있으니까요. 그리고 내 생각으로는 이런 태세 정비 심사란 것이 결국 학교의 외관만 다듬는 데 선생들의 신경을 집중하게 하는 결과가 되고, 특히 점수를 매겨 경쟁의식을 조장하면 한층 그 폐단이 심하니, 우리 여기서 적당히 의논해 추천하는 것이 옳을 듯합니다. 그래서 내 생각으로, 지양학교는 지난해 두 번이나 추천해서 표창이 됐고, 이제 지양학교가 잘한다는 것은 교육청에서도 다 잘 알고 있으니 이번에는 임동학교를 추천하는 것이 좋을 듯해요. 임동학교가 잘하고 있고 면 소재지 학교 체면도 세워 줘야 하니까요."

이랬더니 모두 그게 옳다면서 찬성했다. 단지 지양학교 김 교장이 "교육청에 채점표를 내게 되어 있지 않은가요" 하고 또 "이번에는 이렇게 하더라도 다음에는 채점을 하는 게 공정할 것 같은데……" 했으나 모두 들어 넘기기만 했다.

4시 반에 마치고 안동 오니 5시 20분이었다. 마리스타에 들렀다가 막차를 타고 돌아왔다.

오늘 각 학교마다 차, 다과, 맥주가 나오고 지양과 길산은 물고기 매운탕 안주가 나왔다. 담배는 모두 한 갑씩 봉투에 넣었다. 지양 교장은 임동서 "우리 학교가 급식 지정 학교로 예산이 풍부하다고 모두 말하니 내가 점심을 내지요" 하고 점심값까지 냈다. 차만 대접한 학교는 우리뿐이었다. 먹지도 별로 안 하는데, 그리고 교장들이 다니면서 근무시간에 그런 술대접하고 받고 하는 것 아무래도 좋지 못한 폐단이다.

저녁에 와서 나는 받아 온 담배를 모두 선생들에게 나눠 주었다. 지양학교 교장은 점심 대접에, 학교 가서도 맥주, 콜라, 소주, 매운탕, 사과 등 흥성했고, 봉투에는 담배와 볼펜에 은단통까지 넣었다. 아마 자기 학교가 또 표창받도록 추천될 것을 기대했던가 싶었는데, 내가 그런 말을 해서 원망했을 것 같다. 그러나 나는 당연히 할 말을, 다른 교장들이 하기 꺼리면서 안 한 말을 했던 것이다.

안동서 《흔들리지 않으리》를 사 왔는데, 3백 페이지가 넘는 이 책을 언제 다 읽고 서평을 쓰나. 사무실에 가 보니 청년사한 선생한테서 편지가 왔고, 이주영 선생한테서도 편지가 왔는데, 독서 문제에 대한 강연 준비도 있다. 또 추천 도서 목록 작성에 협조해 달라고 하는데, 그것도 큰일이다.

아침에 일어나니 비가 왔다. 네 사람이 식사를 하고 헤어져 급히 버스로 대구 와서 경안다실에 가니 김태문 씨 혼자 기다렸다. 회보 가져온 것 주고 명성예식장에(윤진수 씨 딸 결혼식) 갔다가 최춘해 씨 만나 전에 상주 있던 사람 한 분과 다방에 앉아 얘기하다가 나와 흐름사로 가는 길에 보니 학생들이 우산을 받고 길게 줄을 서 있었다. 어딜 들어가려고 하나 물으니 도서관이란다. 거기가 시립 도서관이었다. 기왕이면 싶어 들어가 이곳저곳 열람실을 다니면서 구경했더니 대부분이 중·고등 학생들인데, 거의 모두 거기 와서 교과서나 참고서로 시험공부를 하고 있었다.

거기 있는 아가씨한테 물으니 대강 다음과 같았다. 열람 좌석 약 1,500석, 도서 약 만 3천 권.

아까 학생들이 바깥에서 줄지어 선 것은 좌석이 모자라서 그렇단다. 자리가 비면 들어가려고 그렇게 기다린다는 것이다. 그리고 평소에는 학생들이 학교에 가니까 이렇게 안 오지만 그 대신 재수생들이 상당히 모여든다는 것. 아무튼 모두가 책을 보러 오는 것이 아니고 시험공부 하러 오는 곳이고, 도서관이 시험공부 하는 집이 돼 버린 것이다.

어린이 도서 열람실이라 해서 국민학생들이 들어가는 곳이 있어 가 보았더니 들어가는 방에 책장이 놓여 있는데, 책이 겨우 3백 권 정도 꽂혀 있는데 그 옆에 책상 하나를 둘러서 일고 여덟 명의 아이들이 앉아 있었다. 모두 참고서를 펴서 들여다보고 혹은 교과서에 줄을 치면서 읽고 있는데, 두 아이가 도서관의 책을 보고 있었다. 그중 한 아이는 역사책, 다른 한 아이는 동화책이었다. 2층에 올라가니 거기는 교실 하나 크기의 방이 있어 역시 아이들이 거의 모두 시험공부를 하고 있었다. 아래위층의 아이들 모두 합해서 30명쯤 되었을까?

어린이 도서 열람실에 일하고 있는 아가씨 얘기 들으니 대구에는 이 밖에 학생 도서관이 한 군데 있고, 유진어린이도서관이 있는데 각각 책이 만 권쯤 될 것이라 한다. 5천 권이든 만권이든 도서관이 시험공부 방밖에 안 되니 무슨 소용인가.

어제저녁에 안동유스호스텔에서 안동문협 회원들로부터 들은 국민학교, 중학교 도서실과 독서 실태, 안동에 있는 학생 도서관 얘기, 그리고 아까 최 선생과 경산 어느 학교에 있는 선생한테서 들은 학교 도서관과 독서 실태 등을 종합해서 생각이 되는 것은 학교교육의 너무나 어처구니없는 왜곡상이다. 이건 어떻게 개선해 볼 수 없이 극도에까지 이른 병상(病狀)이다. 모조리 헐어 뜯어 없애고 다시 고쳐 세우지 않으면 안 된다는 느낌이다. 교육의 재건 문제보다 더 시급한 일이 또 어디 있는가!

1980년 4월 28일 월요일

안동 와서 학생 도서관에 가니 "휴관"이란 간판이 걸려 있었다. 일요일 근무하는 대신 월요일 쉬는 모양이다. 마침 점심시간이라 직원들도 나가 버리고 보이스카우트 사무 보는 사람(묵계학교 선생인데, 교육청에 사무 보조로 나와 일하게 되어 도서관에서 보이스카우트 일을 본다는 것)이 도서실을 보여 주었다.

일반 도서를 보니 전부가 케이스에 넣어 한 질로 만들어 파는 겉모양 좋은 책들이었다. 〈반공전집〉이니 〈세계문학전집〉이니 하는 것들이다. 〈대성〉이란 것이 몇십 권이나 되어서 무슨 책이 이렇게도 긴 것인가 보았더니 그것은 일본의 한 여자가 돈을 번 얘기를 텔레비전에서 방영한 것인데, 일본 책을 번역한 것이다. 볼 만한 책은 거의 보이지 않았다. 그런 책들이 손때도 묻지 않은 채 꽂혀 있었다.

물어보니 여기서도 학생들이 교과서와 참고서 공부를 하러 온다고 했다. 어린이 열람실에도 책이 한 질로 만들어진 것, 전집 종류만 꽂혀 있었다. 도서관이 행정 선전의 수단으로 이용되고, 독서실로 전락해 있는 것이 현실이다.

오후 2시 차로 돌아왔다

1980년 5월 3일 토요일

아침에 종로서적 출판부에 갔더니 조성헌 씨가 책을 여덟 권이나 싸 주었다(모두 외국 것 번역한 것이었다). 그러면서 "선생님 책 저희들 출판사에서도 낼 기회 좀 주십시오" 했다. 나는 올여름쯤엔 정리할 틈이 날 것 같다고 말했다. 그리고 권정생 씨가 〈소년〉지에 연재한 소설을 출판할 생각이 없는가 권했더니, 자기로서는 내고 싶다고 말하면서, 좀 의논을 해 봐야 되니 곧 편지로 연락드리겠습니다, 했다. 책을 그렇게 많이 얻어 미안했다.

종로서적에서 나와 민음사로 찾아갔더니 사장이란 사람이 있어 한참 얘기하다가 서평 고료 3만 6천 원을 받아 나왔다. 다음은 창비에 가서 정해렴 씨와 얘기하다가 디즈니로 갔다. 12시 반에 만나기로 한 이원수 선생이 1시 반이 돼도 안 와서 계산대 아가씨한테 물어보니 "아까 오셔서 기다리다 나가셨어요" 했다. 내가 11시 반에 왔는데, 11시도 전에 오신 모양이구나. 어찌 됐는가? 저녁에 다시 오신다니 그때 만나지, 하고 급히 양서협동조합에서 주최하고 있는 어린이 도서 전시의 장소인 시청 지하도로 갔다. 거기서 조합원들이 여럿이 일을 하고 있었다. 이주영 씨도 바쁘게 다니고 있었다.

대한어머니회 회장이란 사람이 인사를 하는데 "선생님 책을 읽고 큰 충격을 받았습니다"고 했다. 곧 유네스코회관으로 갔다. 강연장은 13층이던가. '전시관'으로, 사람이 안 모여 20분쯤 더 기다리다 시작했는데 학교 선생들, 어머니들이 겨우 40명쯤 됐을까? 광고가 잘 안 된 모양이었다.

내가 3시 반부터 한 시간 반쯤 얘기하고 다음에 사회하는 이주영 씨가 어머니회 회장한테 지난번 어머니회에서 주최한 독서연구 모임 때 말한 것을 좀 다시 얘기해 달라고 해서 그 얘기를 잠시 듣고, 다시 약 50분 동안 자유토의 협의 시간을 가졌다. 나는 아이들이 책을 읽을 줄 모르고 읽을 수도 없이 되어 있는데, 그것은 교육과 아동문학이 잘못돼 있기 때문이라고 말하고, 어머니들이 가정에서 독서 지도를 하는 데 큰 기대를 건다는 얘기를 했다.

어머니회 회장은, 어머니회에서 6개월 동안 우리 나라 아동 잡지 분석한 것을 지난번 세미나 때 발표했는데, 그 아동 잡지들의 실태가 기막히다면서 이것을 그냥 두어서는 도저히 될 수 없다 했다. 그리고 그 모임에 각 아동 잡지 출판사에서 나와 주도록 미리 연락을 하고 부탁했는데도 한 출판사에서도 안 나왔다는 것은 너무도 어이없고 분개스러운 일이라고 말했다. 그 회장이란 분은 참 똑똑하고 말을 잘하는 분이라 생각되었다.

자유 토론, 협의에는 참 좋은 의견들이 나오고 진지한 태도였다. 어느 어머니는 사제 교과서를 만들어야겠다고 했다. 어머니들이 좋은 책을 선택해서 그걸 읽어 주어 흥미를 일으키도록 해야 한다고 하고, 좋은 책은 이웃 아이들에게도 권해서 읽도록 하자고 하는 분도 있었다. 국민학교, 중·고등학교 교사들은 주로 학교교육의 실정을 얘기했는데, 더러는 별로 필요도 없이 말을 하기 위해 하는 사람도 있기는 했지만, 전체를 봐서 참 좋은 모임이었다. 이주영 씨는 "지난번 다른 독서 교육 세미나에도 가 봤지만, 거기서는 이대 교수니 하는 분들이 여럿 발표하고, 참석자도 많았지만, 오늘같이 좋은 얘기는 나오지 않았습니다"고 했다. 나는 끝날 무렵에 가서 이런 말을 했다.

"여기 '독서 교육의 문제점'이라고 써 붙여 있는데 사실 이런 문제는 문교부에서 걱정해야 하고, 문교부에서 앞장서 해야 할 일입니다. 그런데 이제 우리는 문교부도 못 믿고, 출판사도 못 믿고, 작가도 교사도 다 믿을 수 없습니다. 오늘도 이런 행사가 있다고 주최 측에서 각 출판사에 여러 날 전에 알렸는데 한 곳에서도 안 왔지요. 도서 전시회에도 아동물 전문으로 하는 큰 출판사들은 전혀 후원을 안 해 주고 있다고 하는데, 이거 전부 돈벌이에 눈이 뒤집혀 버렸어요. 이제 우리 아이들을 지키는 것은 어머니들뿐입니다. 어머니들만이 어린이를 지켜 온 것은 사실은 먼 옛날부터 그랬지요. 부디 어머니들이 중심이 되어 좋은 책 읽기 운동을 벌여서, 이 민족을 구할 수 있었으면 좋겠습니다."

거기서 마치고 급히 나와 디즈니에 가니 아무도 없었다. 삼미 집에 가니 이원수, 박홍근, 손동인 세 분이 앉아 있었다. 이원수 선생은 오늘도 병원에 갔다 오셨다는데, 이마에 붕대를 붙이고 계시고, 입술이 조금 한쪽으로 돌아간 모습이었지만, 이제는 술을 하시고 마음대로 다니시기까지 하신다니 다행이었다. 거기서 한참 얘기하면서 술을 마시다가(마시는 흉내를 내다가) 헤어졌다. 나는 이원수 선생과 박홍근 선생으로부터《한국의 민화(民話)》책을 한 권씩 전해 받았다. 한 권은 김규필 양에게 줄 것이다. ○○알아볼 수 없음 씨가 벌써 한 달쯤 전에 서울을 다녀갔던 모양이다. 아마 급히 와서 나한테 연락을 못 했던 모양 같다. 규필 양에게는 오늘 아침에 우체국에서, 밤에 디즈니로 나오라고 전보를 했는데 안 나왔으니 내가 안동으로 가져가는 수밖에 없다. 전보가 안 갔는지도 모른다. 시내면 네 시간이면 간다고 했는데…….

　삼미에서 나와 세 분과 헤어지고 시청 지하실로 가는데 정우를 만났다. 서울에 볼일이 있어 차로 왔는데 이사 간 음성 금왕으로 같이 가고 싶어 했다. 그래 기다리게 해 놓고 급히 시청 지하도에 가서 이주영 씨와 그 밖에 여러 젊은 교사들과 얘기하다가 사정을 말하고, 내일 전시장에 나오기로 해 놓고 약속을 어겨 미안하다고 말하고 나왔다.

　종로 2가에서 기다리는 차로 정우 처와 상준손자, 지성이라고도 한다이 형제하고 같이 타고 9시 30분에 나서 금왕 각회리 덕동에 도착하니 11시 반이 되었다. 밤이라 어디를 어떻게 왔는지 몰랐다.

1980년 5월 18일 일요일

　어제 아침에 마리스타수도원 뒷방에서 일어나 그 전날 저녁
이동순 씨 시집 출판 기념 모임에서 시 얘기한 것을 다시 반성
하던 일이 생각난다. 김원길 씨가 '개밥풀'을 얘기하는 중에 휘
파람을 분다는 말이 나온 것이 잘못이라 하면서 농민들이 무
슨 휘파람을 부는가, 했다. 여기에 대해서는 모든 사람이 김 씨
의 말이 잘못이라는 태도를 보였는데 나는 그때 직감적으로
시의 계급성을 생각했다. 김원길 같은 사람은 농민들의 생활
감정을 이해 못 한다. 그 반면 농민들은 김원길 씨 같은 귀족적
생활감정을 이해하지 못한다. 이것은 어쩔 수 없는 일이다.
　또 어제 권정생, 이현주 두 사람을 전송하기 전에 점심을 먹
고 헤어져야겠다 싶어 골목을 지나가면서 음식점을 기웃거리
니까 이현주가 "그런 깨끗한 데는 비싸고 맛이 없습니다. 좀
지저분한 데 갑시다" 했다. 이현주와 권정생은 고무신을 신었
다. 이현주가 이렇게 철저히 소위 목사라는 계급을 벗어나 버
린 근로계급의 생활감정을 몸에 붙이고 있는가 싶으니 한없이
믿음직스러웠다. 우리는 운전사 식당에 가서 점심을 먹었던
것이다.

● 5·18 광주민주화운동. 1980년 5월 18일부터 27일까지 광주 시민들이 계엄령
　철폐와 전두환 퇴진, 김대중 석방 들을 요구하며 민주화운동을 벌였다.

근로계급의 생활감정을 몸에 붙인다는 것이 가장 중요하다.

아침에 아내가 라디오를 듣더니 비상 계엄령이 전국에 내리고 모든 집회가 금지되고 유언비어, 전·현 국가원수 모독 비방 등 행위가 금지됐다 해서 걱정이 됐다. 기어이 올 것이 왔구나 싶기도 하다.

어제저녁 신창호 씨가 전화를 걸어, 총회 교육부에서 전국의 목사님들 모임을 월말경 며칠 동안 열게 되어 있는데, 29일이나 30일에 이 선생님 꼭 상경해서 교육 얘기를 좀 해 달라고 한다면서 승낙해 달라 했다. 서울에서 전화가 왔는데 자기한테 잘 얘기해 달라는 당부가 왔으니 부디 좀 가셔 달라면서 오늘 저녁이나 내일 아침에 직접 서울에서 전화 연락이 있을 것이라 했다. 나는 지난번 상경할 때 연가를 냈는데, 또 연가를 내기 어렵다고 하고 좌우간 서울에서 전화 건다니까 직접 얘기하지요, 하고 말았는데, 오늘 아침에 기다려도 전화가 없는 것 보니까 비상 계엄령 때문에 그런 집회도 안 되는 모양이다. 그리고 다음 토요일 육사 문학의 밤도 그만 두어야 할 것 같아 곧 염무웅 씨를 만나러 나갔다.

연우를 데리고 내 건너서 2번을 탔는데 버스가 중동교를 건너 버린다. 왜 이러는가 물으니까 지금 저 건너 길은 걷기 운동한다고 차가 일체 통행 못 하게 돼 있다고 했다. 할 수 없이 버스에서 내려 한참 걸어가다가 택시로 한일아파트에 갔다.

염무웅 씨도 그런 모임 안 될 것 같다면서, 가령 어떻게 할 수 있다고 해도 자유롭게 말을 할 수도 없고 기분도 안 난다 했다. 그래 그만 중지하기로 했다. 염 선생은 아침에 소식 들으니 고은, 서남동, 이호철 이런 사람들이 여럿 잡혀 들어갔다고 했다. 그러면서 "이 사람들이 이런 짓을 한다 해서 절망할 건 아니라고 봅니다. 전체 사람들의 가는 방향을 가로막을 수는 없을 겁니다. 그리고 어쩌면 계엄을 전국에 선포해서 최규하가 전권을 잡고 전 등을 제거하려고 이렇게 하는지도 알 수 없어요" 했다. 물론 그것은 하나의 억측이요 가정이지만, 역시 염 선생은 역사를 나보다는 널리 지혜롭게 보는구나 하는 생각이 들었다.

올 때 보니 걷기 운동을 한다고 주로 초등학생들이 온통 길을 메워 가득 지나가고 있는데, 거의 모두 손에 손에 쭈쭈바니 하는 것을 들고 빨며 걸어갔고, 길바닥에는 비닐 껍질이 마구 버려져 밟혀 허옇고, 길가에는 장수들이 즐비하게 늘어앉아 있었다. 거의 모두 국민학생들인데, 더러는 놈팽이 젊은이들이 끼어 있고, 젊은 부부가 나란히 어린애를 업고 혹은 아이 손을 잡고 걸어가는 모습도 보였다. 이건 걷기 운동이 아니라 할 일 없는 사람들의 먹고 놀기 운동이요, 쇼였다.

나는 집에 와서 우리 아이를 거기 보낸 아내보고 고함을 쳤다. 인간들이 이렇게 정치적으로 놀림감이 되고 있는 속된 행사에 놀아나는 데 길든다는 것은 얼마나 한심한 일인가! 모든 정치 활동 중지, 집회 시위 금지가 포고된 아침에 이런 먹고 빨고 걷기 대회의 대행진만은 휘황찬란하게 전시되고 있는 이 욕된 도시를 생각하니, 나는 한시라도 바삐 여기를 떠나고 싶어졌다.

점심을 먹고 북부주차장에서 신창호 씨와 같이 버스를 타고 가면서 라디오 뉴스를 듣는데 부정 축재와 야당 인사들 구속한 사람 이름을 들었다. 부정 축재로는 김종필, 이후락 두 사람의 이름이 맨 먼저 나오고 그다음 두어 사람이 더 나온 것 같다. 야당 인사로는 김대중 씨가 필두로 오르고, 그다음에 문익환, 김동길, 리영희 등 여러 사람의 이름이 들렸다. 결국 전 씨 짓이구나 싶었다. 신 선생은 군에서 쿠데타 계획이 있었다는 소문이 들린다고도 했다.

안동 와서 마리스타에 가서 정 신부한테 육사 문학의 밤은 그만두어야겠다고 했더니, 시간이 있으면 교구청에 좀 와 달라 했다. 가니까 12일 날 전두환이를 옹호하는 친위 쿠데타가 있어, 일선의 군대를 서울로 끌어오려고 했는데, 그만 미군에 발각되어 거사가 성공 못 하고 말았다 한다. 최규하를 중동에 보낸 것은 미리 계획한 것이고, 최가 돌아오면 대대적인 환영 준비를 하려고 서울의 2층 빌딩에서 오색 테이프를 드리우는 계획도 했다고 한다. 그리고는 2개월 이내에 부정선거로 정권을 탈취하려고 지금 기타 모든 준비를 했고, 한때 서울의 각 신문사를 군인들이 점령해서 기자들이 지하신문을 내겠다고 결의까지 했단다. 이래서 쿠데타가 그만 실패했으니 전이 이젠 꼼짝 못 하게 된 것 같다 했다.

그런데 오늘 아침과 낮의 라디오 신문 발표는 정 신부가 거의 모르고 있었다. "전이 이젠 꼼짝없이 잡힐 줄 알았는데 그럼 이제 어찌 됐지요?" 한다.

두 번이나 쿠데타에 실패했지만 군의 세력을 장악하고 있으니 미군이 방관하고 있는 이상 그대로 행세할 수밖에 없다. 그런데 신문 호외에 난 포고문 내용이 완전히 깡패들의 발광이 아니고 무엇인가.

저녁 6시 40분 차로 대곡에 돌아왔다.

1980년 5월 21일 수요일

오전에 한일맨션에 있는 염 선생을 찾아갔더니 사모님이 서울 갔다 했다. 서울 소식도 궁금하고 또 잠시 피해 있어야 할 것 같아 어디로 갈까 하다가 서울로 간 것이라 했다. 그러면서 광주에는 이번에 시민들까지 합세해서 아주 사람들이 많이 다쳤다는 소식이 외신으로 전해졌다 했다. 이 조그만 나라 안에서 일어난 일을 이렇게 모르다니! 돌아와 방에 누워 있으니 온몸이 나른해져서 오랜만에 낮잠을 두 시간쯤 잤는데 꿈자리가 몹시 시끄러웠다. 깨어나서 《북치는 앉은뱅이》를 읽었다. 저녁이 되어 신문을 보니 광주 사태가 보도되었는데 일방적인 보도여서 그 진상을 다 알 수는 없으나 아무튼 대단했던 것 같다. 이 나라가 어찌 되려고 하는가!

1980년 5월 22일 목요일

오늘 오전 중에 교육청에 나와 달라는 연락이 있었기 때문에 대구서 안동에 도착하자마자 교육청에 갔더니 학무과장이 "문교부 장관한테 무슨 글을 낸 일이 있습니까? 지금 교육감이 아주 분개해 있어요" 하면서 도에서 온 공문을 내보인다.

읽어 보니 "대성국민학교장 이오덕이 마리스타실기교육원 졸업생의 학력 인정 요청을 문교부 장관에게 직접 해서 행정 질서를 문란하게 했으니 앞으로 이런 일이 없도록 하라"는 내용이다. "왜 이런 일을 하려면 나한테라도 의논을 안 하고 그랬어요. 그게 도저히 불가능한 일인데, 어째서 그런 글을 더구나 교육청을 경유하지도 않고 직접 보냈어요" 한다. 나는 "나도 그게 어렵다는 것쯤 알고 있었지만, 근로 학생들의 문제는 하필 마리스타 학원뿐 아니고 전국적인 문제라 보여서 문교부 장관이 이런 실정을 알고 있는 것이 행정에 참고가 되리라 생각해서 썼는데, 아무튼 이렇게 행정질서가 문란하게 되었다면 잘못한 것이고 걱정을 하게 해서 죄송합니다"고 했다. 과장은 "내가 이 교장 그런 데 가서 고생하시는 것 늘 생각을 해서 어떻게 해서라도 좀 편리한 곳으로 나오게 하기 위해 여러 가지로 피아르(PR)를 하려고 애써 왔는데, 그만 이번에 이런 일이

터지잖아요" 했다. 과장은 교육장한테 가서 사과하라 했다. 교육장실에 가니 교육장이 "그 실기교육원이란 데가 뭘 가르치는가요? 시간도 하루 서너 시간이고, 한 시간이 40분인가 되고, 과목도 몇 가지밖에 안 되는데, 어떻게 고등학교 졸업 자격증을 줄 수 있는가요. 상식 밖의 일이지요. 더구나 그걸 행정질서도 안 밟고 직접 장관님께 요청했으니 이럴 수 있는가요" 했다. 나는 변명할 시간도 없고 해서 잘못했다고 사과했다. 교육장은 "지금 시간이 없으니 조금 후에 다시 만나 얘기합시다" 했다. 오늘 오전 중에 중등학교장 회의가 있는 모양이다. 학무과에서 한참 기다리다가 점심을 먹고 들어갔다.

나는 들어가자마자 "걱정을 하시게 해서 죄송합니다" 했다. 그런데 교육장은 적어도 교장이란 자리에 있으면서 그런 것쯤 모르고 어떻게 하느냐 하면서 2시부터 3시 반까지 제멋대로 지껄여 댔다. "이 교장은 그런 것 가능하다고 생각하십니까?" "법정 수업 시간도 교과도 모자라면서 그런 학생들 학력 인정해 주게 되는 것은 부조리라 생각하지 않습니까?" 등을 묻기에 가만히 듣고 잘못했다고만 할 수 없어 내 의견을 말하면 "그게 잘못입니다!" 하고 함부로 위압적으로 나온다. 내 의견은 애당초 들으려고도 하지 않으면서 일부러 그렇게 묻는 것이다. 그는 마지막에는 "이제 앞으로는 학교 일에만 전념하고 다른 일 하지 마세요. 어디 공적으로 글을 쓰거나 자리에 나갈 일이 있으면 학무과장이나 나한테 미리 연락해 주시오" 했다.

나는 좀 화가 나서 학무과에 와서 김 계장, 김홍식 장학사 있는 자리에서 "까진 놈의 교장, 그만두면 되지!" 했더니 두 사람이 뭐 그렇게까지 생각할 것 없다면서, 교육장은 교육감한테 전화가 왔으니 그렇게 화를 내는 것이라 했다. 김홍식 장학사는 밖에까지 따라 나오면서 "우리 교육장이 평소에 우리들에게 대하는 것이 아주 친절하고 좋지만, 행정적 입장에서 상부 사람에게 문책을 당했다든지 다른 교장들한테서 우리 때문에 좀 언짢은 말을 들었을 경우엔 아주 딴사람같이 우리를 대하면서 지나치게 말을 해요. 왜 그런 사람 있잖아요. 과도하게 자기 방어에만 몰두하는 사람 말입니다. 자기에게 불리하다 싶으면 인정 같은 것 없어지는 사람이지요" 했다.

나는 참 고맙다고 말하고 나오면서 생각하니, 아까 음식점에서 신문 기사에 난 개각 명단 생각이 났다. 문교부 장관도 바뀌었다. 김옥길 문교부 장관이 있었으면 이런 일은 안 일어났을 것이다. 장관이 바뀐다 싶으니 문교부 관리들이 곧 경북도에 이런 지시를 했구나 싶었다. 내가 낸 공한(公翰)을 사본을 만들어 문교부에서 경북도로 보냈을 것이다. 그리고 김옥길 씨는 아마 내가 낸 글을 부하 직원들이 선의로 봐주겠지(자기도 그렇게 본 것처럼), 하고 그것을 국·과장에게 내주어 처리했을 것이다. 그것을 받아 본 국·과장들은 내심 심히 못마땅하게 여기다가 김 장관이 위치가 이상해지고 그만 나가게 되자 곧 그 불쾌감을 경북도 교육감 앞으로 폭발시킨 것이 틀림없다.

나로서는 운수가 없다고 할밖에.

이 기막힌 관료행정 체계가 앞으로 더욱 강화될 것을 생각하니 기막힌다. 이젠 나를 어디 영전시켜 주는 것도 싫다. 차라리 다른 또 더 깊은 산속으로 들어가 버리고 싶기도 하다.

교육청에서 나와 마리스타에 가니 김 수사가 없었다. 문협 지부에 가니 〈안동 문학〉 책이 와 있었다. 시화전을 한다는 생각이 나서 문화회관 다실에 가니 아주 큰 병풍까지 만들어 놓았다. 그것은 조진우 스님의 것인데, 돈도 많이 들이고 퍽 애를 쓴 것 같으나 좀 조잡해 보였다. 조영일, 권오신 두 분은 시조다. 시도 그림도 별로 마음에 들지 않았다. 웬만하면 내가 지부장이고 하니 한 폭 사 줘야겠지만, 그걸 사서 어떻게 하나, 아무도 주인공이 없어 인사도 못 하고 나와 버렸다.

오늘은 교육청에 가서 당한 일로 머리에 꽉 찼다. 아무리 생각해도 내가 한 일이 나쁘다고 생각되지 않는다. 해방 직후 내가 고향에 있을 때 경찰지서에 무슨 마을 일 요청하는 메모를 써 보냈다가 끌려가 며칠 동안 얻어맞은 생각이 난다. 그 일과 이 일이 무엇 다른가? 이게 몇 번째 필화 사건이 되는지 모르겠다. 나는 국가 민족을 위한 필화는 저지르지 못하고, 아무것도 아닌, 혹은 조그마한 일에 관계되는 필화만 일으킨다. 그만큼 나는 너무나 소인이다. 아, 오늘 밤 대곡동에 들어가면 두견새 소리 들으면서 내가 무엇을 해야 할 것인가, 내가 언제까지 이 꼴로 살아가야 하나 생각해 보기로 하자!

안동서 대곡행 차를 타고 오는데 조성하(회장) 씨가 옆에 앉아 있다가 하는 말이 "광주 사건은 해결이 안 될 모양이네요" 했다. "아직도 안 됐어요?" 하니까 "어젯밤 방송 들으니까 폭도들이 총을 4만 정이나 가지고 있다는데, 헬리콥터가 뜬 것도 총으로 쏘아 떨어뜨렸다잖아요. 그래 텔레비전에도 나왔어요" 했다. 그러면서 저쪽에 앉은 젊은 청년을 가리키면서 "저 사람이 우리 마에 있다 서울 갔는데, 오늘 다니러 온 길이래요. 서울서도 지금 막 웅성웅성한답니다" 했다. 광주 사건이 아직도 해결되지 않았으면 아까 방송에 김대중 씨를 아주 죄인으로 몰아붙인 정부의 처사가 더욱 불을 지르는 결과를 가져올 것 같아 염려된다. 그러다가 버스에서 라디오방송 뉴스가 나오는데 들으니 아직도 광주 사건이 해결이 안 난 것같이 말하는 듯했다. 얼마나 피를 흘려야 이 나라가 바로잡힐는지, 막막한 느낌이다.

학교 앞에서 버스를 내리니 온 천지가 개구리 소리다.

오늘 저녁 소쩍새는 저렇게 피를 토하듯 울고 있구나!

1980년 5월 26일 월요일 흐린 뒤 갬

아침 방송에 들으니 광주시가 다시 폭도들의 장악하에 놓였다고 했다.

마치 태풍이 지나가는 것처럼 하루 종일 바람이 대단했다.

오늘 밤 소쩍새가 유달리 숨 가쁘게 울어 대고 있다.

1980년 5월 30일 금요일

가리점에 교직 경험이 있는 사람이 있다고 해서 강 선생 산휴 때 강사로 채용할까 싶어 가 보았다. 아침 7시 40분에 학교를 나서서 올라가는데 보니 벌써 고추, 담배 모종 내는 것은 끝나고 모내기가 시작되고 있다. 그것도 워낙 사람이 없는지라 겨우 두세 곳 사람들이 모여 일하는 것을 보았다. 산은 온통 신록에 덮여 뻐꾸기, 꾀꼬리 그 밖에 온갖 새소리가 들렸다. 새소리를 들으면서 산길을 가는 것이 참 즐거웠다. 아카시아꽃 냄새가 나고 찔레꽃 냄새가 풍겨 오기도 하고 오동꽃 냄새가 나기도 했다. 길 가다가 마을 사람들 만나 인사하느라고 자꾸 시간이 늦었다.

한실 좀 덜 가서 길 한가운데 비단개구리가 앉아 내가 지나가도 가만히 앉았다. 뒤를 돌아보니 그대로 앉아 있어 이상하다 싶어 되돌아와 잠시 들여다보다가 손가락을 갖다 대니 그제야 마지못해 한 번 뛴다. 가만히 들여다보니 혀를 물고 있다. 입에 무엇을 물고 있는가 좀 이상해 보였다. 거머리가 붙었는가, 그렇다면 떼 줘야지 하고 붙잡으려니 잘 안 된다. 그만두고 갔다. 한실 앞을 지나다가 길가에서 모를 찌고 있는 아주머니가 인사를 해서 잠시 얘기하는 중에 바로 내 앞에 있는 모판의 모가 자꾸 움직인다. 거기 무엇이 꿈틀거리는 것 같아 들여다보니 이게 어찌 된 일인가. 비단 청개구리 한 마리가 빨간 배를 뒤집어서 네 발을 뻗치고는 마구 몸부림치고 있는 것이다. "이 개구리가 왜 이러나?" 했더니 모를 찌던 아주머니가 "농약을 쳤어요. 라디오에서 도열병이 생기니 농약을 치라 해서 쳤더니 개구리가 다 죽네요. 얼마나 죽었는지 모릅니다" 했다. 가만히 보니 모판에 개구리들이 수없이 죽어 있다. 마구 몸부림치는 개구리들도 많고, 올챙이도 거의 다 죽고, 아직 안 죽은 것들은 약간 꼬부작거리는데 곧 죽을 것 같다. 나는 배를 위로 뒤집어서 몸부림치는 그 비단개구리 다리를 잡고 나와 개골 물속에 던져 주었다.

　가리점에 갔더니 이전에 상출이네 살던 집은 다 뜯겨 버렸다. 마을 앞밭에서 일하는 사람에게 물어 원상태 씨 집을 찾으니 집이 비어 있다. 그 안 골짝에 가 보라고 해서 골짝에 들어갔더니 두 부부가 고추밭에 모종을 심고 있다. 이 원상태 씨는 서울과 마산 등지에서 살다가 몇 해 전에 공장에선가 눈을 다치고 (한쪽 눈 실명) 그만 그의 부친의 소유가 되어 있던 이 가리점의 농토를 찾아와서 농사를 짓게 되었다고 한다. 그의 부인은 여고를 나와 몇 달 강습을 받아 준교사 자격을 얻어 잠시 경남 어느 곳에서 교직 생활을 한 일이 있는 모양이다. 내가 온 뜻을 말하고, 학교 일 좀 도와 달라고 했더니 "지금 농사일이 한창 바쁜데 도저히 안 되겠습니다"고 했다. 고추 모종을 다른 마을

176

에선 다 냈는데, 아직 이렇게 모종을 내고 있고 담배 모종도 덜 냈다고 했다. 밭이 5천 평이란다. 이걸 몸이 성치 못한 마흔 살 남자와 도시에서 농사일이라고는 모르고 자라났던 서른 살 여자 두 부부가, 그것도 담배, 고추라는 너무나 일거리가 많은 농사일을 한다고 하니 얼마나 바쁜지 짐작할 수 있다. 보니 감자밭에 풀이 우거져서 감자와 잡풀을 분간할 수 없다. 나는 다시 더 권할 수가 없었다. 거기서 그 푸른 골짜기 산을 쳐다보고 골짜기에서 내려오는 물을 엎드려 마시고 잠시 얘기나 나누다가 가자고 앉아 있었다. 이런 데서 농사나 짓고 살면 얼마나 좋겠나 싶었다. 그런데 왜 농사를 5천 평이나 짓는가? 농사일 많이 벌인다고 돈이 벌리는 것도 아니고 골병만 들 것 아닌가, 했더니 "어디 여기서 언제까지나 살겠습니까. 돈 좀 벌면 도시로 나가야지요" 했다. 역시 이들의 정신은 도시에 가 있구나 싶었다. 이들은 4년 전에 여기 와서 집도 하나 지어 놓았다. 식구는 두 내외와 지금 1학년에 다니는 아들 아이, 이렇게 셋이다. "내가 10년만 더 젊었다면 여기 와서 농사짓겠어요. 돈 벌어 떠날 때는 저 집하고 땅을 나한테 팔고 가이소" 했더니 "그렇게 하구 말구요. 어디 팔겠습니까. 그냥 드리고 가지요" 했다. 내가 한 말은 빈말이 아니다. 농담이 아니라 진정 거기 살고 싶었다. 땅이야 조금만 있으면 된다. 내가 먹고살 만큼만 있으면 된다! 언젠가는 이곳에 와야지, 꼭 이곳이 아니라도 이런 곳을 찾아와 살아야겠다고 생각했다.

내려오려는데 그 부인이 "집에 가셔서 차라도 드시고……"
하면서 따라 나왔다. 나는 굳이 사양하고 내려왔다. 그 부인은
"앞으로 일주일만 모종 내는 일 하면 대강 끝나는데 그 후로
나갈 수 있을 것 같아요" 했다. 그것은 주인과 의논이 돼야 된
다는 것이다. 그러면서 의논해 보고 편지 드리겠다고도 했다.
나는 별로 기대가 안 가서 그대로 내려왔다.

내려오다가 '점'이란 데서 한 부형을 만나, 지금 만나고 온
그 집 얘기를 했더니 그 부인이 아주 사람이 좋은 분이라 했다.
처음 여기 왔을 때는 저런 사람이 무슨 농사를 짓는다고 왔을
까, 하고 생각했는데 아주 일도 열심히 하고 보통 사람이 아니
라 했다. "그 부인 친정이 마산인데 나도 무슨 일이 있어 그 친
정엘 가 본 일이 있어요. 남형제들이 모두 대학 공부를 하고 아
주 똑똑했어요. 모두 무슨 회사 차장급은 다 된답니다"고 했다.

갈매골 앞에 오니 심필달이 할아버지가 혼자 담배밭에서 일
하고 계셨다. 인사를 하고 한참 밭고랑에서 얘기를 들었다.
"아이고, 이렇게 더운데 일하십니까?" 했더니 할아버지가 "선
생님, 들어 보이소. 아들놈들 애써 키워도 아무 소용 없습니데
이. 아들 셋이 다 도시에 나가고 없어요. 그래 이 많은 논밭을
막내 이놈 하나 데리고 내가 70도 넘은 것이 이렇게 하고 있으
니 이게 사람 꼴이 됩니꺼" 했다. 그러면서 자식들에 대한 불
평을 했다. 지난해 담뱃돈 270만 원 받은 것 중에 2만 원을 떼
어 주더란다. "이건 1년 새경이 너무 싼데…… 20만 원은 돼야

지" 했더니 "아부지요, 필요하실 때는 언제든지 드립시더" 하더란다. 그래 놓고는 한 푼도 주는 법이 없었다는 것. "그것들이 비행기 타고 제주도 가고 어디 가고 해서 돈 다 써 버리고는 집에 와서 일도 안 할라 해요" 했다. "그럼 뭣 때문에 이렇게 담배를 많이 해요. 그저 식량할 거리나 가꾸지요" 했더니 그래도 그렇게 안 된단다. 또 논밭을 줄 사람이 없단다. 이런 좋은 논밭이야 준다면 욕심이 나서 부치겠다고 드는 사람이 없지는 않지만 모두 제 것도 감당 못 하는 판에 논밭을 묵히는 꼴 어떻게 보고 있겠는가요, 했다. 나는 할 말이 없었다. 그러나저러나 날씨가 더우니 나무 그늘에서 좀 쉬며 하시라고 하고 작별하고 내려왔다. 노인은 고독한 모양으로 자꾸 나를 잡고 얘기하고 싶어 했다. 한실 위쪽에서는 집을 제일 잘 지었고, 농토도 많아 부자같이 사는 사람의 가정이 이렇다.

내려올 때 보니 개구리들이 길바닥에서 비실비실하고 있었다. 개골 바닥에는 비닐종이가 추하게 걸려 아주 보기 싫었다.

학교에 오니 11시가 좀 지났다.

오후엔 〈글짓기 신문〉 우송 준비를 했다.

1980년 6월 1일 일요일

오늘도 하루, 너무나 많은 일을 겪었다. 대강 적어 보자.

아침에 일어나서 광주 보문사로 전화를 걸었더니 김소형 선생이 서울로 갔다고 했다. 무사했구나. 우선 안심이 되었다. 주지 스님은 내가 건물 파괴 걱정한 데 대해 "건물은 괜찮아요. 공공건물 두어 채 부서졌을 뿐입니다"고 했다. 그리고는 목욕탕에 갔다. 온식구가 갔다. 목욕탕에 간 것이 몇 달 만인가. 1년 만인지 모르겠다.

10시에 매일다실에서 글짓기회경북글짓기교육연구회[*] 이사회가 있기에 회보 5호를 싸 가지고 갔다. 오늘은 여름 세미나와 교육감상, 교육회장상 수상자 추천 관계를 의논하게 된 것이다. 상 때문인지 많이 모였다. 지난해까지만 해도 별로 그렇지 못했는데, 올해는 상을 받고 싶어 하는 사람이 많은 것 같다. 하청호는 여러 사람들에게 "올해는 내가 받아야 되지 않겠나" 하고 말하더란다. 최춘해 씨는 말을 안 해도 교감 승진에 점수를 얻어야 하기 때문에 내심 받고 싶어 할 것이고, 권기환 씨는 작년에도 자기가 못 받았다고 불평을 했다. 오두석 씨는 나한테 여러 번 편지를 보내왔다. 이래서 좀 신중해야 되겠다 싶었는데, 김상문 씨가 "오늘 결정하지 말고 급한 것이 아니니 받을 만한 사람을 누가 추천을 해서 회칙 규정에 따라 실적 등을 심사 토의한 뒤에 결정을 하는 것이 좋겠으니 이다음 다시 한번 이사회를 열기로 하자"고 해서 좋은 의견이다 싶어 나도 찬성을 하고 그때 하자고 했다. 그런데 그 자리에서 권기환 씨가 작

---

[*] 1963년에 경북아동문예연구협회로 시작했으며, 1979년에 경북글짓기교육연구회로 이름을 바꾸었다.

년도 수상자 추천에 불만을 말해서 그만 녹촌 씨가 화를 내면서 그렇게 잘못되었으면 그만 교육감이고 교육회장이고 수상 추천 그만 치워 버리는 게 좋겠다고 했다. 둘 다 잘못되거나 지나친 발언이란 걸 모두 말하고 아무튼 올해에는 신중을 기해서 말썽이 안 나도록 하자고 했다. 그리고 글짓기회장상을 그만두자고 권기환 씨가 말했는데, 나는 찬성했지만 모두 그대로 두는 것이 좋겠다고 해서 그대로 두되 너무 많이 남발하지 말고 한두 사람에게 주는 것이 좋겠다고 했다.

회보는 약 250부 가져와서 다시 예천, 상주, 의성, 경산 등 네 군데 대표에게 주고, 나머지는 총무 김태문 씨에게 주었다.

마치고 나서 김종윤 씨가 술 한잔하러 가자고 해서 소주를 마시면서 한참 얘기했는데, 얘기 내용이 주로 광주 사건이었다. 김태문, 권기환 등에 이르기까지 뜻밖에 광주 사건에 대해서도 신문 보도를 안 믿고 정부가 하는 일을 안 믿고 있었다. 권기환 씨는 조금 전에 무슨 연수원에 갔다 왔는데, 경찰서장이 지명해서 각 기관에서 뽑혀 갔는데 여비는 물론 학교에서 2만 원이 나오고, 연수 내용은 새마을 연수와 꼭 같은데, 거기 가 보니 통일교 신자들이 모이는 곳이었다고 했다. 통일교가 박 정권과 밀착돼 있다는 것을 풍문으로 들었는데 이젠 아주 공공연히 하고 있구나 싶었다. 김종윤 씨는 《별 하나 나 하나》가 이달 중에 나오면 각 교육청을 통해 팔도록 의논이 거의 다 돼 있다고 했다.

술집에서 나왔는데 권기환 씨가 다방에 가자고 해서 또 다방에 가서 얘기하다가 헤어졌다.

안동에 볼일을 보기 위해 2시 반에 7번 버스를 연립주택 앞에서 탔다. 안동에 오후 5시 30분 착. 곧 교구청에 갔더니 정 신부가 있었다. 일전에 주교님과 신부 한 분이던가 광주에 갔다 왔다면서 광주 사건의 실상을 말해 놓은 인쇄물 몇 장을 보여 주었다. 그중에 전남대학에서 낸 인쇄물 한 장을 읽어 보았다. 너무나 어처구니가 없어 말이 안 나왔다. 공수부대가 사람들을 그렇게 많이 찔러 죽이고 쏘아 죽였다 했다. 사람이 2천 명 죽었고 만 몇천 명이 다쳤다 했다. 여학생을 역전 광장인가 분수대에 묶어 놓고 발가벗겨 칼로 젖가슴을 도려냈다 했다. 광주에서 젊은 사람이면 모조리 잡아 죽였단다. 단지 젊었다는 이유 그 하나로 이 기막힌 수난을 당했으니 이 일을 누구에게 호소하며, 신은 어디에 있는가 했다. 이 기막힐 천인공노의 범죄 악행을 그대로 보도하지 않고 거짓말만 하고, 시민들을 폭도로 규정하고 있으니 이 억울한 일을 밝히라고 했다. 6·25 때 공산군도 이런 짓은 안 했다고 했다.

정 신부 말에 의하면 시민들이 공수부대원 한 사람을 붙잡았는데, 그 부대원이 말한 것을 녹음도 해 두었다 한다. 공수부대 파견할 때 하루를 굶기고 하루를 잠 안 재우고, 그리고 술을 잔뜩 먹여서 "가서 닥치는 대로 잡아 죽이라"고 했단다.

나는 아무 말도 하지 못했다. 정 신부는 "할 수 없지요. 다시 처음부터 시작하는 거지요. 이 보도가 이미 외국에 다 나가 있고 전 세계에 알려져 있습니다" 했다.

나는 나오면서 글짓기회보 몇 부를 주었다.

감자 한 관, 좁쌀 한 되를 사서 막차를 타고 왔다. 차를 타고 오면서 참 오랜만에 눈물이 났다.

이런 시간에 문인협회에서는 무슨 시 낭독회를 한다고 신문에 나 있었다. 개새끼 같은 연놈들이다.

6월 1일

오다가 교구청에 들렀다.

전남대학에서 나온 인쇄물을 읽었다.

아, 천인공노할 이 만행!

젊은이는 보는 대로 모조리 잡아 죽여

"오늘은 몇 마리 잡았나" 하는 것이

그 공수부대원들의 말이었다니!

역전 광장 분수대에 여학생을 매달아

발가벗기고

칼로 젖가슴을 도려냈다니!

그리고는 선량한 시민을 폭도라 하고

2천 명이 죽고 만 몇천 명이 부상하고

죽은 사람의 얼굴에 콜타르를 칠해서 알아볼 수도 없게 하고

아, 이 극악무도한 학살 행위가 이 땅 여기서 겨우 몇 시간이
면 갈 수 있는 곳에 벌어졌는데도
　이놈의 경상도 땅에서는 그 폭도들의 욕을 하고
　전라도놈들 좀 당해야 한다고 하고
　주여, 하나님이여 당신은 어디 가 있나이까.
　하루를 굶기고 또 하루를 잠재우지 않고 술을 퍼 먹인 공수부
대에게
　가서 모조리 찔러 죽이라고 한 악마를
　당신은, 보고만 있는 당신은 대체 누구의 편입니까?
　교구청을 나와 그래도 먹고살겠다고
　좁쌀이며 감자를 사 가지고 차를 타고 온 나는 사람인가, 짐
승인가.
　짐승이야 얼마나 착한가. 벌레야 얼마나 거룩한가. 나는 어찌
극악무도한 인류에 속해
　이렇게 일기에 적는 것도 훗날 어떤 기회에 들킬까 겁을 내는
비겁을 가졌구나.
　비겁을 가졌구나!

1980년 6월 15일 일요일

　연우가 반공 포스터를 어떻게 그려요, 하고 물었다. 그런 것
안 그려도 된다니까 그치지 않고 그대로 운다. 나는 작년 이때

184

"창의 창안 공작" 만들어 가야 된다면서 울던 일이 생각나 화가 나서(그 누구에 대한 화인가!) 야단을 쳤더니 한참 울다가 나갔다. 조금 있으니 다시 들어와 "전화 같은 것 그려 놓고 불난 것 그려 놓고 하면 돼요?" 하고 묻는다. 그러면서 오빠가 오면 그려 달라고 한다고 하면서 놀았다. 나는 생각다 못해 담임선생 앞으로 편지를 썼다. "2학년 아이한테 이런 숙제를 내시지는 않을 터인데, 이 아이가 잘못 듣고 이랬다면 많이 꾸짖어 주시고, 그렇지 않고 담임선생이 이런 숙제를 낸 것이 사실이라면 앞으로 다시는 이런 숙제를 내지 말아 주시오" 하는 내용이다. 그리고 숙제를 너무 많이 내지 말라는 것, 교과서 베껴쓰는 숙제는 아이들을 기계로 만들어 생명을 죽이는 것이니 영원히 씻지 못할 죄를 짓지 않도록 해 달라고 썼다. 이 민족이 어찌 될라고 아이들 교육마저 이렇게 엉망이 되고 있는지, 나는 담임선생님 개인을 비난하려고 이 편지를 쓰고 있는 것이 아니라 우리 모두 공범자란 입장에서 이 얘기를 하고 있는 것이라 했다. 참 어이없는 일이다.

낮에 연우가 텔레비전을 본다고 앉아 있는데, 내가 뭘 쓰다가 논매기노래가 나와서 보니 농민들이 논매기를 하면서 노래를 부르는 장면을 내놨는데 참 기가 막혀 보고 있을 수가 없었다. 모를 심어 가는 논이다. 한쪽에 모춤이 여기저기 던져져 있고 한쪽에 중간쯤 심어져 있다. 그런데 모심기꾼들이 이제 막 꽂아 놓은 모포기 사이에 들어가 허리를 펴서 일어났다 굽혀서

엎드렸다. 두 팔을 앞뒤로 내저으면서 춤을 추듯이 부르고 있
다. 세상에 이런 놈의 논매기가 어디 있는가! 모처럼 심어 놓은
모가 짓밟히고 엉망이 될 판이다. 논매기라면 엎드려 두 손으
로 논을 매며 가야지, 일어났다 엎드렸다. 두 팔을 앞뒤로 마구
내젓고 하는 꼴이 천하에도 가관이다. 모든 것이 농민들과 상
관없는 거짓 놀음이다. 이렇게 농민들이 부르는 노래까지도 가
짜로 되어 텔레비전에서 보여 주고 있다니 실로 기가 막힌다.
누구를 위해 저런 짓을 하는 건가! 지난봄에 논매기노래라고
해서 텔레비전에 나오던 것은 겨울 밭에서 사람들이 엎드려 호
미로 땅을 긁는 흉내를 내면서 부르기를 그렇게나 또 오랫동안
하더니, 모내기 철에 하는 꼴이 또 이렇다. 그러니 저 노래도
엉터리일 것이 불문가지가 아닌가. 내가 어렸을 때 들에서 들
은 논매기노래와는 근처에 가지도 않았다. 모든 게 엉터리요,
가짜다.

 오후에 시내에 나갔다가 연우한테 졸려 책을 한 권 사 왔는
데,《선녀 바위》라는 우리 나라 전래 동화를 이원수 선생이 쓴
그림책이다. 그걸 몇 편 연우에게 읽어 주는데, 이 책에 그려
놓은 그림이 참 기막힌 엉터리다. 호랑이 머리가 반쯤은 말이
돼 있고, 꼬리란 것이 뱀같이 길어졌다. 부엌의 부뚜막이 시멘
트로 돼 있다. 멍석도 순 엉터리고, 울타리란 것이 이엉을 둘러
놓은 것 같다. 나무꾼이 나뭇짐을 지고는 거의 꼿꼿하게 바로
서 있는 것도 우습고, 그 나뭇짐의 나무 그림이 나무가 아니고

풀 짐 흡사하다. 화가들의 그림이 이렇게 무책임하고 성의 없을 수 있는가. 그저 탄식할 뿐이다.

텔레비전의 논매기노래 장면이나 전래 동화집의 화가의 삽화나 모두가 이 나라 문화의 허구성을 드러내고 있는 것이다. 그러니 시인들이 농민들의 얘기를 한다고 쓰고 있는 것이나 소설가들이 농민의 삶을 그려 놓은 것이 제대로 될 리가 없다. 그들은 모두가 도시에 살면서 다방이나 술집에서 농촌을 머릿속에 제멋대로 그리면서 글을 쓰고 그림을 그리고 있는 것이다.

저녁때 연우가 도화지에 그린 그림을 가져와 보이는데, 보니 사람을 대여섯 그려 놓고 한쪽에서 권총으로 쏘는 모양을 그려 놓았다. 그리고 위쪽에는 "기밀 지켜"란 넉 자를 쓰고, 아래쪽에는 "총화 단결"이라 크게 써 놓았다. 오빠가 그린 것이란다. 2층 김재호 선생 말 들으니 이래서 아이들에게 반공 포스터고 반공 표어, 반공 글짓기 등을 모두 숙제로 내놓았다고 말했다. 이게 무슨 놈의 교육인가. 하루빨리 망하는 것밖에는 아무 도리가 없을 것 같다.

1980년 6월 16일 월요일

파시(破市)

이제 파장이다. 님도 손도 다 떠나고 오뉴월 긴긴 해도 다 넘어가는구나.

여보게 윤 서방, 여보게 고 서방, 우리 이젠 거두세. 비단 공단 모본단, 안동포 고룡포 세모포, 차곡차곡 접어 싸세. 손도 님도 다 떠나고 볼 장 안 볼 장 다 봤으니 모조리 주워 싸세, 걷어 싸세. 크고 작은 보따리 꽁꽁 묶어 소달구지에 싣고 가세. 칠흑의 캄캄한 신작로 길 돌아가세. 별을 쳐다보며 그까짓 수지계산 새삼 따져 뭘 하나. 어차피 우린 빚지고 살아가는 목숨 아니던가. 어차피 우린 맨주먹 아니던가. 멀미 나는 트럭이고 버스고 탈 것 없지. 덜커덩 덜커덩 덜커덩 자갈길 굴러가는 달구지 따라 우리 한잔 술에 청청하늘의 별을 부르며, 목이 터져라 부르며.

돌아가세. 가난한 산골 개구리 우는 우리들의 마을로 호박순 뻗어 가는 돌담을 끼고.

그리하여 긴긴 밤을 기다리세. 청천하늘에 별을 세며 칡뿌리라도 씹으며 기다리세. 아아, 홀연히 밝아 올 우리들의 새 아침을 기다리세. 이제 남은 건 아침뿐 아니던가. 우리 온갖 비단 다시 펼쳐 님을 맞이할 그 아침이 아니던가. 그러나 여보게 최 서방, 박 서방, 이젠 짐을 다 거두세. 님도 손도 다 떠나고 볼 장 다 봤으니.

1980년 7월 12일 토요일

10시경에 도청 검열실에 갔더니 "오늘은 오전 중에 신문을 봐야 하고 바쁘니 오후 2시쯤 와 달라"고 해서 학생 과학관의 김상문 씨를 찾아가서 전시부 사무실에 2시까지 있었다. 김상문 씨는 너무도 바빠 얘기할 틈도 없고, 할 수 없이 가져갔던 권정생 선생의 동화 두 편을 읽었다. 권 선생의 동화는 이현주 것과 같이 지금은 도저히 발표할 수도 없는 것이었다. 거기서 점심을 먹는데 김상문 씨는 특별한 식이요법을 하는 중이라면서 찰밥을 싸 온 것을 먹고 나는 볶음밥을 시켜서 먹었다.

점심을 먹고도 한참 있다가 2시가 돼서 검열실로 갔더니 지난번 보던 사람은 바둑을 두고 있고 다른 젊은 군인이 "이거 이래 가지고 안 되겠어요" 하면서 여러 곳에다 붉은 줄을 친 것을 보이면서 "이거 모두 삭제해야 됩니다" 한다. 보니 주순 중 선생의 편지글인데 아무것도 아닌 내용이다. "한 반에 70명 수용하고 있고, 모든 여건이 고르지 못한 우리 형편엔……" 이런 것, "시험지 백 점 받는 것……" 이런 것 다 안 된다 한다. 참 어이가 없어 말이 안 나왔다.

나는 거기서 잠시 설득을 시키려 애썼다. 이것 모두 세상이 다 알고 있는 것 아닙니까, 또 우리가 교육을 잘해 보자는 것 아닌가요. 그리고 이건 오히려 행정을 옹호하는 처지에서 하는 말 아닙니까……. 그러나 소용이 없었다. 조금이라도 부정적인 견해나 감정적인 표현도 안 되는 모양이었다. 결국 두 군데는 삭제하기로 하고 나왔다. 나오면서, 이젠 회보고 뭐고 아무것도 못 내겠구나, 교육도 아주 단념해야겠구나 싶었다.

남산파출소 앞에 있는 인쇄소에 갖다 맡기고, 다방에서 좀 기다렸다가 오후 5시부터 있다는 원화여고 대구아동문학회에 갔다. 오늘도 여름 세미나 준비 때문에 모이는 것이다. 여관비, 회의 장소, 회원들 내는 회비 등을 결정했다. 그리고 이번에 나오는 작품집 이름이 아직 미정이라면서 의논하게 됐다. 지난번 내가 몇 가지 엽서에 적어 낸 것(보내온 엽서가 두 사람 것뿐이었다) 중 '돌같이 나무같이'가 좋다면서 모두 그렇게 하자고 해서 그리 정했다. 마치고 나서 같이 저녁을 먹고 헤어져 인쇄물을 찾아 집으로 왔다.

1980년 7월 15일 화요일

권정생 선생의 〈초가삼간 우리 집〉1985년에 분도출판사에서 《초가집이 있던 마을》로 펴냄을 〈소년〉지 지난해 12월 호까지 나온 것을 읽었다. 그 이후엔 책이 없다. 그러니 모두 24회 연재 중 17회까지 본 셈이다. 6·25 전후의 우리 나라 농촌 어린이의 생활을 아주 리얼하게 그려 놓은 작품이다. 농촌 소년을 그린 작품으로 특히 6·25와 같은 해방 후의 역사를 소재로 한 작품으로는 이만한 작품이 해방 후엔 처음으로 나온 것이라 생각되었다. 18회 이후의 것을 곧 구해 읽어야겠다.

1980년 7월 17일 목요일

 아침에 일어나 7월 호까지 읽었다. 참 좋은 작품이다. 해방
후 6·25를 다룬 아동문학 작품으로서는 처음일 것 같고, 6·25
를 이렇게 정직하게 본 것은 일반 소설에서도 별로 없었던 것
같다. 그런데 이건 지금 봐서 검열에 걸릴 것이 거의 확실하다
는 생각이 들었다. 〈소년〉지의 연재는 어째서 무사했을까? 아
마 다른 작품들이 워낙 읽을 필요도 없는 것들뿐이라 한몫으
로 넘어간 것이리라. 그런데 이걸 다시 단행본으로 내게 되면
그대로 둘 리가 없다. 그리되면 권 선생한테 해가 미칠 것이 뻔
하다. 이건 어째서라도 출판을 보류해야겠다는 생각이 들었
다. 사태가 달라지면 내기로 하고 권 선생을 위해서 좀 중지해
달라고 요청하는 수밖에 없다.
 그래 곧 종로서적 조성헌 씨 앞으로 편지를 썼다. 8시 30분에
집을 나와 중앙통에서 내려 우체국에 가서 편지를 부치고 책
두 권(황석영 《어둠의 자식들》, 조동일 《구비문학의 세계》)을
사서 안동으로 오다가 도중 일직에 내려 권 선생한테 갔다. 권
선생은 그런 것 출판 안 될 줄은 꿈에도 생각 못 했다 하면서
몹시 실망하는 태도였다. 나는, 세상이 이쯤 됐으니 앞으로 쓸
때도 좀 조심해서 써 달라 했다. 권 선생은 그런 것도 발표 안
되면 무엇을 쓰겠나, 차라리 침묵하는 게 낫다고 했다. 나는 우
리 동인지 만들기 위해 작품 모은 것 중 이현주와 권 선생 것이

두 편씩 모두 발표하기 곤란한 것이었다고 하고, 그런 것 아니면 쓰지 못할 심정이라면 당분간 집필을 중단하는 수밖에 없다고까지 말했다. 그렇게라도 해서 권 선생이 다치지 않도록 해야 된다고 생각한 것이다.

권 선생은 자기의 큰형이 오랫동안 소식이 없다가 얼마 전 갑자기 고국 성묘단에 끼어 왔다 갔다면서 연세가 64세나 되는데도 장가를 안 가고 지금까지 고생하고 살아왔는데, 이제는 고국에 와서 살고 싶어도 조련계가 되어서 여기 와서는 항시 감시만 받고 살아가야 되니 올 수 없다고 했다. 귀순을 하고 싶은데도 여기 와서 살 수 없어 못 한단다. "여기 와 잠시 저하고 얘기하는 데도 경찰이 따라와 잠시도 우리끼리 두지 않아서 아무 말도 못 했어요" 했다. 그러니 이런 상황이니 그런 작품 안 쓰고 뭘 쓰겠습니까, 했다.

3시 좀 지나 나오는 버스를 타고 안동 와서 교구청에 책을 갖다 주고 정 신부와 잠시 얘기하다가 저녁 막차로 학교에 왔다. 정 신부 말 들으니 요즘은 각처에서 신부들이 테러를 당한다 했다. 정 신부한테도 일전에 어떤 정체불명의 사람 셋이 찾아왔는데, 다행히 그때 정 신부가 없을 때라 그대로 돌아갔다고 했다.

1980년 8월 8일 금요일

아침밥을 먹자마자 집을 나섰다. 이호치과에서 10시 반까지 기다려도 차례가 되지 않아 그만 북부주차장에 가서 안동행 버스를 탔다.

오후 2시부터 5시까지 세 시간 동안 학생 도서관에서 교장 회의가 있었는데 교육장 회의 전달, 학교 정화위원회 조직 같은 것이었다. 이젠 병이 나서 근무를 못 하게 되면 정화위원회에서 사직 권고를 하고, 그래도 안 되면 고발을 한단다. 중·고등학생도 그렇게 해서 선도하거나 고발한단다. 어느 기관의 기관장이 넥타이 매고 사무실에서 집무하다가 당장 쫓겨났다고도 했다. 막차로 올 때 대곡 2동 권 동장이 국보위에서 온 사람이 임동에도 다니고 있는데, 깡패들이 이제 찍소리도 못 하고 나타나지도 않는다면서 자랑스레 말하고 있었다.

1980년 8월 23일 토요일

오후 4시부터 마리스타에서 교육 협의회가 있었다. 마뉴엘 수사가 몇 번이나 부탁을 해서 안 나갈 수 없었다. 뭘 하는가 했더니 실기교육원의 다음 달 교육계획을 세우는 것과 아이들 생활지도, 출석 독려 문제 협의와 다음 달부터 매월 한 차례씩 모여 교육 문제 연수를 하자는 의논이었다. 나는 모임 처음부터 잔뜩 기분이 상해 있었다. 임명삼 씨와 키가 작은 수사 한 사람이 책을 사러 간다더니 《배우수업》이니 하는 따위 책을 한 아름 사 왔다. 그런 걸 고학하는 아이들에게 읽히려고 하는 것이다. 그리고 모두 시간을 기다려 앉아서 좌담을 할 때 그 교육원의 주무 일을 맡아보는 박 선생이 가을에는 교원들의 월급을 올려 주는 문제로 중대 발표가 있을 것이라 기대가 간다느니, 지금 대통령이 될 사람의 인간성이 좋다느니 하는 말을 떠벌렸다. 완전히 돈만 알고 있는 이 친구가 무엇을 기대해서 이 야학에 오는지 궁금했다.

협의회를 시작했지만 나는 아무 말도 안 했다. 하고 싶지 않았다. 전 형도 별로 말이 없었다. 결국 마뉴엘 수사가 내 의견을 물어서 할 수 없이 몇 마디 대답했다. 연수회에 대한 의논은 하도 의논이 안 되고 딱해서 내가 한 가지 의견을 냈더니 그게 가결됐다. 무엇을 주제로 의논하는가 하는 문제인데 10월 달에는 임명삼 씨가 글짓기 지도에 대해서 주제 발표를 하겠다고 자청을 했고, 9월 달에 뭘 하나 의논하다가 잘 안 되기에 내가 여기 있는 도서 중에서 아이들이 많이 보는 것을 한 권씩 가려서 그걸 가지고 다달이 토론회를 열자 했더니 모두 찬성했는데, 다음 9월 달 책을 선정할 때 내가 《비바람 속에 피어난 꽃》이 어떻겠나 하니까 역사를 가르치는 선생이 그런 책 읽고 실제 교실에서 가르치는 데 무슨 도움이 되나 했다. 그는 교육을 지식 주입으로만 알고 있음이 분명했다. 그런데 공고에 있는 유 선생이 "그 책은 우리가 의견 나누는 데는 적당하지만 교실에서 아이들과 토론하는 데는 부적당하다"고 했다. 왜 그런가 물었더니 "아이들은 자기 생활을 노골적으로 얘기하는

것을 싫어하잖아요" 했다. 결국 아이들에게 자기 생활을 외면
하도록 하는 것이 교육이라고 보는 모양이다. 유 선생같이 생
각이 깨어난 사람조차 이 모양이라 놀라지 않을 수 없었다. 결
국 마뉴엘 수사와 전 형이 찬성해서 그 책으로 정했지만 참 기
가 막혔다. 이런 사람들이 도대체 무슨 교육을 한다고 이런 데
나오고 있는지 알 수 없었다. 이제 앞으로 여길 안 나와야지 하
는 생각이 들었다.

　마뉴엘 수사가 여기 온 김에 오늘 저녁 교실에 좀 들어가 얘
기를 해 달라고 했지만 "이제는 교육장의 허락을 받아야 하니
안 됩니다"고 하고 안 들어갔다. 여기서 가르치는 시내 중·고
등학교 선생들은 교장의 허락을 받아야 하지만 나는 교육장의
허락을 받아야 하는 것이다. 그리고 이젠 들어갈 기분도 나지
않는 것이다.

　저녁을 먹고 학교로 돌아올까 하다가 전 형과 수도원에서
잤다.

1980년 8월 29일 금요일

　반상회 결과 보고를 전화로 한다고 가던 정 선생이 계속 통화
중이라 두 시간이나 걸려서 겨우 통화가 되었다면서, 교육청
직원이 하는 말이 "우리도 오늘 종일 전화만 받고 있어요" 하
더라 했다. 전화로 보고했는데도 다음에 다시 또 서면으로 보

고하라고 하더란다. 한편 면장한테도 통보 공문을 써서 급히 집배원 편으로 부쳤다.

울진 죽변 감리교 주보가 드디어 "사정에 의해 앞으로 낼 수 없게 되었습니다"고 해 왔다.

〈서울신문〉 컬러판이 왔는데 거기 "제11대 대통령으로 당선된 전두환 장군 내외"의 사진이 전 지면 가득 컬러로 나와 있고, "전두환 장군 역사의 부름으로 민족 앞에 서다"란 큰 활자가 보이고, 그 밑에는 놀랍게도 김요섭의 축시 '참사람 새 사람'이 나와 있다. 어처구니가 없는 일이다. 그러나 김이란 자가 무슨 짓을 못 하랴. 이런 짓을 해서 벼슬자리에라도 오르고 싶어 하는 자가 아동문학을 하고 있는 나라, 그 나라에 내가 살고 있다는 것을 새삼 생각해 본다.

지금 꼭 12시다. 밤중에 일어나 이것은 꼭 적어 두어야 한다고 써 둔다.

1980년 9월 6일 토요일

오늘은 면내 기관장 방위협의회 회의가 있는 날이라 아침 일찍 나서는데, 교감도 갑자기 전통이 와서 교감 회의에 참석한다고 같이 버스 있는 데까지 나왔다. 나오는 길에 교감은 학교의 여러 가지 개선할 점을 앞으로 차근차근 해 나가고 싶다고 했다. 여기 처음 올 때 학무과에 갔더니 "그 교장 선생 학교 일은 안 하고 자기 일만 합니데이. 가서 학교 일 많이 해야 될끼라요" 하더란다. 그렇겠지. 그런 말을 했겠지. 내가 글짓기회보 내는 것, 〈대성〉 교보 내는 것조차 그건 교육 일 아니고 개인 일이라고 보고 있을 것이다. 그 사람들이 교육이라고 하는 것은 학교 모양 다듬고 교문 앞 꾸미고 화단 가꾸고 하는 것이다. 행정 구호 실천하는 것이다. 그런 사람들이 내가 하고 있는 일을 교육이 아니라고 하는 것은 당연하다.

　나는 교감한테 말했다. 내가 글짓기회장이나 문협 지부장 같은 것 맡고 있는 것, 그리고 신문에 이름과 사진 자꾸 나온 것 모두 본의 아닌 것이고, 그런 것 때문에 오해를 많이 사고 있다. 그러나 신문에 나오는 것은 신문사에서 멋대로 내는 것이고, 지부장이니 회장이니 하는 것은 보람도 없는 것이라 그만두려고 한다. 문협 지부장은 실질적으로는 형식상 이름만 얹어 두고 있는 것이다. 글짓기회장은 그런 일 하는 것 환영해야 할 것 아닌가. 그래도 나는 그걸 그만두려고 하고 있다. 교육청의 사람들, 특히 교육장이나 도교위_{도교육위원회}의 장학사, 교육감이 나를 시원치 않게 여기는 것 잘 알고 있다. 내가 그들에 대해 불만을 품고 있듯이 그들도 나를 못마땅하게 여기고 있는 것을 잘 안다. 난 아이들 위해 여기 있는 것이지 그들 위해, 그들에게 잘 보이려고 있는 것 아니다. 이렇게 말해 주었다. 내 생각과 태도를 분명히 해 둘 필요가 있다고 생각했던 것이다. 그리고 "나는 학교 겉모양 꾸미는 것에 관심이 없어요. 그래도 워낙 학교가 엉망으로 돼서 작금년 동안 가장 기본적인 것을 정리한다고 했지만 남 보기에는 그런 기본적인 것 위해 일한 것이 공연한 것으로 보이고, 외부로 드러나는 모양이 어설프다 해서 내가 학교 관리에 아주 관심이 없는 사람같이 보고 있어요. 아무튼 내가 교육이라고 보고 있는 것과 행정관리들이 보는 것과는 다르니, 이제부터 교감 선생이 내 결점이라고 보이는 것을 보충해서 잘해 주시면 다행이겠어요" 했다.

임동에 나오니 지서장이 "오랜만이네요" 했다. 내가 다달이 있는 이 모임에 잘 안 나온다는 것을 불평하더라고 들었던 것이다. 10시에 모이니 별 중요한 얘기도 없었다. 면장이 우리 군내에서 잡혀 들어간 불량배가 임동면이 제일 많은데, 아직도 안 나온 사람이 많다는 둥, 국민투표가 앞으로 있을 것인데, 선전을 많이 해야 할 것이라는 둥, 몇 가지 얘기를 하고는 회비를 냈다. 우리 학교는 지난번 무슨 훈련 부대 위문 간 돈 3천 원도 안 냈다 했다. 회비도 여러 달 못 냈던 것이다.

점심을 모두 같이 먹는 자리에서 면장과 중학교장이 '새 지도자' 찬양에 열중했다. 중학교장은 글씨를 잘 쓰는 사람으로 이름이 났다고 하는데 참 사람이 시시했다. 안동 와서 마리스타에 갔더니 마뉴엘 수사는 서울에 가고 없고 전 형도 안 왔다. 전 형은 며칠 전에 왔는데, 그때 많이 아프더라는 말을 키가 작은 수사가 말했다. 오늘 오후 4시부터 연수회가 있어 참석하려고 했는데 별로 재미가 없을 것 같아 그만 볼일이 있다고 하고는 대구로 와 버렸다. 실기교육원의 선생들 모여 봤자 시시한 사람들과 답답해서 얘기도 안 되고 불쾌한 시간만 보낼 것 같았던 것이다.

대구 도착하자마자 이호치과에 가서 이제 겨우 만들어 놓은 틀니 아래 것을 끼웠다. 잠시 손을 보고서 끼고 있으니 먼젓번 것과는 달리 그리 많이 아프지도 않고, 견딜 것 같았다. 집에 와서 저녁에 빵을 먹는데, 그대로 끼고 먹었다. 틀니로 식사하기는 처음이다.

치과에서 봉덕동 오는 버스 안에서 보니 서쪽 하늘이 노을에 물들었다. 온 하늘에 검은 구름이 덮였는데, 멀리 나지막이 서쪽 하늘만 틔어 있고, 거기 구름이 붉게 되어 있는 것이다. 참 오랜만에 보는 노을이다. 그런데 그 노을이 어딘가 정상이 아니라 검붉은 색깔인데, 꼭 오프셋인쇄가 잘못되어 색깔이 이상하게 나온 그림 같다. 그것은 인상파의 아름다운 색채가 아니고 그레코의 하늘 같다. 처절미라 할까, 좀 무시무시한 느낌이다. 이런 노을이 낀 다음 날은 비가 오거나 아무튼 날씨가 좋지 않다. 내일도 여전히 날씨는 좋지 않을 것이 확실했다.

1980년 9월 26일 금요일

운동회 개회사

오늘 오랫동안 기다리던 1년에 단 한 번뿐인 우리 학교와 우리 고장의 가장 큰 행사인 운동회 날입니다. 이 운동회는 몸뿐 아니라 마음까지도 단련을 해서 건강한 사람이 되도록 하기 위해 하는 것입니다.

건강한 몸과 건강한 정신을 갖기 위해서 하는 이 운동회가 재미있고 즐겁게 되도록 하기 위해 몇 가지 부탁을 하겠습니다.

첫째는 규칙을 잘 지키고 질서를 유지해야 합니다. 여기 나와서 달리기를 하거나 그 밖에 다른 경기를 할 때는 물론이고, 저쪽 학생 석에 앉아서 구경하고 응원하는 사람도 제 할 일을 하고 몸가짐을 바로 해야 하며, 결코 남의 방해를 하거나 자기가 할 일, 준비할 일을 잊어서는 안 됩니다. 앉아 구경하는 것, 응원하는 것, 변소에 가는 것까지 여러분이 하는 하나하나의 동작이 하나의 연기라고 생각해야 합니다.

오늘 여러분뿐 아니라 아버지, 어머니들도 모두 오셔서 여러분 하는 것을 구경하시고, 또 직접 나와서 경기도 하게 됩니다. 그 어른들이 규칙을 간혹 지키지 않는다고 해서 그걸 본받지 마세요. 여러분들은 그러니까 학교에 와서 공부하는 것이지요. 아버지, 어머니께 좋은 본을 보여 주세요.

다음에 힘을 모아야 합니다. 협동과 협력이지요. 운동경기, 특히 단체경기는 함께 힘을 모으는 태도, 전체를 위해 힘쓰는 마음 없이 제대로 될 수 없습니다. 협동 단결의 정신을 오늘 이 운동회에서 배우도록, 실천하도록 합시다.

셋째로 부탁할 것은 운동회는 잘 달리는 학생만을 위해 하는 것이 아닙니다. 꼴찌를 하더라도 힘껏 달리는 마음가짐이야말로 중요합니다. 아름답고 참된 정신은 힘껏 달리는—무엇이든지 온 정신을 쏟고 힘을 기울이는 데서 얻어집니다.

또, "난 달리기는 언제나 꼴찌야" 이렇게 생각 말아야 합니다. 걸음을 못 걷던 사람이 하루아침에 갑자기 빨라지는 수가 있지요. 그건 정신이 달라진 때문입니다. 더구나 다른 재주나 지혜나 힘을 겨루는 경기는 말할 것도 없습니다.

학부모 여러분, 봄부터 지금까지 농사일에 얼마나 시달렸습니까. 올해는 벼농사가 제대로 안 되어 걱정도 많았습니다만 사람 사는 일이 걱정하려면 한이 없습니다. 부디 오늘 하루 아이들과 같이 즐겁게 지내시기 바랍니다. 여러분께 드릴 말씀은 지금 학생들에게 말한 얘기 속에 포함된 것으로 압니다. 여러분은 오늘 하루 집일, 농사일, 세상일 모두 잊으시고 어린 학생이 되어야 합니다. 어린이가 된다는 것이야말로 얼마나 행복합니까. 자기 집 아이가 1등을 하든 6등을 하든 그 등수에 너무 마음 쓰지 마세요. 그리고 어린이들 앞에서 좋은 경기를 보여 주세요.

오늘은 모두 한번씩 나와서 달리기도 하고, 또 그 밖에 재미있는 놀이도 할 수 있도록 경기 종목을 예년과는 달리 짜 놓았습니다. 부디 오늘 운동회가 즐겁게 진행될 수 있도록 협력해 주시기 바랍니다.

그럼 지금부터 시작하겠습니다.

운동회 폐회사

 오늘 운동회는 학생 여러분들이 아침에 부탁한 대로 질서를
잘 지키고 협동을 잘하고 특히 힘껏 재주와 힘을 발휘하며 경
기를 해서 아주 재미있고 즐거운 운동회로 마칠 수 있었습니
다. 학부모 여러분들도 대체로 모두 규칙을 지키고 협조를 해
주셔서 지난해보다 훨씬 더 훌륭한 운동회가 되었습니다. 이
제 발표한 대로 청백 대항에서는 백군이 이기고 동 대항에서
는 아랫마, 굿마, 금바드레 부락이 우승을 했습니다. 그런데 아
이들과 어른들을 비교하면 아이들이 더 잘했습니다. 어른들도
잘했지만, 어른들보다 학생 여러분들이 훨씬 낫습니다. 참으
로 다행입니다. 그래야 우리들에게 희망이 있지요.

 학부모 여러분, 어린이들은 가정과 나라의 앞날을 맡아 나갈
우리의 희망입니다. 우리가 온갖 고난을 당하면서도 희망을 가
지고 살아가는 것이 이 어린이들이 있기 때문입니다. 이 어린
이들이 건강한 몸과 건강한 정신으로 자라날 수 있도록 모든
힘과 정성을 다해야겠습니다. 오늘 운동회를 위해 여러 가지
준비를 하신다고 참으로 걱정이 많았습니다. 특히 올해는 흉년
이 들어 앞으로의 생계에 위협을 받으면서도 학교를 위해 많은
찬조를 아끼지 않으신 것으로 듣고 있는데, 정말 너무나 감사
합니다. 이 학교를 우리 어린이들이 공부하는 유일한 따스한
보금자리로 생각하고 내 집같이 아끼고 가꾸는 정성이 아니고
는 도저히 할 수 없는 일을 오늘 운동회에서도 여러분들이 해

내셨습니다. 감사합니다. 부디 돌아가셔서 내일부터 하시는 각 가정의 모든 일들이 잘 형통해 이뤄지시기를 빕니다.

오늘 운동회는 날씨가 참 좋아서 무엇보다도 다행이었다. 준비와 연습이 좀 불충분한데도 진행을 잘해서 무사히 마쳤다. 교감 선생이 진행과 방송을 맡았는데, 방송을 참 잘했다. 교육청에서는 오전에 김 장학계장이 왔고, 오후에는 권 면장과 단위조합장(대우읍) 손 씨가 왔다 갔다. 오후 5시에 마쳤다. 어른들의 경기, 특히 젊은이들의 달리기경기는 여전히 아이들에게 보이기 싫은 꼴을 보였다.

찬조금이 41만 원이나 들어왔단다(지난해에는 30만 원이었지). 이것저것 경비 다 제하고 10만 원을 선생들 운동복 사라고 내놓고, 4만 원가량은 학부모회에서 봉치해 두었단다. 10만 원이라지만 운동회 준비물, 상품비, 식권과 접대비 등이 27만 원 들었으니 모두 37만 원. 그러니 거의 모든 돈을 운동회 비용에 쓴 셈이다. 참 너무 미안하다. 가령 금석우 씨같이 살길이 말 아닌 사람도 만 원을 내놓았으니 말이다.

알고 보니 교감 선생이 동장과 회장, 부회장들 몇몇 사람에게 사전 공작을 좀 했던 것 같다.

"보시다시피 선생님들 운동복도 없어 각양각색의 복장입니다. 이 학교가 발전하는 계기를 만든다는 생각으로 찬조가 좀 있었으면 좋겠어요……"

이런저런 말을 했던 모양이다.

저녁이 되어 앞집에 역원들 모아서 간단히 술 접대를 하고 보냈다. 교감 선생은 술대접 자리에서도 잘했다. 선생들 시켜 술잔을 돌리게 하고, 자기도 직접 안주를 들고 술을 따라 주면서 한 사람 한 사람 인사했다. 참 빈틈이 없는 사람이다.

다 마치고 숙직실에 와서 얘기하다 보니 10시가 지났다. 배, 정 두 선생은 잠이 들고 교감 선생과 둘이서 10시 반까지 얘기했다. 밖에 나와서 달밤의 운동장을 거닐면서도 얘기했다. 나는 먼저 그에게 문학작품 쓰기를 권했더니 그럴 재간도 취미도 없다 했다. 누구한테서 국어 전공이란 말을 들었기 때문인데, 약 20년 전에 아동들 글짓기 지도를 하고, 문집을 낸 일은 있다고 했다. 그래서 다음에는 글짓기 지도며 아동들 발표회 등 얘기를 했더니, 그는 자기가 해 온 얘기를 하면서 역시 뭔가 이 학교에서 불만스런 생각을 내비쳤다. 나는 마지막에 며칠 전 차 안에서 생각한 얘기를 했다. 교육 연구, 가령 요즘 당국에서 인간교육을 떠들고 특활 지도에 힘을 들이려고 하고 있는데, 특활 지도는 나도 대단히 중요하다고 보고 있으니, 이 지도를 잘할 수 있도록 목표며 지도 방법을 실제 경험을 살려 쓰면 어떨까, 원고가 한 권의 책이 될 만큼 되면 나와 공저로 해서 출판사에 의뢰할 수도 있다고 말했더니 마음에 없는지, 진정으로 겸손해서 사양하는지, 어떻게 그런 일을 할 수 있습니까, 했다.

10시 40분에 내 방에 와 자리에 누우면서 교감 생각을 머리에서 정리해 보니 그는 아무래도 교육청의 지시나 꼬박꼬박 철저히 해서 행정치레나 잘하는 정도의 교육자밖에 못 되는 것 같다. 오늘 밤의 대화도 전체적인 느낌이 내게는 불쾌감을 안겨 주었다.

　　오늘 김 장학사가 갈 때 점심시간도 안 되어 탁주만 두어 잔 대접해 보냈는데 나중에 교감이 여비를 주었습니까, 묻기에 나는 본래 그런 것을 안 하기로 했다고 했더니, 거기에 대해 이 말 저 말 했다. 그런 것 하는 것이 원칙으로 안 된 일이지만 인간관계가 어떻고, 인정으로 볼 수도 있고 어떻고 했다. 나는 앞으로 경리 장부를 교감 선생한테도 보여 드리라고 경리 선생한테도 말해 두었다면서, 장학사들 그런 대접하는 것은 내 생각과 방침이 그렇지만 교감 선생 생각 참고하겠으니 알아서 처리해 달라고 했다. 내가 타협을 전혀 안 하고 살았으면 어디 지금 교장 노릇을 했겠는가, 월급쟁이 노릇 벌써 치워 버렸을 것 아닌가, 했다.

　　김 장학사는 오늘 와서 요즘 장학 사무 얘기를 했다. 요즘은 정화 관계와 교육 정상화 두 가지가 주된 업무인데, 교육 정상화는 이름이 그렇지 실제는 국민투표 관계 계몽하는 일이라면서, "그렇게 안 해도 잘될 터인데 뭣 때문에 그렇게 나대는지 모르겠어요" 했다. 장학사들조차 못 견디어 하고 있는 듯한 세월이다.

1980년 10월 6일 월요일 비

　교감 선생이 간밤에 연탄가스를 마시고 하마터면 큰일 날 뻔
했다. 다행히 밤중에 일어나 어찌어찌해서 문을 열고 밖에 나
와서 그 정도로 된 것 같다. 아침에 방구들을 조사하고 의논 끝
에 아궁이를 나무 때는 것으로 도로 고쳐 나무를 때기로 했다.
　오후에 면장과 공보실장이 왔다 갔다. 역시 투표 계몽하러 온
것이다. 계몽한다면 마을에나 갈 것이지 왜 학교에 오는가? 그
들도 마을 사람들 직접 만나 자꾸 투표 얘기, 헌법 얘기 하는
것이 싫은 모양이다. 그런데 나한테 자꾸 이것저것 부탁하는
걸 들으니, 나를 그렇게 믿어서 그러는지 못 믿어서 그러는지
짐작이 안 된다. 아무튼 여기는 걱정 말라고 했다.
　내일은 민방위 훈련이다. 모레 8일은 면내 기관장 회의가 있
단다. 군수도 오고 한다고 꼭 나오란다. 나는 사정이 있어 교감
선생을 대신 보내겠다고 말했다. 11일은 또 교직원 전체가 임
동교에 모인다. 교양을 받는다고 하는데, 불문가지 투표 공작
이다. 그리고 15일은 또 임동교에서 교육 정상화를 위한 회의
가 있다. 교육 정상화란 것은 바로 국민투표를 말하는 것으로
통용이 된 용어다. 또 그날 15일 밤에는 군(郡) 공보실에서 여
기까지 와서 영화를 주민들에게 보여 준단다. 그 밖에 이곳 부
락별 좌담회가 사흘 동안 있다. 그때는 면장이 오게 돼 있지만,
못 오면 교장이 참석해 달라는 요청을 받았다. 대강 들어도 이

렇다. 이 밖에도 22일(예정) 투표일 이전에 또 반상회가 있을 것 같고, 교직원들이 마을을 나눠 맡아서 투표 계몽하러 몇 번쯤은 나가야 할 것 같다. 참 어처구니없는 세월이다. 이래도 정의로운 사회인가? 몇천 년 만에 비로소 맞게 되는 행복한 시대라고 교육장은 눈물을 흘릴 것인가.

저녁에 '내가 살고 있는 대곡'을 썼다.

군 공보실장 유기덕과 권 면장이 와서 투표 계몽 걱정을 할 때, 유 실장이 고추 세금 걱정을 많이 할 것 같은데, 잘 애기해 주셔야 할 것 같아요, 했다. 올해는 고추 세금을 작년과는 달리 좀 비싸게 내게 될 것 같은데, 말이 많이 날 것 같다는 것이다. 얼마나 나오는가 물으니 아마 10퍼센트는 될 것이라 했다. 10퍼센트란 것은 고추 한 근에 3천 원이면 3백 원의 세금이 나온다는 것이다. 그러면서, "그래도 일반 물가에 비해 고추 요래 한 움큼에 3천 원이면 10퍼센트의 세금 내는 것 그리 큰돈이 아니래요. 모든 것을 현실화하고 있으니 고추 세금도 현실화하는 것이 당연하지요" 했다. 이렇게 말하는데 면장이 손을 저으면서 "아직 우리 면에서는 고추 세금 말을 내지 않고 있으니 미리 말하지 말아야 됩니다. 투표 지난 뒤에 말을 내려고 합니다" 했다.

나는 속으로 세금이 참 엄청나게 비싸다는 생각이 들었고, 농민들이 알면 불평이 많을 것이라 생각했다. 3천 원이란 고춧값은 순수익이 아니다. 그걸 조수익(粗收益)이라 하던가. 아무튼 시장에 내다 판 값이다. 이 3천 원에서 비료값, 농약값, 비닐 기타 농기재 대금, 연탄값, 운반비, 도지로 땅을 경작한 소작인 은 도지값 이런 것 모두 제한 것이 순수익이다. 물론 농민들의 노동력 제공은 계산에 넣지 않고서다. 그런 것 제하면 순수익 이 얼마나 되겠나? 며칠 전 반상회 때 마을에 나가 고추 말리 는 방을 들여다보았더니 한 방에 연탄 독을 여섯 개 놓아두었 다. 하루 몇 장씩 피우는가 물으니 넉 장이라 했다. 넉 장이면 6×4=24장이다. 한 장에 120원이면 120원×24=2,880원이 날마다 들어간다. 두 달 동안 이렇게 계속 피우면 17만 2,800 원이다. 연탄값만 해도 한 방에 이렇게 들어간다. 그런데 요즘 은 고추 시세가 오늘 유 실장 말로 근당 2,400원으로 내렸다고 한다. 3천 원 간 것은 첫여름 한때뿐이었던 것이다. 이런데, 그 조수입의 1할이란 세금을 징수하다니, 이건 아마 세계에도 유 례가 없는 가혹한 세금일 것 같다. 그래서 면장은 국민투표만 무사히 넘기면 그다음에 이 세금을 고시할 계획인 모양이다.

세금 얘기가 끝난 다음 나는 작년에 우리 나라 쌀 생산이 실 제 얼마였던가 물어보았다. 그랬더니 유 실장이 4천만 석이라 했다. 실제 그렇게 되는가 다시 물으니 그렇다고 하면서, 올해 는 감수되어 3,800만 석 예상하고 있단다. "그러니 작년까지 비축하고 있는 정부미가 3,500만 석 있지요. 흉년 들어도 걱정 없습니다" 했다. 우리 나라 쌀 생산이 실제가 이렇다면 조금도 걱정 없다. 소련도 중공도, 그 밖의 세계 주요 국가들이 식량 자급이 안 되어 걱정하고 있는데 우리 나라가 과연 될까? 4천만 석 생산한다면 갓난아이나 노인이나 모두 한 사람 당 한 섬 꼴로 돌아가고, 그래도 남는다. 그런데 무엇 때문에 그렇게 쌀 생산 장려에 강제 농정을 펴고 있고, 보리쌀 먹으라고 국민학생들까지 강요하는가. 쌀이 모자란다고 그렇게 오랫동안 학교 교실에서까지 와서 아이들 도시락을 조사하고 기록하고 하더니, 지난해에는 이번에는 쌀이 남는다고 보리쌀 먹으란 교육을 언제 그랬느냐는 듯 중단하다가, 올해 들어 또다시 보리쌀 먹으라 보리를 생산하라고 하고 있는데, 그리고 정부의 통계란 것이 거짓이란 것을 당국에서도 인정하고 있는데, 공보실장이란 사람이 나한테 그렇게 뻔뻔스럽게 입에 침도 안 바르는 태도로 말했다. 면장과 실장은 나를 이용하려는 것이 아니면 은근히 적대시하고는 그 휘황찬란한 정부의 피아르를 해보겠다고 하는 것이 분명하다. 올해 이렇게 역사에도 없는 흉년이 들었는데, 쌀 3,800만 석이 생산된다고 말하는 공보실장은 어떤 낯가죽의 사람인가? 3,800만 석이면 그것만 먹고도 남는데, 뭣 때문에 외미(外米)를 수입한다고 하는가? 어린애를 속여도 정도가 있지 않은가.

면장과 공보실장 애기에 그저 고개를 끄덕이고 아무 말을 안 했던 나도 그들과 그리 다른 인간이 아니었구나 하는 생각을 이제사 하게 되었다.

1980년 10월 17일 금요일

안동서 11시 차로 들어왔다. 오후에 귀봉이 아버지가 찾아와 술대접을 한다면서 억지로 앞집에 끌고 가기에 교감 선생하고 가서 잠시 애기하며 콜라와 달걀을 먹고 왔다.

귀봉이는 부산에 가서 어느 공장에 다닌다고 했다. 이젠 학교 다니는 아이가 없단다. 그러니 그동안 학교에 오지 않았던 것이다. 그렇더라도 이렇게 일부러 와서 인사하는 것이 너무나 고마웠다. '재산박골'이란 시를 내가 언젠가 쓴 일이 있었는데, 생각이 났다. 귀봉이가 보고 싶구나. 그렇게 착한 아이들이었는데⋯⋯. 그런데 귀봉이 아버지가 하던 말이 잊히지 않는다. 아들 넷, 딸 셋을 키워 놓으니 모두가 부모가 싫다고 도시로 다 가 버렸단다. 부모가 싫을 리야 있겠나. 그 너무도 불편한 외딴 산골짜기가 싫었고, 도시가 그리웠겠지.

그리고 돈 3천 원 가지고 온 것 다 써야 된다면서 억지로 남은 돈으로 소주 한 되를 받아 보낸 그 옛날의 마음 그대로 순박한 산골 사람인 그의 뒤를 따라 나도 그 재산박골에 가서 살고 싶어졌다. 그는 오늘 임동인가 안동에 갔다 오는 길이라면서 흙빛으로 물들인 한복에 검정 고무신을 신고 있었다.

1980년 10월 27일 월요일

한겨울같이 내복을 껴입고 스웨터까지 입고 사무실에 있었다. 아침에 정 선생이 매 한 마리를 잡아 왔는데 발목에 나일론 끈이 매인 그 매는 목에서 피가 흐르고 있었다. 웬 매를 잡았나 했더니 교실에 날아 들어온 것이란다. 밖으로 나가려고 유리창을 들이받았는데, 그 커다란 유리창이 박살이 나 깨어지고 매도 뇌진탕으로 죽었습니다, 했다. 그런데 눈을 똥그랗게 뜨고 있고 정 선생이 한 손은 날개를 등에서 움켜 잡고 다른 손을 발에 갖다 댔다가 매 발톱에 걸려 손바닥에 피가 흘렀다. 그런데 발톱에 걸린 손바닥을 뺄 수 없다. 어찌어찌해서 겨우 뺐는데, 보니 엄지손가락 아래쪽 살이 한쪽에서 다른 한쪽으로 발톱에 꿰여 피가 솟아나고 있다. 아파서 찡그린다. 정 선생은 매가 죽었다면서 마룻바닥에 던져 놓았다. 매는 날개를 깔고 발을 위로 하여 가만히 누워 있다. 죽으려나 보다. 눈만 똥그랗게 뜨고 있다.

셋째 시간 때 보니 매는 여전히 그 모양이다. 내가 고히 날개를 등 뒤에서 잡고 다른 손으로 발의 나이론 끈을 풀려고 하다가 손가락이 발톱에 걸렸다. 겨우 뺐는데 날카로운 발톱이 깊이 들어가 피가 나왔다. 나는 슬리퍼로 발톱을 누르고 나이론 끈을 면도칼로 끊어 풀고는 뒷산 기슭 가시덤불 속에 던져 넣어 놓았다. 혹시 살아갈지 모른다 싶었던 것이다.

그래 놓고 오후 4시쯤 돼서 가 보니 보이지 않았다. 거기를 지나가는 사람이 드물고, 있다 해도 잘 보이지 않을 텐데, 아마 살아나서 날아간 모양이다.

낮에 우편물이 왔는데, 그중에 대곡분교장 때 1학년에 다니던 김한영 군이 대구서 보낸 편지가 있다. 또 하나는 낯선 어느 어머니의 편지다. 김한영 군은 어릴 때 아주 불행한 가정에서 큰 모양이다. 언제나 콧물을 흘리면서 정신없이 앉아 있던 아이, 그래도 이따금 글을 쓸 때만은 감성이 풍부한 글을 쓰던 아이였는데, 그 아이가 그렇게 가정이 불행했구나. 그런데 편지 내용이 아주 살아갈 희망을 잃었다면서 길게 썼는데, 회답을 못 받으면(도움을 못 받으면) 자살이라도 할 것 같은 말이다. 먹고살기가 어려워서 그런 것이 아니고, 정신적으로 살아갈 목표를 잃은 것 같은 내용이다. 편지글도, 국민학교밖에 안 나왔다는데 아주 잘 썼다. 저녁에 곧 회답을 썼다.

또 하나 어느 어머니가 쓴 편지는 매우 반가운 글인데, 자기가 어렸을 때 《아름다운 고향》, 《5월의 노래》를 재미있게 읽었는데, 그 책을 지금 구할 수 없는가 하는 말이었다. 나는 다음과 같이 회답을 썼다.

철이 어머님께

편지 감사합니다. 제가 더러 낯모를 독자들한테서 편지를 받습니다만, 아기를 키우는 어머니한테 편지를 받기는 처음이라 여간 반갑고 기쁘지 않습니다. 우리는 다 같이 아이들을 키워 가면서, 그들의 앞날에 모든 것을 걸고 있으니까요. 더구나 편지 사연이 어렸을 때 감명 깊게 읽으신 동화, 소설 책의 얘기를 하시고, 그 책들을 다시 구해 보시고 싶어 하시고 아이들에게도 읽히고 싶어 하시니, 저 역시 그런 책을 감명 깊게 읽었고, 그런 작품을 보신 분들을 존경하고 있는 사람이라 얼마나 반가웠는지 모릅니다. 꼭 옛 친구를 만난 기분입니다.

먼저, 저의 책을 읽으셨다니 두렵습니다. 철이 어머님 같은 분들을 위해서라도 앞으로 좀 더 좋은 글을 쓰고, 좋은 책을 내야겠다고 다짐해 봅니다.

다음, 이주홍 선생의 《아름다운 고향》과 이원수 선생의 《5월의 노래》는 절판이 되었는지 책을 구할 수 없습니다. 요즘 아이들에게 읽혔으면 좋겠는데, 제가 출판사들에게 책을 만들도록 권해 보겠습니다. 혹 《5월의 노래》는 나와 있는지 모릅니다. 저자이신 이원수 선생께 문의해 보겠습니다.

대신, 아이들에게 마음 놓고 읽힐 수 있는 창비아동문고를 권하고 싶습니다. 지금 이 문고는 13권까지 나와 있는데, 거기에는 이원수 선생의 동화집도 있고, 이주홍 선생의 동화, 소설집도 있습니다. 최근에 나온 〈한국전래동화집〉 1, 2, 3권도 아이들에게 환영받고 어른들도 재미있게 읽는 듯합니다. 창비아동문고라면 웬만한 책방에서 잘 알고 있습니다. 혹 이미 보셨는지도 모릅니다만.

아무튼 감사합니다. 다음 기회 있으면 다시 편지 드리고 싶습니다. 귀 가정에 평안과 기쁨이 충만하시기 빕니다.

80. 10. 27. 이오덕

1980년 11월 29일 토요일

아침 7시에 하숙집에 찾아온 박상규 씨와 같이 그의 집에 가서 아침 식사를 먹었다. 그의 집에는 같은 교직에 있는 부인과 서른에 홀몸이 되어 오누이를 키우며 살아온 그의 모친과 아이들 셋(?)이 있었다. 매우 단란해 보이는 집이었다. 거기서 나와 곧 서울행 버스를 타니 두 시간 남짓해서 마장동(이겠지)에 도착했다.

먼저 전화를 걸어 민족사의 윤 사장을 종로 청진동에서 만나 '교단 일기'의 서문을 주고 점심을 먹고, 마포에 가서 교육자료사를 찾아 원고를 주고, 다음엔 창비(아현동으로 옮겨 간 사무실)에 찾아가서 박상규 동화집 원고를 주었다. 새해 들어 착수해서 신학기에 가야 책이 나오도록 하겠다 했다.

사당동 예술인 마을 이원수 선생 집을 찾으니 김영일, 김종상이 와 있었다. 선생님은 누워 계셨다. 팔에 링거 주삿바늘을 꽂고 이따금 앓으시는 소리를 내셨지만 시종 웃음을 띠우셨다. 목이 쉬어 겨우 말을 하시고, 가래가 자주 끓어 나는 모양이었다. 김영일 씨는 웬일로 아들을 데리고 와 있었다. 조금 있으니 이준연 씨가 오고 한윤이, 이상교가 왔다. 김종상 씨 얘기 들으니 이번에 대한민국 예술상인가 하는 상금을 이원수 선생님이 받도록 애를 쓴 사람이 김영일 씨라고 했다. 이 선생님이 오랫동안 병원에 다니시느라고 경제적으로도 매우 어려운 형편에 있으니 상금을 받도록 해야 한다고 김종상, 이영호 등이 심사위원이라는 김영일, 박경종, 어효선 등에게 많은 부탁을 했던 모양이다. 교회의 목사와 장로들이 와서 병실에 들어가 예배를 보는 동안 응접실에서 우리는 주로 그런 얘기를 했다.

병실에서 예배를 보는데 찬송가 소리에 "죄인 오라 하실 때에 날 부르소서"란 찬송 소리에 눈물이 날 것 같았다. 그것은 내 어머니 돌아가실 때 부르던 찬송가였던 것이다.

목사 일행이 나간 뒤 우리는 다시 선생님 곁으로 갔다. 링거 주사는 끝났다. 선생님의 머리맡에 만년필과 원고지에 쓰시던 것이 보이기에 "선생님, 그렇게 누워서도 뭘 쓰셨습니까?" 했더니 "그저께는 시 두 편을 썼어요" 했다. "어디 내실 겁니까" 했더니 부산에서 나오는 〈어린이세계〉와 〈새농민 어린이〉에 보낼 거라고 하셨다. 나는 "아이고, 너무 무리하지 마셔야 합니다" 하고 원고지에 쓴 것을 보려고 했더니 선생님은 역시 머리맡에 놓인 노트를 집어 주시면서 펴 보이셨다. 그 노트는 최근에 쓰신 시를 정서해 두시는 노트였다. 나는 그저께 쓰셨다는 시를 읽어 보았다. 하나는 '설날의 해'고 다른 하나는 '때 묻은 눈이 눈물지을 때'란 제목이었다. 참으로 놀라운 일이었다. 빈사의 지경에 이르러 있는 사람이, 더구나 암세포가 뇌까지 번져 들어가 격렬한 통증을 참기 위해 계속 진통제 주사를 맞거나 약을 먹는 사람이 이런 정신력을 발휘하다니! 이것은 결코 범인이 흉내 낼 수 없는 일이다. '설날의 해'에는 삶을 긍정하는 밝은 태도가 보이고 '때 묻은 눈이 눈물지을 때'에는 언 땅에서 밀보리를 포근히 덮어 주면서 봄과 함께 살아가는 때 묻은 눈 속에서 자신을 발견한 선생의 죽음을 앞둔 심정이 잘 나타나 있었다. 내가 "이건 우리 학교 아이들에게 보여 주고 싶습니다"면서 베끼려고 하니까 선생님은 손수 원고지에 쓰신 '설날의 해'를 손으로 집어 주시면서 그대로 가져가라고 하시고, 다른 한 편만 베끼라 하시면서 원고지까지 밀어내어 주셨다. "잡지사에 보내야 되잖습니까" 했더니 하나는 보냈고 또 하나는 천천히 보내면 된다고 하셨다.

　조금 있으니 김영일 씨가 들어와서, 사모님과 따님들이 있는 자리에서 자꾸 농담을 하고 웃겼다. 죽음을 앞둔 사람을 조금이라도 그 고통과 공포를 잊도록 하려고 그러는 것이겠지만, 내가 보기에는 도리어 더 선생님을 슬프게 해 드리는 것이 아닌가 싶었다. 사모님이나 따님들도 애써 웃고 이제 곧 나으신다고 말하는 것인데, 그럴수록 선생님은 고독해 보이는 것 같았다. 나 혼자의 기분일까? 우리는 거기서 저녁을 먹고 8시가 지나서 모두 나왔다. 아, 얼마나 적막한 그리고 고통스런 밤을 맞이할 것인가.

1980년 12월 8일 토요일

어제저녁에는 연우가 숙제를 해야 한다면서 엎드려 하다가, 자꾸 사회 문제를 내 달라 했다. 사회 시험문제를 50문제 만들어 가야 한다는 것이다. 그러더니 그만 연필을 손에 잡은 채 잠이 들었다. 밤중에 세 번이나 깨어나 엄마를 부르면서 숙제를 좀 해 달라 했다. 밤중에 깨어나는 일은 한 번도 없었던 아이다. 그러더니 새벽 5시에 벌떡 일어났다. 엄마는 4시에 일어나 숙제 공책에 문제를 좀 써 두고는 부엌으로 나갔는데 연우가 또 엎드려 썼다. 엄마가 들어오자 나는 화가 나서 참을 수 없었다.

"도시에 국민학교 여선생들, 인간쓰레기 같은 것들이 모두 교육한다고 하고 있는데, 내가 이다음엔 꼭 이 얘기를 쓸 게야. 선생도 내기 어려운 시험문제를 2학년 어린애들에게, 그것도 50문제를 만들어 오라니, 그게 무슨 짓인가. 꼭 이걸 교육 자료에 내겠어."

이렇게 말했더니, "내요, 내요! 그래도 연우 담임선생은 사람이 좋은 사람이래요. 이 문제는 부모들이 해 주라는 거래요" 했다.

"부모들이 하라고? 아이들 돌보지 못하고 일하며 살아야 하는 가난한 부모들, 글씨 쓸 줄 모르는 부모들은 어떻게 해야 하나? 그런 집 아이들은 짐승같이 짓밟혀도 좋단 말인가?"

"그래도 숙제를 내야 성적이 올라가지요."

아, 이 여인들이 아이들과 가정과 국가 민족을 다 망쳐 놓고 있는 것이다. 나는 더 이상 아무 말도 안 했다. 내 아이도 남의 아이도 다 포기하는 길밖에 없다.

9시에 안동에 와서 3층 회의실에서 있는 국민교육헌장 선포 기념식에 참석했다. 무더기 표창장 시상이 있었다. 그다음 회의를 하고 나니 오후 1시.

오늘 마리스타에서 우리들독서회그룹의 모임이 있어 오후엔 마리스타에 가서 마뉴엘 수사와 이야기하면서 기다려도 아무도 안 왔다. 저녁이 다 되어서야 전 형이 오고 유 선생이 오고, 권정생, 김영원 씨, 권종대 씨 등이 와서 저녁을 먹고 수도원 방에 들어가 얘기를 했다.

오늘 얘기는 신채호 소설 《용과 용의 대격전》에 대한 것이다. 이 작품을 나는 못 읽었다. 지난해, 어느 달엔가 이걸 읽고 다음 얘깃거리로 삼자고 하고는 그만 모이지 못했는데, 나는 그만 그 사실도 잊었던 것이다. 그런데 모두 읽어 온 모양이고, 책도 가져왔다. 얘기하는 걸 들으니 아주 놀라운 작품인 것 같다. 기독교를 이토록 신랄하게 비판한 작품은 달리 없을 것 같다. 그런데 재미있는 것은 김영원 장로나 권정생 선생이나 모두 이런 기독교에 대한 비판을 옳은 것으로 받아들이고 있다는 것이다. 그중에 오늘 처음 나온 유 선생은(읽지는 않았지만 말만 듣고) 좀 거부반응을 일으켰다. 이래서 토론은 자연 종교 문제에서 사회 정치 문제로 옮겨 갔는데, 종교와 정치의 분리를 주장하는 유 선생이 다른 모든 사람들로부터 비판받게 되었다. 나는 유 선생이 시국이나 세상을 너무도 모르는 발언을 해서 "어린애 같은 말을 하고 있네요" 등 말을 해 주었다.

이렇게 모두 정치에 관심을 가져야 한다고 말하다가, 이번에는 내가 농민회에서 하는 일의 방향을 묻고 좀 다른 면에서 정치에만 관심을 쏟고 있는 사람들의 태도를 비판하고 싶어졌다. 내 생각으로 가톨릭농민회가 할 목표에 소득의 균등한 배분이라든가 생활 보장 같은 것이 하나요, 또 다른 하나는 이것과 상치될는지 모르지만 가난하게 살아야 한다는 정신적 삶을 추구하는 것이라고 했다. 그랬더니 예상대로 권종대 씨가 의견을 말하는데, 소득 증대와 그 소득의 공평한 배분, 이것이 목표라 했다. 그는 가난하게 살아야 한다는 것을 이해하지 못했다.

권정생도 땅은 한정돼 있고 자연 자원도 한계점에 다다랐는데 가난하게 살아야 해결이 된다고 하고, 김영원 씨가 같은 생각을 하고, 전 형도 수긍하고, 이번에는 유창수 씨도 아주 기운이 나서 가난한 삶을 주장했다. 권 씨 혼자 고립된 것이다. 권 씨는 기계문명을 진보의 척도로 믿고 있어서, 나는 이것을 또 비판하여, 인간의 진보란 정신의 앞서 감을 말하는 것이며, 기계의 발달은 인간을 타락, 퇴화시키는 것으로 결코 진보라 할 수 없다고 말했다.

이런 얘기를 하다 보니 밤 1시가 지났다.

1980년 12월 9일 화요일

아침에 정류장에서 최 군을 만나 봉급 조서 다시 만든 걸 교육청 관리과에 갖다 주고, 마리스타에서 10시 반까지 또 이런 저런 얘기를 하다가 헤어져 11시 차로 학교에 왔다.

저녁에 유창수 씨가 찾아와 이웃집 아이들이 자주 놀러 와서 책을 빌려 보고 한다고 해서 문득 서독에서 보내온 돈 생각이 났다. 옳지! 그 돈으로 책을 사서 이 마을 아이들에게 읽히도록 해야겠구나. 그런 일을 유 씨한테 부탁해야겠구나, 싶었다. 그래 그런 생각을 말했더니 이제 제가 할 일을 발견했다면서 아주 좋아했다. 나도 늘 무거운 짐을 지고 있던 걸 이제야 시원스레 씻게 되겠다 싶었다. 그 돈은 지난 1월에 온 것인데 적절하게 쓸 데를 찾지 못했던 것이다. 유 씨라면 이런 일을 아주 잘할 것 같다. 그는 아이들에게 책을 읽히면서 글도 쓰게 하고 싶단다. 그리고 여기서 하다가 다음엔 또 다른 마을로 가서 하고, 이렇게 여러 곳을 다니면서 농촌 아이들에게 책을 읽히는 운동을 하면 얼마나 기쁘겠는가, 했다. 나는 아이들뿐 아니라 젊은이들, 어른들에게도 읽히면 좋을 것이라 했다. 유 씨가 내일부터 3일간 고향에 갔다 온다고 해서, 그동안 준비를 해 놓겠다고 말했다. 이건 이렇게 해서 해결을 보게 될 것 같다. 이 일이 앞으로 하나의 뜻있는 사업으로 잘 발전되었으면 얼마나 좋겠나. 유 씨는 이런 일에는 아주 적격일 것 같기는 하다. 어서 서둘러 김문영 씨 앞으로 편지를 띄워야지, 얼마나 기다릴 것인가!

．

1980년 12월 19일 금요일

농촌 아동 문고 설치 계획

1. 설치 장소

관리자	설치 장소(주소)	비고
유창수	경북 안동군 임동면 대곡 2동 굿마	
임봉재	경북 봉화군 상운면 구천리	
김영원	경북 의성군 춘산면 효선동	
권정생	경북 안동군 일직면 송리 1동	
임광호	전남 보성군 득량면 해평리 월평부락	
이현주	경북 울진군 울진읍 죽변리	
이정우	충북 음성군 금왕읍 각회 2리 덕동	
권오혁	경북 청송군 현서면 덕계동 588	
권종대	경북 안동군 안동시 가톨릭 안동교구청 내 농민회에서 마을 순회 문고도 함	

2. 문고 구입 계획

창비아동문고, 분도출판사, 청년사(기증), 이원수 동화, 소년소설집, 이주홍 동화, 소년소설집.

80년 3월 5일 국민은행 저축예금 22만 8,874원.

12월 19일까지 23만 원에 대해 예금 이자 2만 7,597원(세금공제 안 된 대로).

개산(槪算) 이자 2만 7천 원.

22만 8,874원＋2만 7천 원＝25만 5,874원.

3. 편지 안(Ⅰ)

이 농어촌 문고는 지난 1980년 3월 서독의 어느 교회(교인 약 30명의 가난한 교회임)에서 우리 나라의 농촌 어린이와 농촌 문화를 지키고 가꾸는 일에 써 달라고 저에게 보내온 돈 22만 8,874원으로 설치하는 것입니다. 이역만리의 낯선 땅에서 조국과 민족을 생각하는 일념으로 푼푼히 아껴 모은 성금 속에 우리 형제자매들의 눈물겨운 바람이 들어 있음을 생각할 때, 우리 문화의 뿌리를 지키는 일을 농어촌 소년 소녀들의 책 읽기를 통해 앞으로 꾸준히 펴 나가야겠다고 결심합니다. 부디 이 뜻에 찬동하시어 다음 계획을 보시고 많은 성원과 지도 편달이 있으시기 바랍니다.

• 문고 설치 및 관리 책임자

설치 원칙-반드시 농어촌(벽지 우선) 지역이어야 하며, 문고 관리자는 농촌 문화를 지키는 일의 중요함을 깊이 이해하고 봉사의 정신으로 살려는 분일 것.

차례	관리자	설치 장소	비고

• 문고 운영 방침

첫째, 책의 대여, 관람은 무료를 원칙으로 하나, 경우에 따라서는 관람료를(10원 혹은 20원으로) 받을 수 있다. 단, 이 관람료는 그것을 모아 책을 보충해서 구입하는 기금으로 한다는 조건으로서만 받을 수 있다.

둘째, 어린이들에게 책을 귀하게 여기고 깨끗이 보도록 지도하여야 하겠지만, 독서 감상문 같은 것을 강요하지 말 것이다.

셋째, 이것을 계기로 하여 마을 사람들의 협의에 의한 문고 구입 기금 모금, 뜻있는 분들의 성금 기탁 등 운동을 전개하여 문고의 확장을 꾀함이 좋을 것이다.

넷째, 앞으로 전국적으로 기금 운동을 벌여 문고 설치 장소를 확대하고 문고를 풍부하게 하도록 계획하고 있다.

• 문고 선정위원–권정생, 박상규, 김영원, 이오덕, 유창수

현재 우리 나라에서 간행되어 책방에서 팔고 있는 아동 도서는 그 수가 결코 적다고만 할 수 없다. 그러나 그중에서 어린이들의 정신을 바르고 참되게 이끌어 주는 책은 매우 귀하며, 더구나 농어촌 지역에서 자라나고 있는 어린이들에게 마음 놓고 읽힐 만한 책은 지극히 드문 형편이다. 덮어놓고 무슨 책이든지 읽혔다가는 아이들이 책의 공해로 모조리 병들게 되어 있는 것이 우리 나라 아동 도서의 실정이다. 이래서 본 농어촌 문고는 순박하게 자라나는 농어촌 어린이들을 책의 공해에서 보호하기 위해 가급적 문고 선정위원들이 선정 추천한 도서만을 갖추도록 하려고 하는 것이다.

4. 편지 안(Ⅱ)

• 농어촌 어린이 문고 설치에 대하여

취지 : 역사의 급격한 변동에 따라 우리들은 지금 뿌리 뽑힌 민족이 되려고 하는 위기에 놓여 있습니다. 도시를 거쳐서 바깥에서부터 밀려들어 온 문명은 우리들이 본래 가지고 있던 순수한 정신적인 것을 마치 헌 짚신짝처럼 내버리도록 하였습니다. 우리가 지금 무엇보다도 앞서 해야 할 일이 있다면 사라져 가는 우리 자신의 것, 우리의 뿌리를 지키고 가꾸는 일일 것입니다.

우리의 뿌리인 농어촌 문화를 지키고 가꾸는 일을 가장 효과적으로 할 수 있는 길은 농어촌 지역에서 자라나고 있는 어린이들에게 긍지를 심어 주는 일, 스스로 뿌리임을 인식하게 하는 일입니다. 그리고 이런 일은 그들에게 좋은 책을 읽힘으로서 능히 할 수 있다고 믿습니다.

농어촌 문고는 이렇게 하여 설치하게 된 것입니다.

이 문고는 당초 서독의 ○○교회에서 농촌 어린이와 농촌 문화를 가꾸는 일에 써 달라고 하여 보내온 22만 8천여 원의 돈으로 열 개 지역에 설치하였습니다. 이것을 기점으로 하여 앞으로 더욱 이 문고를 확대하면, 전국 방방곡곡의 농어촌에서, 소외되고 자기모멸에 빠져 있는 수없는 소년 소녀들에게 책 읽기를 통하여 자기를 발견하게 하고, 기쁨과 용기를 그들의 가슴에 심어 줄 수 있을 듯합니다. 그리하여 그들이 이 민족의 뿌리로 튼튼히 살아 있을 때, 이 나라는 어떤 폭풍이 닥쳐 와도 끄떡도 하지 않으리라고 굳게 믿습니다. 부디 이 뜻에 찬동하시고 물심으로 지원해 주시기 바랍니다.

1980. 12. 25.

경북 안동군 임동면 대성국민학교 이오덕

1980년 12월 22일 월요일

아침 7시에 안동 착, 안동역에서 권 선생을 기다리는 동안 난 롯가 콘크리트 바닥에 드러누워 있는 사람들, 그중에는 귀여운 아기를 안고 앉아 있는 여인도 있었다. 어떤 할머니가 오더니, 그 여인을 아는 듯 대화. "왜 이런 데 앉아 있나? 시집에 갈 게지." 그 여인은 시집에도 갈 수 없는 몸인 것 같았다. 얼굴 모양도 똑똑하게 생긴 사람이었는데, 날씨가 몹시 추워 한쪽 구석에 석유난로를 쬐면서 구두를 닦는데, 그 구두닦이 소년 은 고아 출신이었다. 열여덟쯤 돼 보였는데, "호적도 몇 년 전 여기 안동 와서 만들었어요" 했다. 하루 많이 닦는 날은 40명 쯤 된단다. 3백 원씩이니 9천 원이다. 두 사람이 맡았다니 그 수입을 나누는가? 저 혼자 수입이 그렇다는 건가? 무슨 회비 도 낸다고 했다.

옆에 같이 난로를 쬐고 있는 50대 남자, 나 나이 정도의 사 람과 얘기했다. 난롯가에서 콘크리트 바닥에 저렇게 누워 있 으면 병이 들지 않나, 왜 저런 사람 대책을 세워 주지 못하나, 안동에 집 한 채만 지어도 될걸. 잠이나 따뜻이 잘 수 있게 해 주면 밥은 저들이 얻어먹겠지…….

8시 발차 직전에 권 선생이 와서, 물리려던 차표를 도로 찾아 급히 들어가 탔다. 오후 1시 반 청량리역 도착.

전화를 거니 이원수 선생의 용태가 "아주 나빠요" 하는 따님의 대답이다. 아, 기어코 마지막이 왔는가 싶었다. 종로서적에 가서 '농촌 어린이 문고'와 대성학교 아동 문고를 약 10만 원어치 권정생 선생과 골라 화물 편으로 보내 달라고 하고 예술인 마을로 갔다.

이번에 사서 화물로 부치도록 해 놓은 책들

• 대성교 문고(저학년용)

꿈나무 그림동화(국내편), 꿈나무 그림동화(외국편), 엄지 아가씨(이원수), 갓난 송아지(이원수), 가자미와 복장어(이주홍), 귀여운 손(이원수), 달나라 급행(이원수)

• 마을 어린이 문고

– 중학년 이상

· 권정생 선택 : 녹두 장군 전봉준(소년생활사), 로빈훗의 모험(아리랑사), 소공녀(계림출판), 로빈손 크루소(계림출판), 올리버 트위스트(계림출판), 목장의 소녀(계림출판), 알프스의 소녀(계림출판), 정글북 1, 2, 3(계림출판), 엉클 톰스 캐빈(계림출판), 피터 팬(태창), 프란다스의 개(태창)

· 이오덕 선택 : 곤충의 시인(?), 꽃님과 어린양들(권정생,

새벗문고), 얘들아, 내 얘기를(이원수, 새벗문고), 메아리 소
년(이원수, 새벗문고), 웃음의 총(이현주, 새벗문고), 바보
온달(이현주, 새벗문고), 창비아동문고 17권
 – 고학년 이상
 · 이오덕 선택 : 달걀은 달걀로 갚으렴(박완서, 샘터)
 – 전학년
 · 이오덕 선택 : 청년사 세 권

　선생님은 코에 고무호스를 끼고 계셨다! 입으로 아무것도 못
잡수셔서 그 호스로 넣어 드린다는 말이었다. 들어가자마자 누
워 계신 선생님의 손을 잡고, 권 선생은 마구 소리를 내어 울었
고, 나도 자꾸 눈물이 났다. 선생님은 아직 의식이 분명했고, 목
소리가 좀 쉬어서 말하시는 것이 퍽 힘이 드신 듯하여 옆에 종이
를 꿰맨 것에 볼펜으로 쓰시면서 의사를 표시하셨다. 그러면서
이것저것 알고 싶어 하시고, 집안일에도 마음을 쓰시는 듯했다.
　"내가 가장 믿고 있는 사람 중의 한 사람이래요" 하고, 권 선
생을 두고 쓰셨다. 그 잡책에 기록된 것 보니, "손님 오거든 소
주 2홉 가져와 안주도 준비해요"란 글씨도 보였다. 따님이 들
어오니 "뭐 먹을 것, 차나 과실 가져와"라고 이번에는 말로 하
셨다. 우리가 그런 것 먹고 싶지 않으니 가져오지 말라고 했더
니 딸이 "아버님은요, 옆에서 잡수시는 것 보고 싶어 해요. 우
리가 밥을 먹을 때도 여기 와서 먹어요" 했다. 그러자 선생님은

볼펜으로 쓰셨다. "음식을 못 먹은 지 꼭 1년이 돼서 남들이 먹는 것이라도 보고 싶어요. 김치 씹는 소리도 듣고 싶고……" 이렇게 쓰시고는 웃으셨다.

따님이 잣죽인가를 컵에 담은 것을 조그만 상에 얹어 들고 왔다. 거기는 조그만 종지들에 김치 같은 것, 간장 같은 것들이 담겨 있었는데, 선생님은 일으켜 달라고 해서 앉아서 그 반찬들을 하나하나 들고 코에 갖다 대어 냄새를 맡아 보셨다. 그것들이 차가워서 냄새가 잘 안 나자 다시 데워 오라고 하셨다. 다시 데워 오니 또 코에 갖다 대셨는데, 내가 그걸 들어 보니 여전히 차가웠다. 그러는 동안에 컵의 죽이 좀 식어서 따님(출가하지 않은 따님)이 주사기로 호스에 두세 번 넣어 드렸다. 국(역시 하얀 액체)이란 것도 한 번 넣어 드렸다. 그리고 찻물도 그렇게 했다. "수분을 하루 2,500cc를 섭취해야 한답니다" 하고 정옥 양이 말했다.

저녁을 먹고 응접실에서 전화를 걸었더니 김종상 씨는 내일 하청호 씨 문학상 수상에(대구) 간다고 하면서, 문협 임원 선거가 20일부터 있는데 우리 회원들이 너무 관심이 희박해서 큰일이라고 했다. 최도규 동시집 출판기념회도 내일 있는데, 거기 오라 하지만 갈 수가 없어 박경종 씨한테 가 달라고 했더니, "초청도 없는데 뭣 때문에 가나" 하더란다. 박홍근 씨는 광주에, 역시 무슨 문학상 시상식에 간다고 했다. 이영호는 호주에 가고……. 이래서 협회 일을 혼자 걱정하느라고 김종상 씨가

애를 먹는 모양이었다. 응접실에 앉아 있는데 병실에서 사모님
이 나오시면서 손짓을 하셨다. 선생님이 나를 부르신다는 것이
었다. 들어가니 원고지에다 다음과 같이 쓴 것을 내주셨다.

> 댕그랑 댕그랑 종을 울리며
> 이른 아침 골목에 두부 장수 아저씨
> 두부 사려 소리는 하지 않아도
> 집집마다 아주머니들 내다보고
> 두부 한 모 주세요, 두 모 주세요.
>
> 웃으며 팔고 산 두부를 썰어
> 보글보글 찌개 속에 끓게 해 주고
> 자글자글 기름 판에 지지게 해 주고
> 반찬 냄새 풍기는 좁은 골목을
> 종 흔들며 가는 두부 장수 아저씨

> 1935년 옥중작
> 〈소년〉 연재물 속에 넣은 것
> 내가 두부 장수라도 하려는 마음에서……

이번에 〈소년〉지에 보낸 거라니 저렇게 누우셔서도 쓰셨는
가! 미발표작이라 하였다. 그때 실직해 있을 때, 두부 장수라

도 하고 싶은 심정으로 썼다고 다시 힘드는 목소리로 말씀하셨다. 나는 참 좋은 시라고 말씀드렸다. 11시가 가까워 권 선생과 부엌 옆방에서 잤다.

자리에 누워서 권정생 선생과 한 말.

"신앙만 가지고 거기에 몰두해 있는 사람은 얼마나 비인간적으로 되는가!"

권 선생 말이다. 이원수 선생 부인의 언행을 두고 한 말이다. "내 생애 최고의 날"이니 "기도를 드려 아픔을 낫게 했는데도 선생님은 고집을 세운다"느니, 식은 반찬을 예사로 갖다 드리는 것을 보고 한 말인 듯.

"인간은 얼마나 고독하게 살아가야 하는가!"

내가 한 말. 예술인 마을에서 찾아오는 이웃 사람 하나 없으니.

"도시 사람들은 이렇게 비인간적으로 됐어요."

권 선생.

"농촌 같으면 너무 찾아와 귀찮을 텐데……."

권 선생.

"한 가족끼리도 저렇게 되니……."

권 선생.

"나 역시 그래요……" 하고 내 얘기를 했더니 권 선생은 새삼 놀라는 듯했다.

1980년 12월 24일 수요일

7시 반에 선생님을 작별하고 나왔다. 병실에 들어갔더니 선생님은 "곧 나아야지!" 하고 목소리를 겨우 내셨다. 큰따님이 사리돈인가 하는 진통제를 가루로 만들고 있었다. 선생님은 다시 "예측을 못 하겠어!" 하셨다.

아, 어젯밤에도 따님이 쬐그만 소리로 몰래 속삭이던 말 "언제 중추신경을 건드릴지 모르니 의사도 전혀 예측을 못 한답니다!"고 한 말을 그대로 하신 것이다! 선생님도 모든 것을 알고 계신 것이다. 나는 그래도 "뭘 그러십니까. 어제 권정생 씨도 그러는데, 자기 모친이 심장판막증으로 돌아가실 때, 아무것도 못 먹는 상태에서도 굉장히 오래 사셨다면서 선생님 모습 보고 아주 괜찮다고 하던데요" 했다. 선생님은 내 손을 잡고 눈물을 흘리시는 것 같았다. "안 죽고 살아 있으면 또 만나겠어" 하셨다. 나는 "다시 곧 또 와 뵙겠습니다. 방학 동안 몇 번이나 옵니다. 꼭 뵙겠습니다" 하고 나왔던 것이다.

8시 30분 청량리발 우등 열차로 안동 도착 오후 1시 45분. 2시 버스로 대곡 착 3시 30분.

도시여, 안녕!

도시여, 안녕!

가물가물 쳐다뵈는 빌딩이여, 사람들의 홍수여,

멀미 나는 자동차의 가스 냄새여, 안녕!

지하도 입구에서 싸구려를 외치는 옷 장수 아저씨여,

콘크리트 계단에 엎드린 누더기 입은 아주머니여, 안녕!

아, 한때 나도 이 도시를 그리워했지. 이 많은 집들 속에 조그만 우리 집 한 채 없음을 슬퍼했지.

저 높은 빌딩을 엘리베이터로 날마다 오르내리는 소년을 부러워했지.

새까만 교복에 흰 테 모자 쓰고 가방 들고 교문을 들어가는 아이들을 보고 눈물을 흘렸지. 나 자신을 부끄러워하고, 못난 아버지 어머니를 원망했지!

아, 진정 얼마나 부끄러운 노릇이었던가! 이제 그 모든 거짓과 껍데기들을 모조리 훌훌 벗어던지고 이렇게 나는 떠난다. 가벼운 구름같이!

도시여, 안녕!

달리는 열차여, 고속도로여, 안녕!

유리 조각 꽂힌 시멘트 담장이여, 텔레비전에 나오는 가수의 흉내를 내는 아이의 몸짓이여, 발에 밟히는 비닐봉지여, 굴러다니는 깡통이여, 모두 모두 안녕!

아, 돌아가자. 부엉이 울고 개구리들 아직도 풀 속에 숨어 있는 우리의 마을로.

흙 내음 나는 우리들의 방으로.

메에! 산기슭에서 어미 잃고 우는 아기 염소를 찾아 끌어 안고

볼을 부비면서 살기 위해

개울물 소리, 뻐꾸기 소리를 들으며 땀 흘려 일하기 위해

도시여, 안녕! 나는야 간다. 그리운 부모 형제, 가난한 이웃을 찾아 이렇게 손을 흔들며 간다.

안녕, 안녕! 영원히 안녕!

1981년 1월 23일 금요일

서울에 도착해서 종로서적에 가서 마을 소년 문고 한 벌을 사고, 창비에 가서 창비아동문고를 한 벌 또 사서 모두 우편 소포로 부쳐 주도록(청송, 현리, 덕계, 권오혁 앞) 돈 천 원을 우송료로 주고, 창비아동문고 계획을 정 사장한테서 좀 듣다가 사당동으로 갔다.

이원수 선생님은 이제 운명의 시간이 경각에 놓인 것 같으셨다. 얼굴이 부은 것이 가라앉았는데, 입을 벌리시고 누워 계시는 모습이 거의 해골만 남으신 것 같았다. 사람이 죽을 때 저런 얼굴이 되는가 싶었다. 눈도 이제는 안 보이고, 귀만 알아들으시고, 의사 표시로 목소리 내기가 거의 불가능해져서 딸의 손바닥에다 손가락으로 글씨를 써 보인다 하셨다. 영양제 주사도(그걸로 더 연명할 순 없으니) 링거뿐이고, 진통제에 가래 삭는 약 등을 섞어 날마다 놓아 드린다고 했다. 벌써 위장으로 음식이 들어가지 않은 지가 오래고, 관장도 깨끗이 했는데, 어저께는 아침과 저녁, 그리고 오늘 아침에도 대변을(어린애 똥 같은 것을) 계속 내시더라면서, "임종이 가까우면 누구나 그렇게 된대요" 하고 정옥 양이 말했다. 아, 이제는 곧 떠나실 것이 확실한 것이다. 내가 손을 잡고 "이오덕입니다"고 했지만, 지난 12일엔 손에 힘을 꽉 주셨는데, 전혀 그런 응답마저 없으셨다. 아마 힘이 없으신 것이겠지. 맥박도 느낄 수 없었다! 사위, 두 딸, 사모님, 이렇게 지켜 앉은 가운데 자꾸 두 손을 가슴 위에 올리고, 얼굴에 한 손을(그 얼굴엔 물집이 터져서 딱지가 가득 앉아 있었다) 갖다 대려고 하셨다. 가려워서 얼굴을 긁어서 더 그렇다면서, 정옥 양이 가제로 얼굴에 무슨 약을 찍어 바르고 문지르고 했고, 손이 얼굴에 안 올라가게 사모님과 나는 팔을 가볍게 잡고 있었다. 그래도 괴로워 보여서 아래층에 사위를 불러다 진통제 주사를 놓았다. 주삿바늘이 안 들어가 몹시 애를 썼다. 이 사위는 수의과 의사란다. 그래 요즘은 반날씩은 집에서 간호를 해 드리는 모양이다.

저녁밥은 모두 같이 앉아 먹으면서 사위와 딸들이 내 얘기를 했다.

"이 선생님은 우리 집 식구 같아요."

나는 참 너무도 고마웠다. 선생님이 돌아가신 다음에도 자주 와야겠다고 생각했다.

저녁 식사 후 링거주사를 놓는 걸 보았다. 링거병이 다 비워지기까지 손목을 꼭 잡고 있어야 했다. 처음엔 딸이 잡고 있다가 사모님이 교대하시고, 다음 사위가 잡았다. 나는 그동안 옆에서 같이 얘기하고 있었다. 진통제를 맞고 난 다음부터 선생님은 괴로워하시지는 않고 잠을 계속 자시는 혼수상태였다. 1시까지 그렇게 앉아 얘기하다가 문간방에 돌아와 잤다.

1981년 1월 24일 토요일

아침 식사를 하고 병실에 들어가니 선생님이 괴로워하시는 듯했다. 사위가 와서 주사를 놓아 드렸다. 내일 다시 와 뵙겠다고 하면서 나올 때 열린 문으로 누워 계시는 선생님 얼굴 모습을 보니 꼭 주검을 보는 듯했다. 내일 다시 올지 모르지만 온다 해도 내일까지 버틸 수 있을지, 하면서 나왔다.

영등포 시장에서 버스를 내려 신탁은행에서 처제와 동서를 기다려 만나니 송 군은 마스크를 했는데 얼굴이 아주 하얗게 핏기가 없다. 처제가 없는 사이 병 증세를 물었더니 암이라고는 하지 않았다. 거기서 나와 동서는 보내고 처제만 데리고 다방에 가서 얘기를 들었다. 알고 보니 동서는 평소에 식생활을 아주 잘못한 것이 분명했다. 나물은 일체 안 먹고 고기만 먹는다나. 그 고기도 구워서 새카맣게 탄 것을 좋아한다니! 그래서 앞으로 할 수 있는 방법은 식생활을 아주 바꿔서 채식을 하고 체질을 바꿔야 한다고 했다. 그리고 처제를 데리고 홍은동 로터리까지 찾아가서 자연식동호회 기준성 씨를 방문해서 감잎차와 '자연식' 책을 사 주고, 나와서 사과를 5,500원어치 사서 택시를 태워 보냈다.

병원에서도 수술을 포기하고, 방사능 치료를 받고 있는 서른 여섯 살의 송 군은 자신도 이제는 암인 것을 알고 삶을 단념하고 있다나. 집을 팔아 보름 뒤에는 13평짜리 조그만 아파트로 이사를 가게 되었는데, 집을 줄인 결과 겨우 3백만 원밖에 돈이 남을 것이 없단다. 배는 만삭이 되어 보름 뒤 이사할 무렵에는 해산해야 한다니. 기가 막힌다.

처제를 보내고 급히 택시를 타고 잡지회관에 갔다. 한국아동문학상 시상식. 송재찬, 김삼진 두 사람이 수상자다. 시상이 끝나고 총회가 있었지만, 임원 선거가 없어서 상임이사가 회 운영의 어려움을 주로 사무 추진 면에서 한참 얘기하고 빨리 끝냈다. 다음 술자리에 가서 한참 먹고 떠들고 식사도 하고 난 다음 원갑여관에 가서 또 맥주와 소주를 마시는데 갑자기 전화가 와서 이원수 선생이 돌아가셨다고 했다. 아, 기어코 돌아가셨구나. 오늘 총회 때까지 버티다가 기왕 온 김에 만나 보고 가라고 오늘 저녁에 돌아가신가 보다 하고 모두 얘기했다. 우리는(일부는 여관에 남아 있고) 곧 택시로, 좌석 버스로 선생님 댁에 가서 밤을 새우기로 했다.

사당동에 가니 교회에서 와서 예배를 보느라고 찬송가 소리가 났다. 울음소리가 나지 않았는데, 웬일인지 나만 울음이 북받쳐 엎드려 잠시 울었다. 눈물을 닦고 나서도 또 눈물이 났다.

새벽 3시에서 5시까지 두 시간쯤 화투 치는 옆에서 잤다. 잘

때까지 신문사에서 오고 KBS에서 취재 오고 우리는 앨범을 보고 선생님 얘기를 하고 했다. 선생님이 가을 이후 병상에 누우셔서 남기신 작품으로는 동시가 몇 편 있었는데, 그걸 보고 새삼 선생님의 문학 정신의 위대함을 생각했다. 그 시들에는 분명 선생님이 죽음을 시로서 받아들인 것이 뚜렷했고, 죽음을 시로서 해결하시려고 하셨다. 동시로서! 죽음을 문학으로서 받아들여 해결하려고 한 작가나 시인이란 그리 쉽게 있는 것이 아닌 것이다.

1981년 2월 18일 수요일

오전에 졸업식 예행연습.

식장을 꾸며 놓았는데, "나라 빛내는 국민이 되자"란 걸 크게 써 걸어 놓았다. 그걸 없애고 싶지만 교감 선생은 두고 싶어 했다. 식 연습에도 교감은 아이들을 너무 엄하게 하여 기를 죽였다.

진학하지 못한 아이들에게 장학금으로 입학금이라도 대어서 모두 진학하도록 할까 싶어 진학 못 한 아이들을 불렀더니 모두 여덟 명이었다. 그중에 자신이 가고 싶지 않다는 아이가 둘이고, 나머지는 가고 싶어 하는데 부모들이 안 보내 준다. 그래서 입학금을 대어 주어도 중학을 할 수 없는 아이 하나만 빼고, 나머지 다섯 아이에게 오늘 중으로 부모님 중 한 분을 학교에 오시도록 집에 가서 말해 달라고 했다. 입학금을 대어 줄 터이니 진학시킬 수 있는가를 물어보려고 한다고 했다.

도저히 진학할 수 없는 아이 하나는, 그 아버지가 무직에다 노름꾼이고 여러 가지 범죄를 예사로 저지르는 사람이라고 알려졌는데, 지금도 어디로 가서 행방불명이어서 가족이 버려진 데다가 어머니는 암으로 누워 있고, 누나가 하나, 동생이 여럿이란다. 그래서 졸업을 하면 결혼해 간 큰누나가 있는 서울로 가게 되어 있단다. 본인은 몹시 공부가 하고 싶은데 가정이 그러니 어쩔 수 없다. 여기서는 살아갈 수도 없는 형편이다.

그런데, 지금 저녁이 되어도 아무도 안 온다. 어찌 되었는가. 부모들이 그렇게 무관심할 수가 있는가. 혹은 입학금을 대어 준다니까 부끄러워 못 오는 것일까? 알 수 없다. 내일은 졸업식이니까 설마 오겠지.

8시에 막차 소리가 나서 달려갔더니 오기로 되어 있는 이정덕, 박허식 두 교수가 안 왔다. 웬일인가? 저녁까지 앞집에 시켜 놓고 방을 치우고 하여 기다렸는데……. 할 수 없이 나 혼자 앞집에서 저녁을 먹고 숙직실에 가서 앉아 있는데, 우체국에서 전화를 걸어 달라는 기별이 왔다. 버스를 못 타고 택시로 임동까지 온 게로구나 싶어 가서 전화를 걸었더니 대구서 전보가 왔다면서 전문을 읽는데 "일정이 늦어서 못감. 정덕"이라 했다. 그만 바로 귀경했구나. 그토록 오고 싶어 하더니, 여기 왔으면 내일 졸업식에서 얘기라도 좀 해 달라고 했을 것인데,

그만 바로 갔구나 싶어 서운했다. 할 수 없다. 대구서 전보가 왔다고 했을 때는 덜컥 겁이 났다. 집에 무슨 일이 일어났는가? 서울 동서가 죽은 것은 아닌가. 별생각이 다 났는데, 다행이다 싶었다.

1981년 2월 23일 월요일

독감에 걸린 아이들이 31명이나 되어 전화로 교육청에 보고했다. 성연이 아버지가 와서 생활보호 대상자로 입학금 면제를 받을 수 없다고 해서 그것도 급히 교육청에 연락했다. 샛마이창백 씨가 와서 전학증을 해 달라고 해서 실제 이사를 가지 않고는 안 된다고 했더니 실제로 간다고 했다. 그럼 동장이 그런 말을 하지 않더라고 하고, 2학년에 다니는 아이는 데려가지 않는 것도 전 가족 이주가 아니니 안 된다고 했더니 저녁때 금석우 씨를 데리고 와서 또 간청을 했다. 2학년 아이는 입양을 시켰다고 한다. 그럼 호적에 올려서 주민등록초본이나 호적초본을 떼 와야 된다고 하고 돌려보냈다. 또 석호 아버지가 와서 분자 졸업 증명과 생활기록부 사본을 해 달라고 했다. 그 아이 이름이 학교에는 숙자로 되어 있고, 생일도 호적에는 아홉 살 정도밖에 안 되게 되어 있다. 할 수 없이 호적초본대로 졸업 대장을 고쳤다. 면에 가서 호적부의 생년월일을 고친다고 한다. 다음에는 종희 아버지가 또 와서 임동중학교 1학년인 종희를 안동으로 전학시킬 수 없는가 물었다. 이래서 하루 종일 다른 일을 못 했다. 편지 답장도 못 쓴 것이 산적해 있고, 원고 급히 써 보낼 것도 있어 마음이 초조하다.

저녁을 먹고 앉아 있는데, 이번에는 한영이가 찾아왔다. 도시(대구)에 여러 해 살다가 이제 돌아와 있지만 항시 열등감에 사로잡혀 희망을 잃고 있는 젊은이다. 학교에 오라고 해도 안 오더니, 오늘밤엔 용기를 낸 모양이다. 돌미기골 얘기가 나오고 아버지 얘기가 나왔다. 단 셋 집뿐인데 서로 반목하고 싸우는 모양이다. 아버지는 술만 먹으면 아이들을 때리고 한단다. 보니 한영이 오른 손등이 벌겋게 벗겨졌다. 수상해서 물으니 "어제 아버지하고 다퉜어요" 한다. 아버지를 주먹으로 친 모양이다! "그래서 되나?" 하고 조용히 나무랐지만 아버지도 문제인 것 같다. "집에서 농사짓고 살고 싶지만 아버지 때문에 안 돼요. 이러다간 무슨 일이라도 날 것 같아요" 했다. 그리고는 "살고 싶지 않아요. 희망이 있어야지요" 하는 것이다.

나는 "사람이란 완전한 사람이 없다. 아버지 술버릇이 좀 있는 모양인데, 그런 사람은 마을에도 많으니 참아라. 술 깨면 그 반대로 또 좋은 사람이 된다니 다행이지" 했다. 그리고 "살고 싶지 않다니 무슨 소린가? 병신으로 방 밖에도 못 나가고, 국민학교에도 못 다닌 사람도 희망을 가지고 살려고 애쓰는데, 그게 무슨 소린가!" 하고 나무랐다. 임광호 군의 얘기를 해 준 것이다.

졸업 문집에 내가 쓴 '내가 살고 있는 대곡'이란 글을 읽었나 했더니 읽었단다. 농사지으면서 정농회 같은 데 들어서 공부하라고 했다. 그랬더니 제 동생이 가져온 《비바람 속에 피어난 꽃》을 읽었다면서 "아주 좋은 책이데요" 했다. 그리고는 "나도 그런 걸 써 보고 싶어요" 해서 꼭 써 보라 했다. 지금까지 도시에서 살았던 얘기뿐 아니라 앞으로 농사지으면서 농사 일기 같은 것도 쓰면 좋겠다고 했다. 그리고 옆방에 가서 김춘복 씨 소설책 두 권과 유동우의 〈어느 돌멩이의 외침〉이 들어 있는 〈대화〉지를 책보에 싸 주었다. 9시가 되어 갔다.

1981년 3월 12일 목요일

오전에는 1학년 보결 수업을 하고, 오후 4시 20분 차로 나갔다. 6시 가까워 문화회관에 가니 전 형이 역사 얘기를 하는 중이었다. 이번엔 22명쯤 되었다. 이현주 목사도 와 있고, 김영원, 김성순 씨들 모두 보였다. 전 형 얘기가 끝나서 갑신정변에 대해 여러 사람이 의견을 말했는데, 그중에서 특히 호남에서 온 배 장로와 윤기현 씨가 광주 사건과 관련지어 깊이 파고들어 얘기한 것이 기억에 남았다. 저녁을 먹고 이 목사 인도로 성서 공동 연구를 두 시간에 걸쳐 했다. 이번에는 그림도 그려 보았다. 그런데 우리 클럽에서 나이 많은 장로 한 분이 사회를 하면서 늘 자기주장을 강요하려 했다. 나이 많은 사람들이 이래서 문제구나 싶었다.

성서 연구 끝나고 내가 농촌 교육 얘기를 했는데, 한 시간 예정한 것이 40분에 끝났다. 토의 시간이 되어 대강 말하는 것을 들으니 내가 말한 것이 옳기는 하나 그걸 실천할 수 없다는 듯한 의견이었다. 학교에 진학 못 시키는 것을 다행으로 여기고 농민들 스스로 교육을 하도록 하는 것, 새로운 생활 윤리를 세운다는 것, 도시의 것을 거부한다는 것 등 모두 옳지만 그대로 따르면 희생이 된다는 것이다. 내가 생각해 보니 여기 온 사람들은 모두 중농 이상이구나 싶었다. 그래서 자녀들을 상급 학교에 진학시키고 있는 사람들이구나 싶었다. 그러나 농민들을 지도하거나 그들에게 무엇을 보여 주어야 할 사람들이 솔선수범하지 않고 무슨 일이 되겠는가? 십자가를 지지 않고는 어떤 사람도 진리를 행하는 사람이 될 수 없는 것이다. 입신출세주의를 못 버리고 있는 사람들이 교회 운동이고 농민운동이고 아무리 떠들어 봤자 다 거짓이란 생각이 들었다. 모두 마치고 6층에 가서 밤 2시까지 얘기하다가 갔다.

1981년 3월 21일 토요일

오늘은 어린이 회장의 선거가 있는 날이다. 조회 때 입후보한 아이들이 의견 발표를 하고, 셋째 시간에 투표를 하기로 했다. 조회 때 입후보한 아이들 나오라 했더니 회장은 세 명이고 부회장은 아홉 명이나 되어 놀랐다. 아무도 나오지 않으면 곤란하다 싶었던 것이다. 차례차례 의견 발표를 하는데, 모두 종이에 쓴 것을 낭독하기는 했지만 제법 격식을 갖추어 하는 것이 아마 텔레비전에서 지난번 선거할 때 하던 걸 본 것이 아닌가 생각되었다.

의견 발표가 끝난 다음 나는 아이들 앞에 나가 두 가지 얘기를 해 주었다.

그 하나는 오늘 아침에 들은 것인데, 어느 입후보한 아이가 저학년에 가서 과자를 사 주면서 운동하더라는 소문인데, 그게 사실이라면 이것도 어른들의 타락된 선거 풍습을 그대로 배우고 있는 것이리라. 물론 아이들은 그런 것을 하는 것이 나쁘다고 보지 않았을 것이다. 아무도 그런 어른들의 행동을 비판하는 사람이 없기 때문이다. 나는 소문으로 들은 것을 얘기하고, 그런 짓은 나쁘니 해서는 안 된다고 말했다. 어른들은 그런 짓을 하더라도 여러분들은 어른들을 따라서는 안 된다 했다. 어린이 회장단 선거는 앞으로 여러분들이 어른이 되었을 때 해야 할 것을 지금부터 연습하고 공부하는 데 더 큰 뜻이 있다고 말해 주었다.

다음 또 한 가지 말한 것은 이렇다.

"지금 입후보자들 12명의 의견 발표를 듣고 느낀 것인데, 모두 잘했습니다만 한 가지 크게 잘못된 것은 모두 말한 것이 자기 자신의 진심에서 우러난 말이 아니고 어른들의 말, 선생님들의 말을 그대로 따르고 흉내 낸 것입니다. 우리 학교를 빛내도록 한다든지, 아름다운 학교를 만든다든지, 이런 막연한 말, 선생님들이 하는 말, 더구나 새 시대, 새 질서를 위해 일하겠다는 말들은 조금도 여러분 자신의 생각이 들어가지 않은 말입니다. 말씨도 모두 어른스런 말씨였습니다. 자기 자신의 말로 자기 자신의 생각을 얘기해야지요. 평소 자기 학급의 생활을 생각하고 학교 전체 아이들의 생활을 생각해 보면 무엇인가 문제가 있을 것입니다. 그런 걸 여러분도 모두 한두 가지씩은 다 느끼고 있을 것입니다. 그런 것을 쉬운 말로 얘기해야지요."

셋째 시간의 선거도 3학년 이상 모두 운동장에서 투표를 했는데, 아이들이 투표를 다 마칠 때 내가 나가니 교감 선생, 권 선생이 "교장 선생님도 투표해 주시지요" 했다. 선생님들도 한 표씩 넣기로 했던 것이다. 그런데 나는 부회장 출마한 아이들의 얘기를 알뜰히 듣지 못해서 어느 아이를 써넣어야 할지 정신이 없었다. 그렇다고 누구에게 물을 수도 없다. 회장은 셋 중에 한 아이를 가릴 수 있지만 차라리 기권하는 것이 옳겠다는 생각이 들었던 것이다. 또 기권의 자유도 아이들 앞에 보여 주는 것이 좋겠다 싶어 "난 그만 기권하겠어요" 했더니 교감 선생이 두 번 세 번, 그것도 아이들 앞에서 "아이들 앞에 시범할 필요가 있습니다" 하면서 투표를 권했다. 권 선생도 투표용지를 일부러 내밀면서 말했다. 나는 그럴수록 거절하고 싶은 생각이 들었다. "투표는 강요할 수 없습니다"고 끝내 기권했던 것이다. 나중에 생각해 봐도 오늘 일은 잘했다 싶었다.

개표하는데 회장 나온 세 사람은 둘이 남자고 하나가 여자인데, 속으로 이리되면 여학생이 될 가능성이 있다 싶었는데 예상밖으로 그 여학생은 아주 표 수가 적었다. 여학생들이 여자라 해서 찍어 주지 않았던 것이다. 이것은 봉건적 사상과 습관이 아직 이곳 아이들 속에서도 남아 있는 것인지, 아니면 워낙 생각들이 깨어나서 남녀평등이 된 것인지, 혹은 같은 여학생이라 시기해서 그런 결과가 되지는 않았는지, 잘 알 수 없다. 남자아이 둘은 마지막까지 다투다가 결국 한 표 차로 결정이 났다.

아무것도 아닌데도 투표를 하고 개표를 해서 숫자로 승부를 결정하는 일에는 어른이고 아이고 관심이 대단하다. 경쟁이란 본시 이런 것인가 보다. 그러나 민주 사회를 만드는 데 있어서 이 선거 투표의 행사는 그것이 아무리 어린애들 같은 짓이라 하더라도 뜻이 있으며 더구나 아이들 교육 행위로는 중요한 것으로 봐야 한다.

오늘 선거 투표 교육은 내가 생각해도 잘한 것이구나 생각되었다. 이렇게 중요한 선거를 오랫동안 못 해 왔으니 이 나라의 교육이 얼마나 잘못되어 왔는가 짐작할 수 있다.

1981년 4월 1일 수요일

오늘은 마을 어린이 문고 일람표를 만들고 추천 도서 일람표도 만들었다. 외국 명작을 학년별로 일람표를 만드는 일도 앞으로 해야 되겠다고 생각했다. 이것은 무차쿠 세이쿄의 저서 (○○알아볼 수 없음)를 토대로 해서 책방에 가서 조사를 해서 만들어야 되겠다.

저녁에 최 군이 공문과 교육 잡지, 자료 들을 가져왔기에 여느 때처럼 숙직실에 직원들이 모두 모였다. 장학사 얘기가 나와서 정 선생이 "장학사들 학교에 나와 잔소리하지 말고 수업을 해 보이면 좋겠습니다"고 했더니 교감 선생이 반대를 했다. "장학사라 해서 수업을 잘하는 것은 아닙니다. 장학사들 학교 나와 수업해야 한다면 선생들이 모두 그 수업 보고 비판할 것이고, 그렇게 되면 아무도 장학사 할 사람이 없을 것입니다"고 했다. 그러면서 요즘 장학지도는 수업을 비판하는 것이 아니고 조언을 하는 것이고 연구수업을 해서 모두 수업한 사람들 비판하는 것은 옛날에나 하던 것이지 요즘은 그렇게 안 한다고 했다.

나는 정 선생 말에도 일리가 있다고 하고, 교육자는 수업을 가장 중요하게 여겨야 하며, 수업을 서로 보고 비판해 주는 일이 중요하다고 말했다. 그것은 옛날의 케케묵은 짓이 아니라 앞으로 그런 방향을 다시 잡아 나가야 할 것이라 생각되었다. 요즘 교사들은 수업 시간에 거의 모두 시험문제 풀이 중심으로 수업이란 걸 진행하고 있는데 그런 현실은 무시하고 수업 비판은 옛날 사람들이나 하던 것이라면서 무슨 교육원이니 교육 방법이니 무슨 학습이니 하여 조언이라고 말해 준다면 이게 무슨 장학이 되겠는가? 가르치는 과정은 도외시하고 결과만 따져서 점수만 올라가기를 바란다면 이것은 교사들이나 장학사들이나 모두 장사꾼이라 할 수밖에 없다.

내가 얘기하다가 옆에 있는 권 선생한테 연구수업을 몇 번 해 봤는가, 남의 수업을 몇 번 보았는가, 물었더니 교내서 연구수업은 몇 번 해 본 일이 있고, 수업 참관은 남의 학교에 가서도 몇 번 보았다고 했다. 그래서 "그럼 수업 참관을 했을 때 참 훌륭하게 하는구나 하는 수업을 본 일이 있습니까?" 하고 물었더니 그런 수업은 본 일이 없다고 했다. 권 선생은 교대를 나온 지 이제 5년째다. 그러면서 훌륭한 수업을 본 일이 없다니 불행하구나 하고 생각되었다. 정말 요즘은 훌륭한 수업을 볼 수 없다. 수업 자체가 등한시되고 있다. 연구 논문이나 교육 자료 잘 쓰고 만들어 점수 따서 영전하는 사람은 있지만 수업 잘한다고 이름난 사람은 없다. 세상이 이렇게 되었구나! 하고 새삼 느꼈다.

그런데 이 권 선생은 참 훌륭한 사람이다. 이런 말을 했다. "수업을 어떻게 하면 잘할까, 하고 생각하다가 녹음기를 갖다 두고 제가 수업하는 것을 녹음해 두었다가 다시 그걸 틀어서 제가 발언하고 아이들이 말하는 걸 들어 보니 반성이 많이 됩디다……"고 하는 것이다. 이런 사람이 요즘 젊은이들 가운데 있다는 것은 여간 다행한 일이 아니다. 수업 진행을 녹음해서 다시 반성하려고 하는 사람이 있는데, 지금의 장학하는 사람들은 수업 비평을 시대에 뒤떨어진 옛것이라면서 점잖게 무슨 탐구 학습이니 완전 학습이니 하는 이론이나 얘기한다면 이 얼마나 엉뚱한 짓이겠는가? 그것은 장사꾼들의 배짱에 맞추어 주는 또 하나의 장사꾼들의 짓밖에 아무것도 아닌 것이다.

숙직실에 앉아 우리는 체벌 얘기를 또 했다. 이래서 10시 반이 되도록 교육 얘기를 하다가 헤어졌다.

1981년 5월 19일 화요일

오전에는 학교 경영안을 들여다보면서 도장학사 오면 설명할 것을 생각하고, 오후에는 어제 쓴 우리 학교 아이들 글과 백일장 작품을 보았다.

오전에 앞마을 전화 집에 가서 창비사에 전화를 걸어 이번 주말이나 다음 주 초에 상경한다고 해 놓았다. 전화를 기다리는 동안 전화 집 김재순 씨가 술을 가져와서 권했다. 대구 가 있는 딸아이가 어제 올 때 사 왔단다. "그냥 오면 될 건데 이런 걸 사 왔어요" 했다. 나는 "아들보다 딸이 더 낫던데요" 하면서 이원수 선생 따님 얘기를 했더니 "글쎄 중학 다니는 작은아이가 제 누이들한테 공납금을 좀 보내 달라고 편지를 했어요. 큰놈은 체면도 있고 해서 못 하고 작은놈이 편지를 나도 몰래 썼던 모양이래요. 그래 두 아이 공납금 5만 4천 원을 어제 가져왔잖아요. 돈이 없어 어쩔까 하고 걱정이 태산이던 차에 잘되기는 했지만, 그 아이들이 무슨 돈이 있어 가져왔는지 맘이 아파요" 했다. 재순 씨 부인도 옆에 와서 딸 얘기를 했다. 오후 2시에 들어가면 밤새도록 일을 하고는 아침 7시에 나온다는 공장, 방 직공장의 기계를 열몇 개나 맡아서 정신없이 일해야 하는데 한 달 겨우 8만 원을 받는다고 한다. 그걸 억지로 곗돈 얼마씩 넣으면 밥 먹고 옷 사 입을 돈도 없다고 하는데, 무슨 돈을 5만 원이나 제 동생들 공납금 하라고 보냈겠어요. 저들도 중학교 에 못 갔는데, 했다. 그래도 대구 가 있는 아이들은 그 정도라 도 받고 견디는데, 서울 간 큰아이는 지금 나이 스물하나가 됐 는데 저러고 있으니 큰일 났어요, 했다. 찬희를 말하는 것이다. 나는 "그만 집에 오라고 해서 농사일이나 거들고 있으라지요" 하고 싶었지만 아무 말을 할 수 없었다. 그런 말은 통하지 않을 것이 뻔했기 때문이다.

그리고는 올해 농사 얘기가 나왔다. 마늘은 지금 값이 좀 있 지만 마늘 농사는 모두 조금씩밖에 안 했고, 고추는 지금 묵은 고추 시세가 근당 1,600원밖에 안 간다고 했다. 그리고 밭에 심은 것도 거의 모두 죽어서 두 번씩 심었는데, 날씨가 이 모양 비도 안 오는 데다가 싸늘하니 이래 가지고 뭘 먹고살지 아득 하다는 것이다. 정말 날씨 보니 올해도 흉년이 들 것 같아 기가 막힌다. 또 흉년이 들면 어디 농사짓는 사람만 못살게 되는가. 다 죽을 판이 될 것이다.

1981년 5월 23일 토요일

아침에 누동학원 선생들 앞으로 보내는 격려 편지를 썼다. 폐교령이 내렸는데도 끝까지 버티고 나가려는 그곳 선생님들의 교육 정신에 감동하지 않을 수 없다. 참으로 훌륭한 젊은이들이다. 누동학원은 광주의 유아교육과 함께 또 하나 이 땅의 참된 교육의 명맥을 이어 준 자랑이 될 것이다.

낮차로 안동 나와 장춘다실에서 백일장 작품 심사를 했다. 모인 사람은 나, 김원길, 강윤수, 조영일, 김종욱 다섯 사람이었다. 강윤수는 고등학생이 소설을 썼다는 것은 높이 평가할 만하다고 하면서 그 형편없는 엉터리 작품을 입상시키려고 했으나 김원길도 나도 안 된다 해서 문제의 장원작을 낙선시켰다. 대체로 내가 본 차례대로 등급을 매겼다. 오후 5시가 지나 끝이 나 김종욱 씨가 저녁 식사를 하러 갑시다고 해서 식사를 마치니 6시 반이 가까웠다. 그길로 일직을 갔다.

권 선생은 건강을 좀 회복한 것 같았다. 방에 들어가 앉으니 소쩍새 소리가 바로 옆에서 났다. 교회당 앞 아까시나무인가에 앉아서 우는 것이다. 소쩍새 소리를 이렇게 가까이서 듣는 일은 좀처럼 없다. 권 선생은 저 새가 밤마다 저녁부터 새벽까지 우는데, 밤중에도 저 새소리 들으며 자고 깨어나면 저 새소리 나요, 얼마나 슬프게 우는지 가만히 듣고 있으니 내 가슴속에서 저 소리가 나는 것 같애요, 하고 가슴에 손을 대었다. 나는 문득 그 소쩍새 소리가 내가 아주 어렸을 때 나서 얼마 안 되어 죽은 내 동생의 넋이 지금 저기 와서 우는 것 아닌가 하는 느낌이 났다. 왜 그런 느낌이 났는지 모른다.

　권 선생과는 또 아동문학 얘기며 종교 얘기를 했다. 아동문학이 형편없다는 얘기였다. 권 선생은 김영동 목사가 그 교회에서 청년들이 만들고 있는 주보가 있어 거기 동화를 좀 써 달라 해서 보내 줬더니 원고료를 보내왔는데, 또 달라 해서 써 주었더니 고료를 보내오고, 그래 보니 원고도 얻고 싶은지 모르지만 날 도와주고 싶어서 그러는 모양이라, 그런데도 거절할 수도 없어서 장편소설 생각하고 있던 것을 인제 2회분 써서 보냈다고 했다.

　종교 얘기 난 것은, 권 선생이 교회 같은 것 차라리 없었으면 좋겠다고까지 말을 해서, 그럼 교회 없애도 기도실이나 기도원 같은 것 만들어 놓고 하루 한 시간 정도라도 명상하고 기도하는 생활을 하는 것이 어떤가 했더니, 그런 명상이니 기도니 하는 것 다 소용 없고 사람들과 같이 일하고 살아가면서 서로 정을 나누고 사는 것이 가장 좋다고 했다. 기도원 같은 것은 아주 타락한 사람들이 가는 곳이라 했다. 나는 권 선생 생각이 벌써 이렇게 진전되었는가 싶어 놀랐다. 나는 "그런 기도원을 말하는 것이 아니고 퀘이커교도들이 모이는 그런 모임의 장소를 말했던 것이래요" 했다.

　권 선생은 또 이 일직교회도 아주 잘못되어 가고 있어 예배하러 들어가고 싶지 않다고도 말했다. 그래서 어디 나 있는 곳이나 봉화 구천이나 옮겨 보는 것이 어떻겠는가 했더니, 다른 데 멀리 갈 수는 없고 아무래도 정이 든 곳이니 여기서 옮기고 싶다고 말했다. "전에 마을에 집을 사서 한 번 나가 본 일이 있는데, 그때는 왜 다시 들어왔어요?" 했더니, 그 집이 마을 한가운데 있어서 앞집에서 라디오를 크게 틀어 놓고 시끄러워 견딜 수 없었고, 또 그보다 그때 교회가 텅 비어서 누가 지키고 있어야 했다고 말했다. 그럼 어디 외딴집이 있는지 알아보지요? 했더니, 그런 집이 어디 있어야지요, 했다.

이래서 또 그다음에 마을 사람들 얘기, 도시로 가 버리는 젊은이들의 얘기, 마을에 남아 있는 젊은이들의 얘기를 했다.

권 선생은 젊은이들이 거의 모두 도시로 나가 버렸지만, 남아 있는 아이들은 자기 집 농사일은 안 하고 과수원 같은 데 가서 일해 주고 하루 3천 원씩 받고 싶어 한다면서, "아이들이 제가 무엇이든지 자유롭게 계획하고 일하기를 좋아하지 않고 무엇이든지 남이 시키는 것만 하려고 해요" 하면서 이것이 학교교육 때문이라고 했다. 나는 그런 노예근성이 일반화되었다면 이건 예사 문제가 아닌데, 그보다도 아이들이 집에서 일하면 돈이 안 생기지만 남의 집에 가서 일하면 다만 얼마라도 쓸 돈이 생기니 그걸 바라서 가는 것 아니겠는가, 했더니 그런 편도 있지만 이건 틀림없이 시킴을 받아 하는 것을 좋아하는 습성이 몸에 밴 것이라고 단정적으로 말했다.

나는 권 선생의 얘기를 부정할 수 없었다. 사실 학교교육을 보면 아이들을 완전히 기계로 훈련하고 있는 것이고, 그런 교육 철저하게 받아 온(국민학교부터 대학까지, 그리고 군대 교육에서까지 받았으니) 아이들이 자유롭게 활동하기를 두려워하는 것은 당연하지 않겠나 싶다. 권 선생은 또 "학교에서 아이들이 어디 사람 되는 공부하고 있습니까. 점수 따기 위해 공부하지요" 했다. 너무나 당연한 말이다. 노예로 된 인간들! 참으로 무서운 일이다.

몇 해 전에 권 선생이 일본의 형님이 보내 준 돈이 있었는데, 그걸 왜관요양원에서 같이 있다가 만기로 쫓겨난 어떤 두 여인이 알고 와서 빌려 달라고 해서 준 일이 있다. 그 여인들은 그걸로 안동서 장사를 해서 틀림없이 성공해서 갚아 준다고 했던 것이다. 권 선생은 여인들의 말을 믿는 것이 아니고 하도 딱한 사정을 보고 안 줄 수 없어서 주었던 것이다. 그런데 그 후 여인들은 내가 예상한 것과 같이 장사에 실패했다. 그래 어디로 갔는지 소식을 모르다가 얼마 전에 기별이 와서 그 돈의 이자는 모르지만 원금만은 곧 갚아 드린다는 편지인가가 왔더란다. 그래서 이번에 "그 돈 보내 주던가요?" 했더니 "보내 주긴요!" 하면서 "그 여자들이 문경인가 예천인가 어느 성당 신부님의 시중 일을 들어 주고 월급을 4만 원인가 5만 원 받는 모양인데, 그걸 모아 준다니 기가 막히지요" 했다. 나는 "그 돈 얼마나 됐지요?" 물으니 "40만 원입니다" 했다.

1981년 5월 24일 일요일

서울에 도착하니 10시가 됐는데, 택시를 잡아타고 마포에 와서 여관에 들어와 앉으니 11시가 됐다.

오늘 차를 타고 오면서 나는 좀 감상에 젖었다. 이렇게 떠돌아다니는 것이 내 운명인지 모른다. 어제 권 선생과도 그런 얘기 했다. 이 세상에는 안주할 땅이 없다고. 여기가 마포경찰서 부근이라는데 한적한 뒷골목의 여관방이 좀 보잘것없지만 이런 방이 오히려 내 마음을 가라앉게 한다. 오늘 밤 여기가 내 쉴 곳이요, 내 안식할 공간인 것이다!

솟쫑새

솟쫑!
솟쫑!
마을 뒷산에서
솟쫑새가 와서 운다.

가만히 듣고 있으니
그 소리가 꼭
서울 가서 죽은 누나 목소리 같다.
누나가 찾아와서 울고 있는 것 같다.

그런데 동생은
엄마 잃은 아기가
배가 고프다고 우는 소리란다.
엄마 찾아 우는 소리란다.

어머니는 솟쫑새가
어머니 가슴속에서
운다고 하신다.

아버지는
아버지 가슴속에서
자꾸 울고 있다 하신다.

"밤중에도 눈이 뜨면
가슴속에서 솟쫑! 솟쫑!
하고 소리가 나지"
하신다.

솟쫑!
솟쫑!
솟쫑새는 한 마린데
어머니의 가슴에도

아버지의 가슴에도

내 가슴에도

동생의 가슴에도 운다.

1981년 5월 26일 화요일

아침에 김종상 선생이 아이를 시켜서 억지로 끌려가서 식사를 했다. 동시집의 이름을 '개구리야 울어라' '개구리 울던 마을' 등 몇 가지 쓴 것을 보였더니 '개구리 울던 마을'이 참 좋다 했다. 식사를 하고 나와 창비에 가서 시집 이름을 의논하니 '개구리 울던 마을'은 동화집 이름 같다면서 '개구리야 울어라'로 하자고 해서 그렇게 결정했다. 그길로 종로서적에 갔더니 출판부장 조성헌 씨가 없었다. 오늘 하필 민방위 훈련받으러 갔단다. 그리고 요즘 몸살을 앓고 있는 것 같아 내일도 결근하기 쉬울 것이라 했다. 할 수 없이 오후에 집으로 전화를 걸어 보기로 하고는 집 전화번호를 물어서 적어 두었다.

이번에는 한윤수 씨를 만났다. 한 씨는 전화를 거니 바로 화신 뒤에 있었다. 책방에 나온 《이 아이들을 어찌할 것인가》를 보니 4월에 10판을 찍어 낸 것 같은데 인세 말을 하지 않았다. 물론 어려워서 그렇긴 하겠지만 한마디 인사도 없이 그럴 수 있는가 싶었다. 한 씨는 경주의 윤경렬 씨가 언젠가 〈소년한국〉에 연재한 경주의 고적과 신라의 전설, 문화에 대한 글을 창비아동문고로 내줄 수 없는지 알아봐 달라 해서 그렇게 하겠다고 말했다. 그 원고는 한 씨의 친구인 윤경렬 씨 아들이 가져와서 맡겨 두었다는데, 책이 두 권분은 될 것이라 했다.

한 씨와 헤어져서 이번에는 광주 김소형 선생이 소개한 서정슬 씨를 찾아갔다. 마포행 302번 버스 종점에 내려 '사랑의 고리' 집을 물으니 곧 찾을 수 있었다. 거기엔 다섯 사람의 처녀 불구자들이 공동생활을 하고 있는데 봉사도 있고 벙어리도 있고 일어나 걷지 못하는 사람도 있었다. 이들은 서로 도와 가면서 밥도 하고 빨래도 하며 산다고 했다. 모두 가톨릭을 믿고 있으며, 밝은 표정으로 즐겁게 살아가는 듯해서 나도 기뻤다.

다섯 사람 중에서 서 양이 제일 몸이 불편했다. 그는 두 다리를 못 쓰고 기어 다니다시피 했고, 두 팔은 부자유스러웠고, 손가락은 겨우 두세 개 밥숟갈을 어찌어찌해서(얼마나 많은 훈련을 하였을까?) 잡거나 볼펜을 잡을 수 있을 정도였다. 그리고 목이 비틀어졌고, 입이 비뚤어져 발음을 제대로 할 수 없었다. 남이 하는 말은 잘 알아듣는데, 자기의 의사표시는 필담으로 겨우 몇 자씩 써 보이거나 지극히 불완전한 발성으로 그의 말을 알아내는 측근의 사람에게만 전할 수 있었다. 오늘 내가 갔을 때는 바로 옆에 다리를 못 쓰는 처녀가 앉아 그의 말을 통역해 주었는데, 나는 서 양의 그 고심참담 애써 하는 입놀림을 전혀 알아들을 수 없었지만 그 옆의 처녀는 척척 알아내는 것이 참으로 놀랍고 신기했다.

258

나는 처음에 나 자신을 소개했다. 그리고 광주의 김소형 선생 소개로 서 양의 시집을 읽게 되었고 서 양을 알게 되었다고 했다. 그리고 찾아온 뜻을 말했다. 시집 읽은 느낌을 말하고, 시집에 안 나온, 더 좋은 작품이 있다던데 보여 줄 수 없는가 하고 물었다. 그랬더니 노트를 가져왔는데 보니 글씨를 몹시 고심해 쓴 흔적이 있지만 단정히 썼고, 맞춤법, 띄어쓰기 등 아주 놀라울 정도로 정확했다. 시집에 안 나온 좋은 작품들이 김소형 선생 말대로 많이 있었다. 왜 이런 좋은 작품들을 안 실었을까? 홍윤숙이란 사람은 그렇게 시를 모르는 사람인가. 참 할 수 없는 사람이다.

나는 서 양에게 물었다. 이 시집을 낸 데 만족하고 있는가, 하고. 그랬더니 그렇지 않다고 했다. 또 내 생각에도 책 이름이 마음에 안 드는데 어떤가, 했더니 역시 마음에 안 들어 그 출판사에 있는 신부한테 말했는데, 다음 재판 때는 다른 이름으로 바꾸기로 했다고 했다. 나는 또, 여기 노트에 있는 것 중에서 책에 나오지 않은 좋은 작품이 여러 편 있는데, 새로 시집을 한 권 더 만들고 싶은 생각은 없는가 했더니, 아직 만들 생각은 없고 더 써서 다음 천천히 만들고 싶다고 했다.

나는 시집 두 권을 달라고 해서 봉투에 돈 만 원을 넣어 책값이라고 하고 내주고 나왔다. 아, 어쩌면 그렇게 정답고 기쁘고 즐거운 집인지, 참 너무너무 고맙고 다행스런 생각이 들었다.

그길로 나와 창비에 가니 어제 많이 고친 두 작품의 교정본이 나와 있어서 그걸 보고, 책 몇 권을 사서 나왔다. 내 시집은 6월 중순경에 나온다고 해서 그때 오기로 했다.

종로에 와서 조성헌 씨 집으로 전화를 걸어 송재찬, 박상규, 이주홍 세 분의 동화집 얘기를 했더니, 자기 마음대로 할 수는 없으니 의논해 보고 곧 편지 연락을 하겠다고 했다. 그만한 대답을 받은 것도 다행이다 싶었다.

그길로 내일 아침 기차표를 사 놓고, 이제는 여관에 들어가 푹 쉬기로 하였다. 원갑여관에 가면 여관비가 적어도 8천 원은 될 것 같아 옛날의 학원 골목에 들어가 조그만 여관에 갔더니 5천 원이라 했다. 같은 5천 원인데도 마포보다 오히려 방도 이불도 깨끗해서, 이제 서울 오면 언제든지 여기 들어오자고 생각했다.

1981년 5월 27일 수요일

아침에 일어나 세 통의 편지를 썼다. 이주홍 선생, 박상규 씨, 송재찬 씨 앞으로 부칠 것이다.

청량리역 8시 30분발 기차를 타고 오면서 생각하니 동시집 이름을 '개구리 울던 마을'로 할 것을 잘못했다는 생각이 들었다. 대곡에 가면 곧 전화를 해야겠다고 생각했다.

차를 타고 오면서 쓴 것이다.

기차를 타고

산마다 골마다
참나무 오리나무 새잎 피어나
눈이 부시다.
냇가엔 아카시아꽃 언덕엔 찔레꽃
개울에는 포플러 늘어서고 염소들이 누웠고
골짜기 조만 논배미마다 모내기도 한창이다.
아, 신록에 묻힌 아늑한 산기슭마다
부모님들, 형제들 정답게 모여 사는
고향 같은 마을!

산을 보면 눈물이 나요.
빗물을 보면 눈물이 나요.
마을을 봐도 그래요.
어머니 가슴 같은 흙을 봐도 눈물이 나요.

번쩍 번쩍 비닐로 숨 막히게 덮여 있는 논밭들
미꾸라지 한 마리 살지 않을 도랑물들
울긋불긋 칠해 놓은 지붕 그 밑엔
정신이 멍하도록 울리고 있을 낯설은 노랫소리.

참나무 오리나무
새잎 피어나고
아카시아꽃 오동꽃 향기 풍기는
오월의 강산을 지나면
눈물이 나요. 눈물밖엔 나오는 게 없어요.

새 한 마리

새 한 마리 하늘을 날아갑니다.
아늑한 골짜기 어느 마을을 보고
여기에 살고 싶다고 폴폴폴 날아내리다가
그만 질겁을 하고는 날아올랐습니다.
그 마을에서 총소리가 울렸고
울부짖는 소리가 들렸습니다.

새 한 마리 하늘을 날아갑니다.
푸른 풀 우거진 냇가를 지나면서
여기가 내 고향 같다면서 폴폴폴 날아내리다가
깜짝 놀라 날아올랐습니다.
그 냇물엔 흉악한 냄새가 코를 찔렀고
고기들이 떼죽음하여 떠내려갔습니다.

새 한 마리 하늘을 날아갔습니다.
푸른 숲이 우거진 곳을 지나다가
여기야말로 나를 반기는 형제들이 살겠다 하고
폴폴폴 날아내리다가 또 혼이 났습니다.
그 숲은 향기도 없고 숨도 쉬지 않는
플라스틱으로 만든 가짜 나무들이었습니다.
새 한 마리 하늘로 날아갑니다.
새는 이제 지쳤습니다.
그러나 어딜 가도 나려앉을 곳이 없었습니다.
오늘도 한 마리 새는 구름 따라 가고 있어요.

어느 날

구름이 온 하늘을 덮고
바람이 분다.
온 산의 참나무들 허옇게 잎을 뒤집어
모조리 한쪽으로 쓰러져 흔들리고 있다.
번쩍번쩍 처절한 아름다움을 보여 주고 있다.
구름은 하늘을 덮고 땅을 덮고
납덩이같이 우리의 가슴을 누르고 있는데,
허옇게 쓰러져 누워 있는 참나무들은
처절한 지구의 마지막 모습같이 아름답다.

안동서 2시 차로 들어와 곧 마을에 가서 창비로 전화를 걸었더니 정 사장만 있었다. 책 이름을 '개구리 울던 마을'로 해 달라고 했다.

사무실에 편지가 여러 곳에서 와 있는 중에 함석헌 선생 저작전집간행준비위원회에서 온 것이 있는데, 그 내용이 함 선생의 편지 같은 것을 보내 주었으면 좋겠다는 내용이었다. 몇 통을 나도 받은 일이 기억나서 저녁에 편지 넣어 둔 상자를 꺼내어 모조리 들춰내 보았더니 겨우 한 통밖에 안 나왔다. 권 선생, 이원수 선생의 편지도 따로 모아 보니 권 선생 편지가 백 통쯤 되었다. 이원수 선생 것은 얼마나 될까, 백 통도 더 넘을 것 같았다. 편지글은 권 선생의 것이 가장 좋고 읽을 만한 것이다.

이철수 씨 편지에는 내일부터 있는 전시회에 이현주 목사가 바로 내일 오게 되니 와 주었으면 좋겠다고 했다.

1981년 6월 8일 월요일

학교의 펌프 물도 아침부터 떨어졌다. 할 수 없이 조회 때 물 관리에 대한 긴급 논의를 했다.

첫째, 펌프 물은 식수 이외의 용도에 일절 못 쓴다.

둘째, 아침에 한 번, 둘째 시간 마친 다음 한 번, 그리고 점심 시간에 한 번, 이렇게 세 번쯤 정해 놓고 그 시간에 각 교실에서 주전자를 가져오게 해서 물을 퍼 담아 가게 하고 그 밖의 시간에는 펌프 물을 못 잣아 올리게 손잡이를 뽑아 사무실에 갖다 놓기로 한다.

셋째, 청소 때 물을 써야 하는 1, 2학년은 앞개울에 파 놓은 관수(灌水)용 웅덩이에 가서 걸레를 씻되 되도록 조심해서 물을 낭비하지 않도록 한다.

넷째, 꽃밭의 관수도 중지하는 수밖에 없다. 관수용 웅덩이 물을 떠 와서는 안 된다. 논에 퍼 올릴 물도 없는데.

다섯째, 직원 채소밭의 관수는 뒷개울 도랑 바닥에 고인 물을 나는 대로 쓰고, 그것이 마르면 관수를 중지한다.

여섯째, 빨래는 일체 모아 두었다가 비가 오면 한다.

정말 물난리가 나는 것 같다. 이대로 가다가는 마실 물도 떨어질 것 아닌가. 앞집의 펌프 물은 벌써 어제부터 안 나온다고 한다. 돌매기 마을도 그렇게 좋던 샘물이 겨우 식수 정도로 나온다.

1981년 6월 11일 목요일

아침 차로 안동행.

10시부터 교장 회의가 있었는데 오늘 회의는 회의 서류가 아주 두꺼운 책으로 한 권이었지만 학무과장이 재빨리 대강 넘어가는 식으로 진행해서 12시 전에 마쳤다. 그동안 두 번이나 교육장 회의가 있었다는데, 그걸 모아 전달한 것이다. 내용은 정화 운동, 정신교육 등 언제나 하는 말이었고, 좀 다른 말이 있었다면 "대학생들의 동향"인데, 요즘 대학생들이 좌경이 되어 현 정권을 파쇼 정권이라 하고 정권을 지원하는 재벌을 매판자본가라 한다고 했다. 그리고 또 하나는 학교 경영을 외부 환경 꾸미는 것으로 위주 삼아 자랑삼지 말고, 학력, 아동 행동, 기능 등 지도를 잘하여, 그것을 자랑삼으라고 하는 교육장 말이었다. 강 장학사의 수업 심사에 대한 애기가 있었다. 이제 수업을 잘하도록 장학지도를 할 모양인가?

오후 차로 돌아오니 교감 선생이 '풀이름 외우기 내기' 행사에 대해서 "선생님들과 의논해 보니 우선 학교 안의 교재원에 있는 것부터 하는 것이 좋겠다고 해서 그렇게 하기로 했습니다"고 하면서 권 선생이 행사 계획한 것을 내보였다. 나는 좀 불쾌했다. 게시판 광고에는 분명히 산과 냇가, 논둑 밭둑의 풀이름을 할아버지나 할머니들, 아버지 어머니들에게 물어서 알아 두라고 해 놓았던 것이다. 그걸 한 달 전에 애기해서 내 손으로 써서 걸어 두었던 것인데, 이제 와서 학교 교재원 화단에 있는 표찰 붙은 나무 이름 알기를 하다니? 아이들과 약속한 것을 이렇게 일방적으로 고칠 수 있는가? 아이들이 애써 풀이름을 알려고 그동안 집에서 공부를 했다면 어찌 되는가? 내가 그런 말을 했더니 사무계원으로서 기안한 권 선생은 그런 산의 풀이름 우리도 모르고 사투리로 마구 적어 오면 어떻게 처리를 합니까, 한다. 사투리로 적어 오면 어떤가, 그중에는 표준말도 있을 것이고 사투리도 있을 것이다. 야생풀 이름을 표준말로 다 아는 사람이 누가 있는가, 우리도 모르고 있어서 이 기회에 배우는 수가 있을 것 아닌가, 이랬더니 고개를 갸웃거리고, 교감도 그런 행사가 어디 있는가, 하는 태도다. "아이들이 적어 온 것이 정확한지 틀린 것인지 어떻게 알아요? 그래 가지고 처리를 어떻게 하지요? 적어도 뒤처리를 어떻게 하지요?" 한다. 틀린 것을 알면 바로 가르쳐 주어야지만, 우리가 모르는 것은 모른다 하면 되지 않는가? 이건 선생님들도 모르는 풀이니 너희들이 다음에 가서 연구해서 알아보도록 하여라고 하면 처리가 되지 않는가? 이렇게 교감과 나는 토론을 했다.

"적어도 뒤처리를 표본을 만든다든지 하여 남겨 놓아두어야 교육이 될 텐데 그런 행사가 어디 있어요?"

"교감 선생은 교육을 꼭 그런 장부나 물질적인 증거로 남겨 놓아야 된다고 생각하는데, 교육이란 그런 게 아니래요. 교육한 표적은 그런 행사 결과를 증거로 남기는 데 있는 게 아니고 아이들 태도에 영향을 주는 데 있는 겁니다. 이 행사의 목표가 어디 있는지 이해를 못 하고 있어요. 이 행사는 아이들에게 우리들이 살고 있는 산과 들에서 늘 보고 밟고 꺾고 하는 풀이름 꽃 이름 몇 가지라도 알아 두는 데 있는 것입니다. 그런 풀이름을 알아야 되겠다고 생각하는 데 있는 겁니다. 그 이상 아무것도 없어요."

"학교 화단이나 교재원의 것부터 알도록 하면 좋지요."

"글쎄 그런 방법도 있겠지만 미리 광고해 놓았잖아요. 그리고 내 생각으로는 우리 아이들이 자기들이 늘 뛰놀고 생활하는 고향 땅(이 땅을 사랑하고 그 땅의 풀 한 포기라도 사랑하는 것이 애국이지 뭐가 애국이겠어요)에 나고 자라나는 풀이름을 먼저 아는 것이 순서지, 학교 화단에 심어 놓은 일본서 들어온 다마부끼, 가이즈까 같은 나무, 꽃밭에 심어 놓은 온갖 서양 화초(꽃밭에 심어 놓은 25가지 꽃 중에 20가지가 서양 화초다)를 먼저 알아야 옳다고 생각하지 않습니다."

이랬더니 교감은, "그럼 뭣하러 그런(다마부끼, 가이즈까 등) 나무 심었습니까?" 했다. 교감은 아주 기분으로, 감정으로 말하는 것 같아서 그만 말을 안 하기로 했다.

"그거야 어디 내가 심고 싶어서 심었나요. 학교 일이 어디 교장 맘대로 되나요? 교장 맘대로 해서도 안 되지요. 내가 아무리 어떤 행사를 하고 싶어 해도 선생님들이 이해 안 하고 그만두자면 할 수 없지요. 그만 말 안 하는 것이 좋겠어요."

"교장 선생님 뜻에도 없는 일을 어찌할 수 있습니까. 처음 광고한 대로 하지요. 내일이라도 당장."

참 어처구니없는 사람이다. 이 사람은 아주 행정하는 사람밖에 될 것이 없다. 어떻게 이렇게도 인간이 규격화되고 관료화되었는지 놀랍다. 이 사람이 재능도 있고 성의도 있고 하는데 이렇다. 그럴수록 이 모양으로 된 것이 참 너무나 아깝다. 오랫동안 관료적인 분위기 속에서 교육을 하다 보니 그만 이렇게 되는 모양인데, 그러고 보니 참된 정신 가지고 교단에 서는 사람이 몇이나 될지 너무나 한심스럽고 기막히고 어처구니없는 세상이다.

교실 정면에 "나라에 충성"이란 글자를 써 놓고 대통령 부부의 사진을 걸어 놓은 것도 이 교감 선생이고, 요즘은 그토록 날이 가물어 소동이 났는데도 음악 시간만 되면 "꽃놀이 달 놀이 물놀이 엄마 아빠 손목을 잡고 들이나 산이나 놀러 가자"고 하는 노랫소리가 들려오는 것도 이 교감 선생 반이다.

오늘은 오후부터 비가 왔다. 아침에 날이 맑아 걱정이 됐는데, 오후에는 비가 아주 주룩주룩 왔다. 이러다가 이번에는 장마를 치르게 될 것이 또 걱정이다. 하늘―자연을 이제는 믿을 수가 없다. 인간이 자연을 학대했으니 자연이 이번에는 보복할 것 같은 생각이 자꾸 드는 것이다.

1981년 7월 5일 일요일

9시경에 강명자 선생이 와서 다음 글짓기 서클 모임 때 글 고치기 지도에 대한 연구 발표를 하게 되었는데 좀 지도를 해 주었으면 좋겠다 해서 글 고치기의 목표, 원칙, 방법 등을 얘기하면서 대강 써 주기까지 했다. 11시경에 시내에 나와서 미리 전화로 만나자고 해 놓은 최춘해, 하청호, 권기환 세 사람을 황제 다방에서 만나 내 동시집을 주고 잠시 얘기하다가 보낸 뒤 12

시 반경에 온 염무웅 씨와 한참 얘기하다가 국숫집에 가서 국수를 먹고 헤어져 안동으로 왔다.

염무웅 씨는 박수복이란 여자를 압니까, 하면서 창비에도 더러 나오던 사람인데 텔레비전 드라마 같은 걸 쓰고 선생님을 만난 적도 있다던데요. 하고, 말만 들었더니 며칠 전에 텔레비전에서 그 사람이 쓴 것을 방영하는데, 난 아는 사람이 쓴 것이라 그 정도의 관심으로 봤더니 아주 좋던데요, 했다. 이건 우리나라의 작품으로서 세계적으로 내놓아도 훌륭하다 할 수 있는 작품 같더라면서 격찬했다. 그 작품명이 '봉순이의 하늘'이니까 다른 기회에 볼 수 있으면 보시는 게 좋겠어요, 했다. 얘기 줄거리를 대강 말해 주는 것만 들어도 아주 감동적인 것이었다. 나는 광주유아교육협회에 갔던 얘기. 창비에서 최근에 나온 아동문고 얘기 등을 하다가 내 동시집에 언급해서, "제 작품의 단점을 저도 알고 있어요. 너무 하고 싶은 말을 다 해 버렸지요. 독자에게 생각할 여유를 준다는 것은 산문에서도 필요한데 시가 이래 가지고는 안 되지요" 했더니 염 씨도 웃으면서 "선생님은 교육계에 오래 있어서 그런 것 같은데, 수필에서 얘기할 것을 시로 쓴 것 같은 작품, 너무 교훈적인 내용을 얘기로 쓴 작품이 많아요" 했다. 그러면서 "제가 보기로는 '눈길' '별에게' 같은 것이 좋다고 생각됐어요" 했다. '눈길' 같은 것이 좋다니 뜻밖이었다.

차를 타고 오면서 염 씨와 얘기하던 것을 다시 생각해 보았

다. 그리고는 앞으로 쓴다면 아주 함축성이 있는 작품을 써야
겠다고 생각했다. 그런데 한편으로 생각해 보니, 그런 마음속
의 꽉 찬 것을 토해 놓는 시도 있어야 하지 않을까, 더구나 이
런 시대, 마음속의 것을 제대로 밖으로 나타내 보이지 못하는
시대에 사는 아이들에게 보여 주는 시로서는 이런 것이 있는
것이 좋지 않을까도 싶었다. 이런 시는 아이들에게 어떤 마음
가짐, 삶의 자세를 보여 주는 구실을 하는 것이니, 시가 아니어
도 이런 노릇을 해 준다면 시가 된 것보다 더 다행일 수 있지
않겠나 싶다.

안동 와서 시간이 남았기로 문화회관, 마리스타 등에 가 보았
다. 문화회관에서 영주의 류강하 신부를 만나 책을 한 권 주고,
마리스타에 가서 전우익 씨 소식 물으니 접수 보는 아가씨가
"서울 마뉴엘 수사가 있는 수도원에 가 있다 해요" 해서 좀 놀
랐다. 아마 서울 가서 하루 이틀 묵고 오려는 것이겠지. 나오다
가 일직 권 선생한테 갔다 온다는 성미소 수사를 만나 다방에
들어가 이야기했다. 내 책을 한 권 주면서 미소란 이름이 좋다
고 했더니 그 이름이 〈별의 왕자〉를 읽고 그 가운데 미소란 말
이 나와 마음에 들어서 지었다고 했다. 참 재미있는 사람이다.

1981년 7월 11일 토요일

아침 차로 안동 나가서 농아학교 찾아가 임명삼 씨에게 여름

세미나 때 농아들 지도한 경험담을 좀 얘기해 달라고 부탁했다. 농아학교 교장에게도 인사하고 부탁했다. 교장의 안내로 학교를 한번 돌아다녔다. 조그만 교실에 일고여덟 명 혹은 10여 명씩 앉아 공부하고 있는 것을 보니 이곳에 다니는 아이들은 행복하겠다는 느낌이 들었다. 인쇄 공장과 목공장 시설이 잘되어 있었다. 교장 선생의 말이 이랬다.

"우리 학교에서는 아이들이 모두 학교 이름을 가슴에 자랑스레 달고 다닙니다. 공장에서 실습을 잘 받아 졸업하면 100퍼센트 취직이 되고, 취직하면 7,8만 원에서 10만 원을 넘는 보수를 받지요. 그래 15만 원 정도의 수입을 올리면 결혼까지 주선을 해 줍니다. 교육을 시켜 졸업하면 취직을 알선하고 그다음은 결혼까지 걱정해 주는 것이 우리 일입니다."

그리고, 이 학교 아이들이 농구 대회, 미술 대회, 글짓기 대회 등에 나가 다른 일반 학교보다 뛰어난 성적으로 우승을 하거나 상장을 많이 받아 온다는 것을 얘기해 주었다. 사실이 그렇다면 참 알뜰한 교육을 시킨 것이다. 그런데, 축구 대회나 농구 대회에 나가는 것은 모르지만 글짓기 대회에 나가는 것은 좀 의문스럽다. 내가 "농아들의 자기표현은 글짓기보다는 역시 그림이 위주가 되어야 할 것 같은데요" 했지만 손 교장은 아무 말이 없었다. 각 교실 뒤에는 어느 교실이고 그림들이 붙어 있었는데, 그걸 보니 농아들이 그림으로 자기를 표현해 보려는 괴로운 노력이 역력히 나타나 있었지만, 제대로 지도가 거의 안 되고 있는 듯 보였다.

요즘처럼 취직이 어려운 시대에 농아학교 졸업생들이 100퍼센트 취직을 한다니 반갑지 않을 수 없지만, 과연 그런가 좀 의심이 되기도 했다.

대구에 가서 삼정인쇄소에다 글짓기회보를 부탁해 놓고 봉덕동 집에 가 있다가 저녁때 다시 인쇄소에 가서 찾았다. 이번에는 12호 12면, 13호 12면인데 6백 부 인쇄에 5만 4천 원이었다. 밤 10시까지 회보 160부씩을 접었다.

1981년 7월 16일 목요일

내일이 제헌절이라 보결 수업에 들어간 6학년 아이들에게 제헌절 노래를 부르게 했더니 너무 음정이 높아서 부르기가 어려웠다. 한 번 부르고 그만두었다. 의식 때 부르는 노래가 다 이 모양이니 어디 부를 수 있는가. 우리 나라의 음악이 얼마나 대중과 유리되어 있는가 하는 하나의 증거가 여기에도 뚜렷이 나타나 있는 것 같다.

안동대학의 학생 30명이 여름 농촌 봉사하러 왔다. 학교에서 천막을 빌려서 전에 유창수 씨가 있던 집 마당에 치고, 발단식인가를 한다면서 오라고 하기에 갔더니 동장, 조성하 씨 등도 와 있었다. 나는 학생들에게 "근로를 직접 체험하는 것은 귀중한 인간 학습이니 부디 근로를 통해 성장하도록 바란다. 농사

노동은 고달픈 것인데, 땀 흘리고 괴롭게 일하는 것 자체가 가치가 있다고 생각해야 한다. 그리고 마을 사람들과 일체감을 가지도록 하여 '역시 팔자 좋은 대학생이구나' 하는 느낌을 주지 않도록 해야 할 것 같다"는 뜻의 얘기를 해 주었다.

밤에는 마을의 청소년들과 대화를 나누고 싶다고 해서 교실을 빌려 주었더니 11시 가깝도록 무슨 대화를 했는지 모른다. 지도 교수 한 사람이 왔기에 뒤뜰에서 얘기를 나눴다. 얘기를 무척 하고 싶어 하는 사람이었는데 너무 속된 얘기만 해서 싫었지만 어쩔 수 없이 11시가 되도록 잡혀 있었다.

수도 공사 맡은 사람이 아침에 온다 해서 미장공을 불러와서 종일 기다렸더니 저녁때에사 자재를 싣고 왔다. 차가 고장 났던 모양이다.

창비아동문고 두 질이 우편으로 왔다.

1981년 8월 15일 토요일

오늘이 36주년 광복절이다. 기념식을 하는데, 중·고등학생이 많이 왔다. 나는 "우리 나라가 세계에서 가장 불행한 나라"라고 말했다. "우리 어른들은 통일을 못 보고 죽을지 모르지만 너희들은 틀림없이 통일된 나라에서 살게 될 것이다"고 했다.

일제 36년에 분단 36년! 어처구니없는 세월을 살아왔고 살고 있다. 앞으로 우리의 이 비통한 역사는 암담한 세계의 역사

속에서 언제 어떤 일을 맞을지도 모르고 있으니 더욱 기가 막
힌다.

12시까지 아동들은 풀을 뽑았다.

오후에 샛마에서는 풋굿을 먹는다고 마이크로 떠드는 노랫
소리가 온 골짜기를 울렸다. 저녁때 잠잠하더니 밤이 되어 또
떠들었다.

달빛 속에서 나는 운동장을 거닐면서 남은 내 생을 생각했다.

1981년 8월 17일 월요일

오전에 아이들과 운동장, 교사 뒤편, 교재원 등에서 풀 뽑기
작업을 하고 낮차로 나갔다.

오후 3시부터 마리스타에서 모이기로 한 아동문학연구회는
꼭 오기로 한 이현주 씨가 보이지 않아 기다리느라고 4시가 지
나 시작했다. 알고 보니 이 목사는 장소를 모르고 문화회관에
서 3시 반부터 기다렸던 것이다. 그래 이 목사는 4시 반도 훨
씬 지나 왔다. 오늘 모인 사람은 다음과 같다. 이오덕, 김녹촌,
박상규, 권정생, 오승강, 전우익, 고재동, 박병용, 윤정혜, 이춘
아, 우종심, 김종욱, 임병호, 임명삼(도중에 학교 볼일로 나갔
다), 권종대, 정재돈(두 사람도 도중에 일이 있어 나갔다) 등이
었다.

맨 처음 내가 오늘 모임의 취지를 얘기하고(우리 아동문학에

서 의례적이고 상업적인 세미나만 있었는데 진짜 문학 연구의
자리를 만들어 보고 싶었다), 다음 또 아동문학 작품을 보는
태도(소박한 감상, 독자로서의 정직한 견해가 중요하다. 그것
을 토대로 이론을 전개해야 한다)에 대해 말한 다음, 권정생
씨의 아동문학에 대한 견해를 약 20분 동안 듣고서, 원전인
《별들이 사는 마을》에서 어느 작품을 선정해서 토의할 것인가
를 의논했다.

권 씨는 아동문학에서 작가들이 너무나 시시한 얘기만 하고
있다, 이렇게 하잘것없는 얘기들을 뭣 때문에 쓰는지 도무지
이해가 안 되는데, 협회 회원 108명의 작품 중 동화, 52명의 52
편에서 겨우 장문식의 〈위대한 다리〉, 장태범의 〈도망친 장군〉
이 좀 읽을 만하고, 이규희의 〈별나라로 올라간 눈사람〉이 유년
동화로서 괜찮은 편이라고 했다. 여기에 대해서 한참 의견을
교환했다. 전체로 봐서 중요한 인간 문제, 어린이의 삶에 관한
문제를 얘기한 사람이 드물다는 것은 모두 의견이 일치됐다.
나는, 작가들이란 가장 하고 싶은 얘기를 써야 하는데, 이렇게
하고 싶은 말이 없다는 것은 그가 인간의 삶 속에 있지 못하고
인간을 비켜서서 있는 것임을 말한다고 했다. 그리고 《별들이
사는 마을》에 나온 작품들에 대해서는 지금까지 해마다 나온
연간집의 작품보다 상당히 좋아졌는데, 그래도 우리 문단의 수
준으로 봐서 이만하면 됐다 싶은 작품이 여러 편 보여 반가웠
다고 했다. 읽을 만한 작품을 다음과 같이 들었다.

강정훈 〈아빠와 사장님〉, 김목 〈두 무사〉, 김종상 〈배추 나비〉, 박종구 〈망둥이〉, 박홍근 〈방지거 신부님의 수염〉, 윤기현 〈고향병이 든 할아버지〉, 윤일숙 〈뭘 모르는 어른들〉, 이효성 〈요술 막대기〉, 장문식 〈위대한 다리〉, 장태범 〈도망친 장군〉, 조평규 〈저승꽃〉.

다음 무슨 작품을 논의할 것인가를 의논하니 우선 신창호 씨가 복사해 온 세 작품, 김종상, 이효성, 장태범의 작품을 차례로 얘기하기로 했다.

맨 처음 김종상 씨의 작품인데 나와 같이 이것은 자연의 모습을 알리는 교재로서 좋다고 말한 사람은 몇 사람 안 되고, 억지로 썼다고 하고, 혹은 이해가 잘 안 된다고 하는 사람이 많았다. 나는 이 작품이 절실한 얘기가 못 되고, 일부러 "동화적인 것"을 찾아 쓴 것으로 역사성 같은 걸 찾을 수 없지만, 자연을 이렇게 아이들에게 얘기해 주는 것은 중요한 일이고, 또 문장이 아주 동화로서 모범이 될 만큼 잘 썼다고 했다. 단지 두어 곳이 좀 마음에 걸릴 뿐 전체로 봐서 아주 간결하고 읽기 쉽다고 했다. 그랬더니 권정생 씨가 문장에서 이해가 안 되는 곳을 한 곳 지적했다. 나는 그것이 그리 무리하지는 않다고 말했다. 그것은 불교적 사물관으로 그럴 수 있다고 했더니 권 씨는 그것은 작자가 멋대로 쓴 것이고 당치도 않은 것을 강요하는 것이라 했다. 김종욱이란 사람은 이것은 얘기가 이해될 수 없다고 말했다. 박상규 씨는 이것은 상급생들에게는 아무 감동도 주지 못한다고 했다. 결론으로 이 작품은 감동이 희박하다, 그 까닭이 절실한 어린이의 삶의 문제가 아니고 억지로 만든 애기이기 때문이다. 그리고 스토리가 약하고 얘기를 안이하게 처리해 버렸다. 이렇게 의견을 모았다.

다음 이효성 씨의 작품은 먼저 내가 또 설명을 했다. 다른 두 작품도 그렇지만 이것이 꼭 잘됐다고 해서 복사를 한 것이 아니고, 좀 잘된 것 중에서 복사하기 쉬운 짧은 작품을 고르고 또 전화로 갑자기 얘기하다 보니 얼른 머리에 떠오르는 걸 복사하게 된 것이라고 했다. 그리고 특히 이 작품은 우리 집 3학년짜리 아이가 이 책을(일부분만이지만) 읽고서 "아빠 이거 참 재미있어요" 하면서 읽어 보라고 하기에 읽었더니 역시 재미가 있었다고 말했다. "아이들이 동화를 읽고 재미를 느끼는 것은 그 동화 속에 놀라운 얘기가 들어 있거나 자기의 과거의 경험을 다시 발견하는 경우입니다. 이 동화에서는 거의 모든 아이들이 겪게 되는 생활 경험이 잘 잡혀 있어요" 했다. 모두 동감하는 것 같았다.

그런데 권정생 씨는 좋기는 한데 그저 웃기는 얘기일 뿐이라고 했다. 그런 웃음은 텔레비전 보고 웃는 것과 다름없다고 했다. 나는 이런 웃음은 텔레비전에 나오는 걸 보고 웃는 저속한 웃음과는 다른 동심의 웃음이라고 했다. 그리고는 뜻 없는 웃음이 필요한 까닭을 이렇게 말했다. "지금 우리 아이들을 학교에서나 가정에서 너무 어떤 관념의 주입, 강제 학습 등으로 억압하고 있습니다. 아이들은 밤낮 끌려다니고 수동적으로 받아넣기만 하는 기계가 되어 있고 거짓을 강요받고 있지요. 이런 상황에서 아이들을 해방시켜 진정으로 나온 울음을 울게 하고 분통을 터뜨리게 하고, 혹은 마음껏 웃고 싶은 걸 웃게 하는 것은 매우 필요한 일이며, 이래서 얼핏 보아 무의미한 웃음 같지만 그것은 사회적, 역사적 의미마저 우리 아이들로선 지닐 수 있는 것이 아닌가 합니다. 우리가 지금 아무리 통일이 지상 과제고 민족의 비극적 상황을 아이들에게 인식시켜야 한다고 해도 아이들의 현실이 이러니 그 현실에 부응해서 쓰는 수밖에 없지요. 인간성을 회복하는 것은 통일의 기초를 다지는 일입니다. 그래서 박홍근 씨의 〈방지거 신부님의 수염〉도 어린이의 순박한 동심의 웃음을 웃게 하는 것으로 좋은 작품이라 생각합니다"고 했더니 권 씨는 그래도 웃음보다 더 다른 것이 중요하고, 웃음에 따른 그 무슨 생각을 주는 것이 있어야 한다고 했다.

그러나 이것이 짧은 글이고, 무게 있는 의미를 담기에는 부적절하니 이만하면 된 것이란 의견이 나와 대체로 내 말에 의견을 같이하는 사람이 많았다. 단지 이 작품에서 끝머리의 처리가 좀 더 자연스럽게 됐으면, 좀 더 잘됐으면 하는 말이 두어 사람으로부터 나왔다.

나도 권 선생의 생각에는 동의를 했지만 권 선생은 이런 작품을 나보다 더 낮춰 보는 것이 분명했다.

다음 장태범 씨의 〈도망친 장군〉에 대해서, 이현주 씨는 이것은 매우 큰 주제를 다루었는데 나도 이런 형식으로 많이 써 왔지만, 너무 생각이 드러나고 재미가 없는 것이 문제라고 했다. 나는 이것은 우화의 형식을 취한 것인데, 아동문학의 주제가 왜소한 세계에 갇혀 있는 상황에서 이런 무거운 주제를 다루는 작가가 있다는 것만으로도 믿음직하고 반가운 일이라고 말했다. 권 씨도 나와 같은 말을 했다. 그런데, 다른 대부분의 사람들이 이것은 어른들이나 읽을 수 있을지 모르지만 아이들에게는 알 수 없는 작품, 재미없는 작품이라고 말했다. 얘기가 이해 안 되고 잘못 쓴 대문도 있다고 말한 사람도 있었다. 나는 이 작품에서 주제 처리는 거의 나무랄 수 없이 완벽하며, 이런 우화에서는 주제 처리가 중요하다고 말했다. 그래서 결론은, 이것은 생각은 좋은데 좀 더 재미있는 얘기로 써서 잘 읽히도록 해야 한다고 했다. 이렇게 의견이 모였을 때, 그때까지 아무 말이 없던 오승강 씨가 "지금까지 여러분이 말한 것은 모두 성인의 입장에서 말한 것 같아요. 아이들의 눈으로 본다면 이런 작품은 어려운 것이 아닙니다. 요즘 아이들은 옛날의 고등학교에서 배우던 수학을 국민학교 6학년에서 배우거든요. 이런 얘기는 아이들이 잘 이해합니다"고 해서 모두 이 문제를 다시 생각하게 되었다. 나도 아동문학 작품이란 그때그때 다 이해해 버리는 작품도 있겠지만, 그때는 다 알 수 없고 이해하는 부분만 이해하고, 그것이 먼 훗날에 가서 다시 더 깊은 데까지 이해되는 수가 있는데, 이런 작품도 그런 것이 아닌가 합니다고 했다.

이래서 다시 작품의 주제 문제로 돌아갔을 때, 좀 늦게 온 우종심 양이 다음과 같이 말한 것은 매우 경청할 만한 의견이었다. 우 양은 학교교육이 획일적으로 어떤 관념을 강요한 결과 아이들이 모두 자신이 가져야 할 순수한 느낌이나 생각을 갖지 못하고 겉을 꾸미고 혹은 그 생각들이 비뚤어져 있다고 했다. 특히 흑백논리를 강요받아 무엇이든지 바른 것 아니면 비뚤어진 것, 착한 것 아니면 악한 것으로 간단하게 판단해서 처리한다는 것이다. 이러한 잘못된 인식 태도를 고쳐 주려면 아무래도 동화나 소설 같은 것으로서 폭넓게 사물을 보고 생각할 수 있게 해야 하는데, 가령 도둑도 경우에 따라서는 우리의 가까운 부모 형제일 수 있다는 것을 작품으로 보여 주어야 한다고 했다. 참 좋은 견해라 생각되었다. 그래 나도 그 의견에 동의하면서 《별들이 사는 마을》에 나온 김문홍 씨의 작품을 예로 들었다. 이 김 씨의 작품은 아깝게도 문장이 잘못되었다. 김 씨는 괴상한 장식체 문장을 쓰는 버릇을 아직도 고치지 못하고 있는 것이 아깝다.

문장 얘기가 나와서 많은 작가들이 이상한 장식체, 허식(虛飾)체 문장 쓰는 데 재미를 붙이고 있는데, 이런 사람의 대부분은 작품 내용이 공허하다. 그런데 작품 내용이 괜찮은데도 이런 글 버릇을 버리지 못하는 사람이 간혹 있는 까닭은 어째서인가? 가령 윤기현 씨 같은 경우다. 내가 이런 말을 했더니 이현주 씨는 문장은 결국 그 사람을 나타내는 것이다. 그러니 아무리 고치려야 고칠 수 없는 것이다고 말했다. 그건 옳은 말이다. "글은 바로 그 사람"인 것이다. 그러나 이렇게 많은 작가란 사람들이 이상한 글 버릇에 젖어 깨우치지 못하는 것은 또 다른 까닭이 있을 것 같다. 그것은 시대적인 어떤 병상이 아닌가? 그래서 많은 작가들이 그런 병적인 글을 쓰고 있으니까 새로 문학 공부를 하는 사람도 따라가게 된다. 그런데 이런 병적 증후를 바로잡으려면 그 일을 역시 평론이 감당해야 하는데 문학을 바로잡을 정론이 없다. 정론을 펼 수 없는 시대 상황이 된 것이다.

　토론은 밤 11시까지 계속되었다. 지하실의 실기교육원에서 하다가 저녁밥을 먹고 와서는 4층에 올라가서 계속했다. 11시가 지나서야 여자들 셋은 마리스타 기숙사로 보내고 우리는 또 1시 가깝게 될 때까지 얘기하다가 그 자리에서 잤다. 마지막 얘기에서는 권정생 씨가 민족의 지상 과제인 "통일 문제를 외면하는 얘기는 다 쓸데없다"고 했고, 이현주 씨는 잡지사에서 작품 실어 주기 꺼리고 출판사에서 책 내주지 않으면 프린트라도 해서 작가들에게 나눠 주어서 어떤 영향을 주어야 한다고 했다. 박상규 씨는 작품의 발표가 잘 안 되니 그런 얘기를 좀 하자고 했지만 이현주는 그런 것은 우리 힘으론 할 수 없고 이 자리에서 논할 만한 얘기가 못 된다고 하고, 나도 우리 나라 동화 작가들은 원고지 팔아 살아갈 생각 버리고 무슨 생업을 따로 가지고서 글을 쓰는데, 고료 못 받아도 그런 것 너무 생각

말고 좋은 작품을 쓰는 데 힘을 기울여야 한다고 했다. 그래서 다시 앞에 논의하던 문제로 돌아가, 권 선생이 통일 문제 애기를 했지만, 이제 누가 말한 것같이 권력을 잡은 사람의 수단은 완벽한데 거기 맞서 힘으로 정면 대결을 한다는 것은 될 수 없는 일이다. 또 통일이나 그 밖에 중요한 문제를 솔직하게 애기를 쓴다고 해도 비뚤어진 의식을 가진 아이들에게는 전혀 먹혀 들어가지 않거나 오히려 경우에 따라서는 반대로 받아들여지며, 무엇보다도 금기 사항을 건드려서는 작품 발표를 할 수 없게 되니 그런 졸렬한 방법을 버리고, 처음 애기한 것과 같이 인간성을 찾아 가지는 일을 동화로 해야 한다고 했다. 지금은 인간성을 잃어버릴 마지막 단계에 와 있으니 이 일이야말로 가장 긴급한 일이고, 이 일이야말로 통일에 직결되고 그 통일의 기반을 닦는 일이라고 했다.

그래서 여기 모인 사람들이 동인 같은 걸 만들어 문학의 방향을 보여 줄 만한 작품을 몇 편씩 써서 책을 만들어 보여 주자는 의견이 되었다. 이것은 지난봄에 시도하다가 안 된 것인데, 이번에는 "발표할 수 있는 작품"(이현주)을 써내자고 했다. 그럼 누가 이 작품을 모으나? 할 수 없이 또 내가 맡기로 했다. 10월 중순까지 모아서 겨울 전에 책이 나오면 그 책을 가지고 이번 겨울에는 다시 모여 애기를 나누자고 합의가 되었다.

1시가 지나 잠들었던 것 같다.

(저녁에 애기 도중 대구서 전화가 와서 수화기를 드니 광주

의 김소형 선생이다. 이번 모임에 온다고 왔는데 장소가 대구인 줄 알고 우리 집에서 낮부터 기다렸다는 것이다. 할 수 없다. 내일은 오전에 마치니 그냥 광주로 돌아갈 수밖에 없다고 했다. 미안했다. 나중에 알고 보니 광주의 이춘아 선생이 정확히 알렸는데 김소형 씨가 잊어버린 모양이다. 난 연락도 안 했다. 바빠서 올 수 없을 것이라 생각하고.)

1981년 9월 3일 목요일

아침에 일어나니 비가 마구 소나기같이 쏟아져 내리고 있었다. 생각하니 간밤 밤중부터 내렸던 것이다. 잠시도 쉬지 않고 낮까지, 오후 2시까지 퍼붓듯이 내리더니 2시부터 좀 약해졌다. 앞개울 물이 무섭게 내려갔다. 아이들은 오전 수업으로 보냈다. 한실 금바들에서는 애당초 안 왔다.

오후에는 글짓기 지도 연수회를 한다고 겨우 한 시간 직원들을 잡아 두었다.

오늘 풀이름 알기 대회를 한다고 어제 예고해 두었더니 결석이 많아서 어쩔까 하다가 그래도 가지고 온 것만으로 했다. 그런데 풀이름 적어 온 아이들 가운데는 30~40가지나 되는 아이들이 한 반에도 열 명씩은 되었다. 선생님들은 "우리도 풀이름을 모르는데 어떻게 심사합니까?" 했다. 선생들 모르면 아이들에게 배워야지. 아이들이 심사하면 더욱 재미있고 잘될 것 아닌가. 가만히 생각해 보니 이건 참 재미있고 멋진 행사일 것 같다. 이것 가지고 재미있는 수업 지도안을 짜 보고 싶은 생각이 들었다.

저녁때는 〈사도(師道)〉에 낸 내 원고 '아이들을 섬기는 길'을 다시 고쳐 원고지에 옮겨 보았다.

1981년 9월 7일 월요일

6학년 교실에 보결 수업을 갔더니 노 선생 책상 위에 아이들이 방학 동안에 써 온 글짓기 작품이 흐트러져 있어 그걸 몇 편 읽는 중에 이런 내용의 글이 있었다.

제목이 '마당'이다. 마당을 시멘트로 바르자고 아버지한테 말했더니, 어머니도 그게 좋다고 하는데 아버지는 말을 안 들어 준다. 그래서 밉다……란 내용이었다. 나는 이것을 아이들 앞에서 읽어 주고 나서 마당을 시멘트로 바르면 편리한 점을 얘기하고 나서 불편한 점이 뭐냐고 물었다. 엎어지면 머리를 깬다고 어느 아이가 대답했다. 꽃밭을 만들 수 없다고 하는 아이가 또 있었다. 나는 "그러나 그런 불편한 점보다 편리한 점이 더 크면 바르는 게 좋겠지. 마당뿐 아니고 길도 학교 운동장도 모두 시멘트로 바르면 어떨까? 냇바닥과 둑도, 들과 산을 모두. 이 지구를 모두 시멘트로 바르면 어찌 될까?" 이렇게 물었더니 대답이 없다. 불편이 없을까, 해도 말이 없다. 지구는 몰라도 이 골짜기를 모두 시멘트로 발라 놓으면 어떨까? 대답이 없다. 그래서 좀 화가 났다.

"이 녀석들아, 그래 논과 밭을 죄다 시멘트로 덮어 발라 놓으면 너희들 입에 들어갈 양식은 어디서 나오느냐?"

마당을 시멘트 바르는 것만 생각하더라도, 우선 깨끗할 것 같지만 흙 마당에 흙 묻은 신 신고 다니는 것은 괜찮지만 시멘트 마당에 흙신 신어 봐라 시멘트 바닥이 노상 흙투성이가 될 텐데 그걸 일일이 물로 씻어 내리는 일을 누가 하고 있나. 고추는 누가 따고 누가 말리나? 농사짓는 집에서 마당에 흙 묻은 신 신고 다니지 못하면 논밭에다 시멘트를 발라야 하는데 시멘트 위에서 곡식은 자라날 수 없잖아. 깨끗한 데서 손발에 흙 안 묻히고 살아가는 것이 좋은 생활이 결코 아니다. 그건 병든 생활이다. 일 안 하고 가만히 앉아 먹고만 있는 것은 사람 생활이 아니지. 마당에 시멘트 안 발라 준다고 아버지 밉다는 사람은 건강한 마음을 가졌다고 할 수 없다.

이런 말을 해 놓고도 내 마음은 어두웠다. 대체 아이들이 이 꼴로 되어 가는가 싶으니 한심하기 짝이 없었다. 그리고 온 산천과 길바닥이 다 시멘트로 덮여도 괜찮다고 생각하는(별일 없다고 생각하는) 이 아이들이 너무나 기가 막혔다. 아이들이란 이렇게 비뚤어진 도시 문명에 병들어 가고 있는 것이다.

오늘은 종일, 어제 우평서 가지고 온 배추로 쌈을 싸 먹었다.

1981년 10월 10일 토요일

오후 2시부터 '아동 도서 강연회'가 있어서 10분 전에 YMCA 강당에 갔더니 2백 명쯤 모일 예정이라던 청중은 겨우 40명 정도밖에 안 되었다. 광고 팸플릿도 크게 만들고, 한벗서점 앞에 플래카드도 내걸고 한 것 같은데 이 모양이니! 연사는 김성도 씨와 나, 그리고 염무웅 씨 셋이었다. 앞에 앉았다가 돌아보니 누님이 와 계셨다. 아이 엄마가 데리고 온 모양이다. 또 뜻밖에도 정규복 선생님이 와서 "안내장에 이 선생이 나와 있기에 왔습니다"고 해서 너무 고마웠다.

맨 처음 김성도 선생이 얘기했는데, 나이도 있고, 그런 데 많이 나가 본 관록도 있어 침착하게 얘기했지만 그 내용이 아주 들을 것 없었다. '학년별 아동 도서 선정' 이것이 그가 말하는 제목이었는데, 겨우 유아용 도서 얘기를 좀 하더니 외국 도서 같은 걸 영어로 발음해 보이면서 얘기하는 것이 딱해 보였다. 그는 자기 시간이 다 되자 그만 밖으로 가 버렸다.

그다음 내가 올라갔는데, '아동문학의 질과 내용'이란 제목을 줬지만, '아동 도서, 아동문학, 아동 교육'으로 좀 고쳐서 얘기했다. 이렇게 고친 것이 더 알맞을 것 같았기 때문이다. 오늘 강연은 뜻밖에 말이 술술 잘 나와 대체로 잘한 것 같다. 내가 말하고 있는데 여러 번 사진을 찍어서 신경이 쓰였다.

마지막에 염 선생 차례였는데, 역시 조리 있게 잘했다. '아동

도서 출판의 현황'인데, 아동문학 쪽 얘기를 많이 하면서 내 이름을 너무 여러 번 들어서 듣기 거북스러웠다.

다 마치고 난 후에 아내가 "웬 웅변을 그렇게 잘하오?" 해서 역시 오늘 강연은 실패한 것이 아니었구나 싶었다.

다방에서 얘기하다가 나오는데 이하석 씨가 봉투를 억지로 주는 걸 받았다. 나중에 보니 3만 5천 원이나 들어 있었다. 서점 경영도 안 되는데 이렇게 돈을 주다니! 미안했다. 이런 일쯤 당연히 내 일로서 봉사해야 할 것 아닌가. 그리고 강연 같은 것 마치고 이렇게 돈을 받으면 참 서글프다. 내가 돈에 팔려 다니는가 싶어서다.

1981년 10월 16일 금요일

종일 글짓기회보 만들다 이름을 바꾸어 〈글쓰기〉로 했다. 저녁 8시에 6학년이 수학여행에서 돌아왔다.

3부

1982년부터
1986년까지

1982년 4월 8일 목요일·

아침에 교실을 돌아다녀 보고 있는데, 5학년 1반 교실에 들어가 뒤편의 아동 작품을 보고 있는데, 계집애들 둘이가 곁에 와서 "교장 선생님, 우리 선생님 아이들 때리지 말도록 말씀 좀 해 주십시오. ○○란 아이가 체육 선수인데, 집이 멀어 늦게 왔다고 오늘 아침에 많이 맞았습니다. 가엾어요" 했다. 참 여기 아이들은 똑똑하구나 싶었다. "오냐, 잘 알겠다"고 말해 주었다.

〈새교실〉에 칼럼 원고를 우체부 편으로 보내고, 오후에는 〈글쓰기〉 17호 제작에 착수했다.

1982년 5월 11일 화요일

경찰서 주최로 개최하는 청소년 선도의 달 웅변대회에 나가 심사를 했다. 성주국민교 강당에서 10시부터 1시까지 세 시간

• 1982년 3월 1일부터 1986년 2월 28일까지 경북 성주군 대서국민학교 교장으로 지냈다.

동안 핏대를 올리며 고함을 바락바락 지르는 아이들 쳐다보고 앉아 있기가 고문을 당하는 기분이었다. 모두가 어른들의 말, 남의 말, 책에 쓰인 것을 그대로 외워 연주를 하듯 하는데, 그걸 우습게 보아야 할지 가엾게 봐야 할지 분간을 할 수 없었다.

앉아 있는 아이들도 "이 소녀는 여러분의 가슴에 외치는 바입니다!"고 고함칠 때마다 기계적으로 손뼉 치는 기계였다. 순박한 아이들이 왜 이렇게 돼야만 하는지, 하늘이 원망스러웠다. 청소년을 선도한다는 달인데, 청소년을 모조리 거짓말 재주 부리기 경쟁을 시켜 놓는 것이 선도란 말인가. 이놈의 세상이 어찌 되려고 이 꼴인가!

마치고 학무과장이 강평을 할 것인데, 도장학사가 장학지도 왔다고 해서 도중에 나가고, 내가 대신 몇 마디 얘기했다. 심사위원은 과장(대신 중등계 신 장학사), 성주중학교장, 나 셋이었다.

1982년 5월 27일 목요일

오전에 여권 신청에 필요한 서류를 갖추기 위해 남구청, 세무서, 동사무소 등을 다녔다.

오후에는 대가국민교에서 면내 교직원 친목 배구 대회.

대가교에 있는 김창수란 선생이 일직이 고향이라면서 권정생 선생 애기를 했다. 국민교 동창생이라면서 이런 애기를 했다.

"국민학교에 다닐 때 그렇게도 집이 어려웠어요. 누가 때려도 가만히 맞고만 있고 절대로 대항을 안 했고 욕 한마디 하는 일 없었어요. 재주가 뛰어났지요."

1984 ✂

1984년 1월 2일 월요일 흐린 뒤 맑음•

아침에 일어난 것이 6시. 거울을 보니 오른쪽 눈 가장자리가 완연히 표가 나게 부었고 찜찜하니 아팠다. 그래도 곧 물을 데워 세수를 하고 떡국을 끓여 먹고는 수필 원고를 보았다. 이 수필 원고 평론 원고는 어떻게 해서라도 오는 12일까지는 다 보고 정리해서, 해설을 붙여 보내야 하는 것이다.

이원수 선생의 수필은 선생의 아동문학—동화와 시에서 다 표현하지 못한 세계를 표현한 것임을 알게 되었다. 선생의 수필은 선생의 아동문학을 설명하고 보충하기도 하지만, 아동문학으로 표현하지 못한 선생의 삶과 사상을 보여 주고 있다. 그러니 이원수 수필이라는 하나의 세계를 열어 놓았다는 생각이 든다.

삶의 얘기, 사회에 대한 발언, 시적이고 서정적인 글, 아동문학에 관련된 얘기, 아동문화, 교육에 대한 것, 사랑과 인생에 대

• 1983년 일기를 찾을 수 없다.

한 성찰 등 참으로 다양하다. 그리고 나이가 더함에 따라 수필을 많이 쓴 것 같다. 문장도 장년 이후에 들어 더욱 원숙해졌다.

종일 보고 밤에도 보았다.

1984년 1월 5일 목요일 맑음

이원수 선생의 수필집 해설을 써 보니 마음대로 붓이 안 나가 종일 시달리고, 저녁 7시쯤 되어 겨우 끝냈다. 23장이다. 이로서 겨우 한 가지 일은 끝낸 셈이다. 다음 또 평론 원고를 다 읽고 정리하고 해설을 쓸 일을 생각하니 아찔한 생각조차 든다.

또 생각하니 〈교육자료〉에 보낼 원고 준비를 해야 한다. 그보다도 경북글짓기상 상장을 준비해야 하는데, 남에게 부탁하기도 힘들고, 그만 내 손으로 써 버릴까 싶어 오랜만에 벼루와 먹을 찾아내어 써 보니 글씨가 잘 안 된다. 아무래도 안 되겠다. 그만 포기하고, 흰 종이에 다음과 같은 글 한 장을 썼다.

마음에 여유를 가지고 살아가는 한 해가 되어 다오

갑자 원단

참 올해는 마음에 여유가 좀 있었으면 싶은데, 이렇게 첫 출발부터 정신없이 바쁘니 이러다가 뭐가 될지 모르겠다.

1984년 1월 23일 월요일 맑음

아침에 눈을 떠서도 퇴직 문제를 계속 생각했다. 지금 내 나
이 59세. 앞으로 만 7년 동안 더 교직에 머물러 있을 수 있다.
그러면 물질생활에서는 전혀 걱정 없다. 그러나 학교교육에서
내가 할 수 있는 것은 아무것도 없다. 문학과 교육에서 가장 일
을 많이 해야 할 시기에 비참한 월급쟁이로 묶여 있는 것이다.
작문 교육 면에서는 현직에 있으니 어느 정도 유리한 면도 있
으리라. 그러나 그런 일을 학교를 떠나서도 이제는 할 수 있다.
그리고 이 괴로운 나날을 나는 견딜 수 없다. 그 오랜 교사 시
절과 마찬가지로 교장이 된 지금도 여전히 괴롭다. 무엇보다
도 인간다운 삶을 단 몇 해라도 살아가야 되겠다는 생각이 나
의 열망이다. 그만두자 깨끗이!

그럼 어떻게 하나? 어디로 가나? 서울로? 의성으로? 강원도
나 충청도 어디로? 호남으로? 그게 결정 안 된다.

10시 반쯤 학무과에 전화를 거니 전하걸 장학사가 받았다.
좀 언짢은 말을 하면서 교감도 나무랐다. 모두 내가 잘못이라
고 사과를 했다. "대구에 전화를 거니 학교 갔다고 하고, 학교
서는 모른다고 하고……" 하는 것이다.

영농 교육 때문에 교실을 비워 주고, 사무실에서 종일 있었다.
〈교육신보〉 연재물을 쓰고, 아이들 글을 보고 했지만, 학교를
그만둬야겠다는 생각을 떨쳐 버릴 수가 없었다.

1984년 2월 18일 일요일

10시 반부터 33회 졸업식.

내빈은 대가 이찬종 교장 선생 한 사람뿐이다. 면장은 도지사가 온다고 못 오고, 단위조합장은 무슨 연석회의에 나갔다 하고, 지서장도 무슨 사건이 생겼고, 대성 교장은 감기가 아직 낫지 않은 모양이다.

졸업장을 준 다음은 특기상이라 해서 모든 학생에게 상장과 공책 한 권씩을 주었다.

내가 한 얘기는 약 30분 동안 첫째, 불안스런 마음, 슬픈 마음을 떨어 버리고 씩씩하게 앞으로 나가라. 둘째, 부모의 은혜를 생각하라. 농사짓고 살아가는 부모들이야말로 가장 훌륭하고, 이 나라의 기둥이다. 셋째, 일하며 살아온 삶을 자랑스럽게 여겨라. 대강 이런 얘기였다.

나는 내가 살아온 지난날 얘기를 했다. 농업학교에서 일하면서 배운 얘기, 내가 죽어서 다시 태어난다고 해도 그런 학교에 가고 싶다고 말했다. 좀 과장하기도 했으나 진정으로 한 말이다. 그리고 어제저녁에 읽었던 한 아이의 글 얘기를 해 주었다. 이웃 아이들이 자기 집에서 봉지 넣기를 했는데 돈을 주지 않았다. 그래도 아무 말 없이 넣는 것을 보고 "나는 희망이 났다"고 하면서 "나도 다음에 다른 집에 가서, 돈 안 받고 일해 주어야지" 하고 쓴 글이다. 이것은 일하면서 생각하는 훌륭한 글이다. 일하는 아이만이 발견할 수 있는 진리다.

졸업생 부모들한테 점심 대접을 받고 4시 40분 차로 대구 왔다.

1984년 2월 22일 수요일

오늘은 오전에 1, 2학년 글을 보았다. 그리고, 글을 못 쓴 아이들에게 그림을 그리게 하였다. 1학년 아이들의 그림일기를 보고 새삼 느끼는 것은, 그림일기의 그림을 연필로서만 그렸더라면 얼마나 재미있게 그렸을까 하는 것이다. 교육이란 이렇게 아이들의 재능을 버리도록 하는 것이 되고 있다.

오후에는 경리 서류(판공비)를 정리했다.

밤에는 〈교육신보〉 연재물(21회치)을 썼다.

오늘은 학급 문집을 여러 권 받았다.

고흥수 〈수박 서리〉(덕신국민교), 김철성 〈하고 싶은 이야기〉(안양 동국민교), 김종만 〈까치 둥우리〉(포천국민교).

이중 〈까치 둥우리〉는 표지와 컷 그림들이 아주 재미있다. 그림을 이쯤 그리게 하고, 이렇게 이해하고 있는 것만 보면 글쓰기 지도도 정상으로 잘하고 있겠다고 믿어진다.

1984년 3월 8일 목요일

오늘은 운동장 남쪽에 서 있는 플라타너스 두 그루를 베는 일 때문에 다른 일은 거의 못 했다. 내가 직접 일하는 건 아니지만 아이들 혹시 다칠까 걱정되고, 담장이며 철봉들이 다칠까 염려되고, 또 곁가지를 쳐내는 일이 있어 잘못 자를까 신경이 무척 쓰였다. 일은 문태수 씨가 하는데, 역시 자기가 일하기 쉽고 유리한 대로만 했다. 결국 철봉 세 칸이 나무가 쓰러질 때 치여 못 쓰게 됐다. 고쳐 준다고 하지만, 지난번 가을에 나무를 벨 때도 담장을 부숴 놓고 그대로 내버려 두었던 것이다.

한 사이에 60원씩이란다. 3백 사이가 나올 것이라더니 모두 재어 보니 580사이였다.

내가 학교를 경영하면서 크게 자란 나무를 베기는 이 학교가 처음이다. 전에는 작은 나무도 안 벴다. 지난가을에 교문 옆의 플라타너스를 한 그루 벴다. 그것은 학교 앞의 여러 집에서 나뭇잎과 솜 같은 게 떨어진다고 교육청에 진정을 하고, 과장이며 교육장까지 몇 차례나 말을 해서 버틸 수 없었다. 그 나무는 가지만 모두 잘라 버리고, 밑둥치만 말뚝 박아 놓은 것처럼 남겨 두었다가 오늘은 그것마저 아주 베 버렸다. 오늘 알고 보니 이 플라타너스는 웬만한 가지를 잘라도 그것이 아물지 않고 그 벤 곳부터 물이 들어가 속이 썩는다. 나무를 관찰해도 그렇다. 팔뚝만 한 것을 잘라도 그런데, 그 큰 둥치를 잘랐으니 봄이 되면 껍질 쪽만 살아 움이 돋고 가지가 나겠지만 결국 속이 다 썩은 나무가 될 것이 뻔하다. 그래 할 수 없이 벤 것이다. 또 새 나무 두 그루는, 너무 밀식이 돼서 위로만 자라고, 옆의 나무들이 꾸부정하게 가지를 뻗어 그냥 둘 수 없었기 때문이다. 그 두 나무를 베면서, 옆의 나무도 전지를 좀 했다. 담장 밖에 있는 논임자가 그늘이 진다고 자꾸 잘라 달라 해서 자른 가지도 있다. 그렇게 자른 가지가 어떤 것은 아주 굵은 것인데, 그 상처가 또 무사하지는 않을 것 같다.

나무의 상처를 치료하는 방법이 없을까? 사람은 자기 몸 치료하는 것밖에 모른다.

1984년 3월 16일 금요일

오늘은 봉급을 받는 날인데, 담임을 안 하는 교감 선생이 봉급 받으러 나가야 할 터이지만, 어제 워낙 공문이 많이 오고 사무가 많아 그것 때문에 걱정을 하기에 내가 다른 물품 살 일도 있고 해서 두 가지 일을 겸해 나갔다.

가구점에 가서 캐비닛 두 개, 의자 여섯 개를 사고, 농구(삽 다섯 개, 호미 일곱 개, 괭이 다섯 개, 쇠스랑 한 개, 레커 두 개)를 사고, 청소 도구 꽂는 것 맞추고, 봉급 받아 점심을 먹고는 캐비닛과 의자를 실은 차에 농구를 얹어 타고 학교에 오니 2시가 되었다.

아이들 작품을 한참 보다가 내일은 역전 마라톤 군 평가전이 또다시 있어 퇴근 시간이 되자 바로 대구로 나왔다. 집에 오니 8시가 좀 넘었다.

오후에 학교에 있을 때, 〈월간 조선〉에서 다음 5월 호에 교과서 문제를 다루고 싶으니 국·중 국어 교과서 시 교재를 분석 비판해 달라는 요청이 있어, 바쁘다고 다른 사람에게 부탁해 달라 했지만 거듭 권하기에 쓰기로 했다. 바쁘기도 하지만 교과서 비판을 해서 무사할지도 의문스럽고 걱정이다. 큰 신문사에서 하는 일이니까 써 보자는 생각이 들었다.

1984년 3월 22일 목요일

오늘은 종일 국민학교와 중학교의 국어 교과서 시 단원의 본문 공부와 글짓기(작문)를 조사해서 메모했다.

낮에 전화가 와서 새로 온 학무과장이 온다 하더니, 오후 3시가 지나 교문에 들어오다가 나를 만나 차를 멈춰 세우고는, "지금 교육청에 급한 일이 있어 가야 되니 다음에 오겠다"면서 되돌아갔다.

날씨가 좀 쌀쌀했다. 그저께 밤에 내린 눈이, 운동장 가운데는 어제 다 녹았지만, 교실 뒤쪽은 그대로 있다. 목련도 아직은 필 생각을 않고 있다. 별난 날씨다.

주중식 선생이 〈글쓰기〉* 3호를 보내왔다.

자기 전에 라디오에서 들은 말이 잊히지 않는다.

"○○○○○○○○○○○○○○○○○○○○알아볼 수 없음"

이것은 이차세계대전 마지막 고비에서 일본인들의 기막혔던 상황을 그때 체험했던 지금의 늙은이들이 좌담하는 자리에서 나온 말이다. 미국 군대가 상륙하면 육탄으로 부딪치는 훈련을 하면서, 그런 짓을 무슨 스포츠같이 하고 있었다는 기억을 말하면서 하는 말이었다.

1984년 3월 25일 일요일

원고를 쓰려고 다방에 나갔으나 조용하지 못해 쓸 수 없었다. 〈실천문학〉 4집을 사서 읽었다. 문익환 씨의 시를 읽고 눈물이 나왔다. '전태일'이란 시였다. 그 밖에 이 4집에는 읽을 만한 글이 많았다.

오후 4시에 김녹촌, 김상문, 이유환 제씨와 만나 한담하다가, 이유환 씨는 먼저 가고 세 사람이 술집에 가서 막걸리를 마시며 두어 시간 떠들썩하게 애기를 나누었다. 주로 학교교육의 부폐상을 애기했는데, 결론은 우리 글짓기회가 부폐를 막는 소금의 역할을 하자는 것이었다. 올 때 시장에 가서 슬리퍼 네 켤레를 샀다.

● 한국글쓰기교육연구회에서 펴낸 회보 〈참삶을 가꾸는 글쓰기〉를 말한다. 한국 글쓰기교육연구회는 삶을 가꾸는 글쓰기 교육을 연구, 실천하기 위해 이오덕이 중심이 되어 교사들이 1983년에 만든 단체다. 1995년에 우리 말 살리는 모임과 합쳐 한국글쓰기연구회로 이름을 바꾸어 활동하다 2004년에 다시 한국글쓰기교육연구회로 바꾸었다. 1995년부터 회보 〈우리 말과 삶을 가꾸는 글쓰기〉를 펴내고 있다.

녹촌이는 오늘도 자기 학교 아이들 글짓기 작품을 가져왔다면서 약 3백 편을 보자기에 싸서 주었다. 지난번 것 150편, 모두 450편이다. 내가 보고 어떤 것이 좋은지, 선별해 달라면서, 앞으로의 지도의 지침을 삼겠다는 말을 했다.

1984년 3월 29일 목요일

'시를 어떻게 가르칠 것인가'란 원고는 약 50매 거의 다 정서되어 간다. 이걸 다 써 놓고도 걱정이 된다. 이 글에는 교과서를 비판하는 내용이 들어 있다. 처음에는 아주 교과서를 비판하는 글을 써 달라고 해서 국·중교의 시 교재를 모두 조사해서 분석했던 것인데, 그 뒤, 교과서를 중심으로 해서 시 지도 방법을 써 달라고 달리 요청해 왔다. 그러나 나로서는 교과서를 비판하지 않고 시 지도 얘기를 할 도리가 없다. 이제 다 쓰고 나서도 과연 이걸 보내서 무사할지 염려된다. 그러나 설사무슨 일이 나서 이 직업에서 쫓겨난다고 하더라도 나는 이 글을 발표해야 한다는 결심을 한다. 그만큼 지금의 교과서는 아이들을 잘못되게 하는 것이다. 아이들의 생명을 죽이는 교과서라 함이 옳다.

사람이 살다가 보면 때로는 일신의 안위를 걸고 중대한 결정을 해야 하는 일이 생긴다. 이제 나는 그런 때를 맞은 것이라 깨닫는다.

1984년 4월 2일 월요일

10시부터 성주교육청에서 교장 회의가 있었다. 안건은 체육 성금 1인당 천 원씩 걷는 일, 군 체육 평가전, 컴퓨터 구입, 새마을어머니회, 새마을 교실 기타 등등이었다. 체육 성금은 80퍼센트를 걷어 내는데, 문제가 생기면 책임은 걷는 사람에게 있으니 교육적으로 잘하라는 말이었고, 군 평가전에는 3학년부터 나가는데, 성적을 점수로 내어 뒤떨어진 학교는 교장, 교감, 체육 교사 모두 "문책", "제재 조치"를 취할 것이란다. 컴퓨터는 4월 내로 부모들 희사받아서 구입하라는 것이고, 새마을어머니회는 군 연합회를 조직할 것이니, 이에 앞서 학교에도 조직하라는 것이고, 새마을 교실은 5, 6학년 의무적으로 1년에 18시간 이수하도록 하는데, 중앙에서 점검반이 실제 하고 있는가 일제히 다닌다고 했다.

참 모든 것이 억지고, 웃기는 일이다. 새마을 뭐, 하는 것은 선거에 대비해서 이런 걸 또 하는구나 하는 생각이 들었다. 마치고 나서 대가, 대성 교장과 점심을 같이 먹었다. 내일은 교육감이 온단다. 청소 정돈, 아이들 인사 지도 잘하라는 말이 있었다.

1시 반 차로 와서 전교어린이회 회의를 보고, 직원회 열어 회의 사항을 전했다.

1984년 4월 3일 화요일

아침부터 청소를 하고 기다렸는데, 교육감은 결국 안 오고 말았다. 교육감이 온다고 청소를 하고 정돈을 하고 하는 것이 잘못이지만, 어쩔 수 없다. 또 이렇게 교육감이 온다고 해야 청소고 정돈이고 어느 정도 된다. 그렇지 않으면 안 된다. 그런 점도 문제라 할 수 있다.

교감 선생이(오후 직원회 전이던가) 옛날의 체육회라면 출전하는 선수고 응원하는 사람이고 모두 즐겁고, 무슨 체육회도 하나의 축제였는데, 지금의 체육회는 고통이라고 했다. 그게 참 그렇다는 생각이 들었다. 선수들은 성적이 나쁘면 대할 낯이 없다. 그만큼 선수들의 책임이 크다. 성적이 나쁘면 교장, 교감, 체육 교사가 문책당하고, 그러자니 다른 선생들한테도 책임을 물으니, 선수들이 그렇게 되지 않을 수 없다. 그러자니 체육대회에 나가는 것도 유쾌한 기분이 안 든다. 서로 싸우고 적으로 삼아 미워해야 하는 상황이 운동경기에도 확산된 것이다. 식인 교육, 식인 교육, 아, 이보다 더 기막힌 교육이 어디 있겠나. 인간의 역사가 끝장날 판의 이 교육 상황!

1984년 4월 6일 금요일

품을 두 사람 들여서 남쪽 담 넘어진 자리에 축담 쌓기를 했다. 한편 측백나무 묘목 이식과 무궁화 묘목 이식을 했는데, 다 마친 뒤에 가 보니 묘목이 한쪽으로 쓰러질 듯 눕혀 심겨 있는가 하면 버려지기도 하고, 뿌리가 땅 위로 올라와 있는 것도 있었다. 오늘 이걸 지도한 것은 교감, 윤병호, 오순종 교사 세 사람인데, 그중 오순종 교사가 지도한 것이 가장 나쁜 상태였다. 나는 언제나 생각하는데, 나무를 제대로 심을 줄 알면 그 사람은 공부를 훌륭히 할 사람이고, 나무를 제대로 심도록 지도했다면 그 사람은 훌륭한 교육자라고 보고 싶다.

오늘 아침에 와 보니 부엌간에 갇혀 있던 비둘기가 내가 문을 열자 푸드득 날아 뒤쪽 봉창 쪽으로 올라가 창틀에 붙었다. 이제 날 수 있구나. 힘이 붙은 게지. 그래 당장 앞문을 활짝 열어 날아가도록 하려다가 혹시 아직은 충분히 날 줄 몰라 아이들에게 잡힐지 모른다 싶어, 오후 아이들이 간 뒤에 날려 보내기로 했다. 그래 오후 4시쯤 되어 들어가 봉창에 붙어 있는 것을 붙잡아 마당에 가서 날렸더니 나지막이, 그러나 측백 울타리를 넘고 신작로를 넘어 순식간에 어디론지 날아가 버렸다. 속이 시원한 기분이면서 다시 들어오니 뭔가 허전한 느낌이 들었다.

그 비둘기가 왜 날지 못했던 것일까?

1984년 5월 15일 화요일

10시 세종문화회관에 갔더니 전국에서 모인 교장들이 약 4천은 될 것 같았다.

미리 연락이 왔을 때는 절차가 아주 까다로워 대통령이 오는
가 싶었는데, 그렇지 않았다. 국무총리가 왔다. 국무총리란 사
람은 보기에 좀 거만해 보였다.

마치고 교련처장의 표창장, 문교장관의 표창장이 나눠졌다.
그건 아무 데도 쓸데없는 것이었다.

나올 때 보니, 이런 것도 큰 영광으로 아는지 가족들이 기다
리고, 사진을 찍고 하는 사람들이 있었다.

생각해 보니, 지금까지 죽지 않고 무사히 살아 있다는 것만
해도 고맙고 다행스럽기는 했다. 축하할 일이다.

그러나 우린 얼마나 죄 많이 지은 교육자들인가? 미꾸라지같
이 요령만 가지고 처신해 와서 겨우 오늘날까지 무사히 월급
쟁이 노릇해 온 것 아닌가?

1984년 6월 29일 금요일

대가국민학교에서 건전 가요 경연 대회가 있었다. 대가면과
벽진면 내 국민학교가 모여서 하는데, 참가한 선생님들이 등
위를 내어서 가장 잘하는 학교 한 곳만 뽑아서 다음에 군 대회
에 나가도록 하는 것이다. 나는, 그런 등위 같은 것 낼 것 없이,
그만 다 마치고 어느 학교든지 한 학교 추천하면 될 것 아닌가,
우리 교원들이 이런 데서 우리끼리도 경쟁을 하고 점수 평가

를 할 것 어디 있는가 말했지만, 이미 그렇게 결정했다면서 그
랬다.

나는, 대가 교장에게, 다음엔 이런 행사를 이렇게 재미없게
하지 말고, 모처럼 많은 학교들이 모여서 하는 것이니까 운동
장 시원한 나무 그늘에 나가 전교생 모아 놓고 간단한 학예회
행사를 벌여서, 아이들이 즐길 수 있도록 하는 것이 좋겠다고
했더니, 참 그럴걸 했다. 오늘 강당이 무더웠다.

벽진교는 아이 하나를 잃고 걱정을 많이 했다.

1984년 10월 25일 목요일

이번에 만난 교장(원장)들마다 공통된 의견이 하나 있었다.
유치원 아이들만 지도하는 선생이 임시 교사라고 해서 나가고
난 다음 국민학교 교사들에게 맡겼더니 아주 못하거나 형편없
는 상태란 것이다. 우리 학교만 그런 줄 알았더니 모든 학교가
다 그렇단다. 이것은 국민학교 교원들이 얼마나 상업화, 기계
화되었는가를 말해 주는 증거가 된다고 깨달아졌다.

또 한 가지, 강의 시간 사이에 이곳 새세대유치원의 원감이란
사람이 나와 노래를 부르게 했는데(《새 세대 합창》이란 책으
로), 듣고 나더니 "사립 유치원장들의 노래 부르는 소리는 가
락이 있는데, 국민교장 선생님들의 노랫소리엔 제 가락이 없
다"고 했다. 이건 간단히 흘려들어 넘길 말이 아니라 느껴졌

다. 국민교장들은 이렇게 모두 기계화된 것 아닌가! 제 가락을 뽑아낼 수 없도록!

유아교육을 배우면서 더 통감할 수 있는 것이 국민교 교육이 얼마나 교육의 본질에서 멀어졌는가 하는 것이다.

1985 ✍

1985년 3월 5일 화요일

　남을 생각하고, 남을 위해 일하는 데 기쁨을 발견한 사람은
죽음도 두렵지 않다(아침에 생각난 것).

1985년 3월 25일 월요일

　얼마 전 서울에서 83세의 한 할머니가 아들과 며느리의 학대
에 견디지 못해 한강에 몸을 던져 죽은 사건이 신문으로 보도
되었는데, 그 후 며칠 안 되어 부산에서 4학년 아이가 반장 선
거에 낙선된 것을 비관해서 목을 매어 자살한 것이 신문에 났
다. 두 사건이 다 기가 막힌 것이지만 특히 부산의 사건은 온
세계에 소문날 일이다. 그런데 그 기사를 신문은 조그만 1단짜
리 제목으로 한쪽 구석에 보도했다.
　나는 이 일을 가지고 여기저기 글을 썼다. 청탁이 많이 왔지
만 〈주부생활〉, 〈소년중앙〉, 〈교통안전〉, 〈어린소식〉 등 어쩔
수 없이 써야 할 곳에는 이 얘기를 이모저모로 썼다. 자살은 타

살이다. 아홉 살의 아이를 죽이다니! 이 어서 망할 놈의 세상, 망할 놈의 나라!

1985년 4월 4일 목요일

아침에 일어나, 어제 동광의 윤일숙 씨한테서 가져온 원고 중 한국정신문화연구원에서 선택한 옛얘기 원본과 그것을 고쳐 쓴 윤 씨 자신의 글과 이준연 씨가 고쳐 쓴 글들을 읽으면서 전래 동화의 재화, 재창작 문제를 생각했다. 이 일은 아무래도 사관이 확고한 사람이 맡아야겠다는 생각이 든다.

동광에 가서, 거기서 기다리는 이준연 씨와 윤일숙 씨와 함께 앉아 전래 동화 재화 작품에 대해 내 의견을 말해 주었다. 윤일숙 씨의 햇빛에서 정신문화연구원에서 낸 《한국구비문학대계》를 원본으로 한 전래 동화 재화 작업을 하는데, 그 일을 이준연 씨가 맡은 것이다. 나는 윤 씨가 쓴 것과 이준연 씨가 쓴 것을 비교해서 작품 선정, 문장 서술 등 문제를 자세히 얘기하면서 가장 중요한 것은 작가가 민중 의식을 갖는 것, 민중의 자리에서 역사를 파악하는 일이라 했다. 이준연 씨는 내 말을 듣더니, 이 일이 너무 어렵다면서 걱정했다. 이런 일은 이현주나 권정생 씨쯤 하는 것이 가장 좋겠는데 이준연 씨가 맡은 것도 할 수 없겠다는 생각, 그래도 이준연 씨 정도 사람이 맡는 것도 다행이란 생각마저 들었다. 나는 이준연 씨가 민화의 내용을 반민

중적 입장에서 쓸 가능성도 있는 것이 가장 염려스럽다.

지식산업사에 갔더니 윤기현 씨와 이주영 씨가 와 있었다. 김종상 씨도 오고 해서, 한참 얘기하다가 저녁을 같이 먹고, 지식산업 김 사장만 보내고 우리는 다시 여관에 가서 10시 지나도록 얘기하다가 모두 보냈다.

윤기현 씨한테는 풀빛에서 낼 무크지 원고를 주었다.

내일은 대구로 일찍 가야지

1985년 4월 10일 수요일

시인들의 시가 왜 어렵게만 보이나? 어른들이 쓴 동시나 동화가 왜 그 모양으로 말재주만 피우는가? 그런 것이 유달리 내게만 거슬리게 보이는가? 가만히 생각해 보니 그 까닭이 이렇다. 내가 아이들의 글을 많이 읽은 때문이다. 아이들의 소박한 글을 누구보다도 많이 읽은 때문이다. 그래서 사실을 떠난 말의 장난을 나는 누구보다도 잘 알아내고, 그것을 싫어하는 것이다. 아이들은 우리 어른들의 거짓 모습을 비춰 보는 거울이다. 나는 아이들 글을 보면서 살아온 것을 진정 다행으로 생각한다.

1985년 6월 21일 금요일

용암학교에서 유치원장 협의회가 있어 도내 시범 병설 유치원장들이 모여 시설과 수업을 참관하고 분과별 발표를 하게 되어 있어 군내 유치원장들도 가 보았다. 용암교에는 여러 번째 가 보는 터다. 질의응답 때 용암교장이 교육청에서 올해 2천 4백~5백만 원의 지원을 얻어 시설을 갖추었다고 했다. 유치원 강사 수당 6만 원을 주어 국민 교사가 겸임하도록 하고 있는데 거기에 6만 원만 더 주어 전임강사를 채용하도록 해도 1년에 70만 원밖에 안 든다. 여덟 개 유치원에 모두 강사를 채용해도 1년에 560만 원이다. 그런데도 다른 유치원은 모두 내버려 두고 한 유치원에 수천만 원을 들여 이런 시설을 해서 모두 잘한다, 잘했다 칭찬을 하고 있으니 이것들이 정신 나간 사람들 아니고 무엇인가? 최언호 초등과장도 앉았고, 유치원 담당 장학관, 장학사들 모두 앉아서 입에 침이 마르도록 칭찬하고 있으니!

점심때 식사 차려 놓은 걸 보고 또 놀랐다. 밥, 고기, 떡, 과일, 술 들이 너무나 많았다. 그것은 반도 못 먹었다. 다 마치고 간담회를 한다기에 가니 또 그렇게 벌여 놓았다. 어느 교실을 들여다보니 뒤에 벽신문이라 해서 "21일은 우리 학교와 유치원의 모습을 도내 교장 선생님들에게 자랑하는 날입니다……"고 씌어 있었다. 겉꾸며 자랑하고 음식 장만해서 포식하는 모임이 연구학교의 할 일이 되었다. 썩어 빠진 교육, 썩어 빠진 나라!

오늘 아침에 교문에 들어오자마자 여학생 둘이 마치 경찰서 들어갈 때 순경이 부동자세로 보초 선 모양으로 서 있었고, 교실 현관에 그렇게 서 있었던 것도 예사로 보이지 않았다.

빨리 망하는 수밖에 없는 나라!

1985년 7월 26일 금요일

밤 11시, 자기 전에 밖에 바람을 쐬고 들어온다고 운동장으로 나가는데, 왼쪽 발밑에 무엇이 딱! 하고는 밟히는 조그만 소리가 났다. 무슨 소릴까? 혹시 개구리가 밟힌 것이 아닐까? 자꾸 마음에 걸려 곧 들어와 손전등을 가지고 나갔다. 개구리가 죽었더라도 그걸 모른 척해서는 안 된다는 생각이 들었던 것이다. 손전등을 비춰 보니 아! 역시 개구리였다. 조고만 것이 죽어 있었다. 배 속의 내장이 다 옆으로 나와 있는데, 건드려 보니 아직은 발을 조금 움직이기까지 하고 있는 것 아닌가! 산다는 것은 다른 생명을 밟아 죽인다는 것임을 새삼 생각해 보았다.

1985년 7월 31일 수요일

저녁 10시 가까이 되어서 성주경찰서 정보 2계라면서 전화를 걸어 왔다. "제가 지난겨울 대서학교에 한 번 찾아간 일이 있습니다" 해서 아, 그 사람이구나 싶었다. 내일 좀 만나고 싶다 해서 내일은 아침 일찍 청송에 간다고 하니 몇 시에 출발하는가, 어느 정류장에서 차를 타는가 묻는다. 7시 15분발 버스를 탈 것이고 동부정류장이라 대답하니 그때 거기 가서 만나겠다고 한다. 그렇게 일찍이 나오시는 것이 힘드니 웬만하면 전화로 말할 수 없는가 하니 전화로 해도 되지만 가겠다 했다. 무슨 일일까? 꺼림칙했다. 연일 원고 정리에 시달려, 몸살이 났는 데다가 세미나 준비에 또 시달리고, 이번에는 또 이런 일이 생겼으니.

1985년 8월 1일 목요일

동부주차장에 6시 30분 도착해서 아무리 살펴도 온다는 김녹촌, 김상문 두 사람이 안 보여, 차표 사기 힘들다던데 싶어 미리 사 놓는다고 청송까지 넉 장(한 장은 김상문 씨가 더 사 달라고 녹촌 씨한테 말하는 것을 들었다) 사서 기다려도 안 와 가만히 생각해 보니 안동을 경유해서 가게 되어 있는 것이 생각났다. 그럼 북부정류장에 갈 것을 잘못했구나 싶어 당황하다가 급히 차표를 물리고, 김상문 씨 집으로, 동전을 빌려 전화를 하니 "방금 나갔는데 아직 택시 못 타셨을 거라요. 곧 나가서 말해 두지요" 하고 아마 부인이 받는 모양이었다. 동부정류

• 《민중교육》 사건으로 경찰서 정보계에 감시당하고 있었다.

장으로 잘못 왔으니 이제는 어쩔 수 없이 서로 딴 길로 가게 됐다고 전해 달라 부탁했던 것이다.

북부로 곧 갈 수도 있지만 성주서의 정보계 형사를 여기서 만나기로 했으니 더욱 꼼짝 못 하게 된 것이다.

6시 50분이 돼서 정보계 형사가 왔다. 다방에 들어가니 안동 농민회의 회갑 축하 모임 얘기를 물었다. 5일이라면 그날 어떤 사람이 모이느냐, 무슨 일이 있느냐 하고 물었지만 내가 알 턱이 없다. 나도 그게 궁금하고 걱정이 되는데 모른다고 했더니 감추는가 싶어 자꾸 물었다. 그래 할 수 없이 내 교육관이며 이번 행사에 대한 의견 등을 자세히 말해 주었더니 그제야 조금 이해하는 듯했다. 한 시간 반 동안 얘기하다가 나와서 차를 타고 청송까지 가는데 덥고 몸은 괴롭고 무척 시달렸다.

1985년 8월 5일 월요일

첫차로 학교에 갔다가 급히 가방 하나는 두고 나왔다. 교육청에 가니 교육장은 예상한 대로 오늘 있다는 회갑연 얘기부터 끄집어냈다. 그리고 《민중교육》* 얘기, 또 4백인 예술가들의 표현 자유 선언인가 하는 신문 기사에 내 이름 난 것도 얘기했

---

* 1985년 5월에 학교교육의 문제를 분석한 《민중교육》에 글을 실은 김진경, 윤재철 두 교사와 실천문학사 송기원 주간이 국가보안법으로 구속되고, 20명 남짓한 관련 교사들이 파면, 강제 사직, 감봉, 경고 처분을 받았다.

다.* 그래서 세 가지에 대해 한참 동안 내 입장과 견해를 자세히 말하고 안동은 갈 생각이 없으니 걱정 말라고 했다.

교육장은 상부에 지시가 있어서 말하는 것이 아니라고 했지만, 뒤에 말이 나오는 것 들으니 무슨 지시가 있었던 것이 확실했다. 내가 말하는 중에도 경찰서 정보계 형사와 전화로 주고받고 얘기를 했다. 하도 지나친 염려를 자꾸 하기에 "걱정 마셔요. 오늘 밤 제가 대구 집에도 안 가고 학교에 와 있을 겁니다" 하고 나왔다.

나올 때 안동서 전화가 왔다고 학무과에서 말해서 받으니 농민회관 권종대 씨. 주교님이 경찰서장한테 잘 말해 두었고, 교육감님께도 말해 두었으니 걱정 말라는 것이었다.

오후 2시, 도청다방에서 녹촌을 만나 초등교육과에 들어갔다. 녹촌과 같이 간 것은 회장 인사와 서클 지원금 받는 일 때문이다.

초등과에 들어가니 벌써 임병기 장학관(다른 장학관은 모두 없어 이분이 내 일을 맡은 모양이었다)이 나를 좀 보잔다. 그래서 임 장학관과 둘이서 과장실에서 잠시 얘기를 하는데 최언호 과장이 들어오기에 서로 얘기를 했다. 회갑연, 《민중교육》, 표현 자유 선언 이 세 가지를 자세히 얘기하고 내 생각을

• 《민중교육》, 회갑연, '창작과 표현의 자유에 대한 문학인 401인 선언' 같은 사건으로 교육청의 학교 사무 감사를 받았다.

밝힌 다음 "저는 명년 봄 나갈 때까지 아무 일 없이 무사히 있다가 나가고 싶습니다. 제게 일어나는 일은 저 개인의 문제가 아닙니다. 글쓰기회원 전체의 문제니까요. 저는 선생님들이 학교 밖에서 운동하고 있는 정치인들에게 이용되는 것을 바라지 않습니다"고 했다. 초등과장은 "교육감님이 오늘 아침 말씀하시는데 이 교장 선생을 생각해서 하는 말이니 부디 안동 모임에는 가지 말아 달라고 하였습니다. 그리 아시고……." 초등과장과도 안동엔 안 가겠다고 약속하고 나왔다.

두봉 주교님이 경찰서장, 교육감한테 부탁했다는 것은 사실일까? 권종대 씨의 지어낸 말인지도 모르고, 사실인지도 모른다. 사실이라도 주교님 얘기쯤이야 무슨 효력이 있겠는가? 어쨌든 안동 안 가는 것이 마음 편하다는 생각이 들었다.

학교에 온 것이 오후 6시.

오늘은 또 낮에(박명옥 어머니를 버스를 탔을 때 만나서 알았다) 세 아이(6학년, 5학년, 4학년)가 어제 가출하고는 행방불명이 됐다는 소식을 듣고 급히 전화를 학교에 걸어 교육청에 보고하게 하였는데, 이래 설상가상으로 걱정이 겹쳐 몸살이 날 판이다. 그것도 걱정되어 학교에 돌아오니 아이들은 찾았다는 소식이다. 6학년 아이의 외갓집에 갔던 모양이다.

그런데 청부 조 주사가 하는 말이 아까 "학무과장님이 전화를 걸었는데, 교장 선생님이 오시면 곧 전화를 걸도록 하고 10시까지 안 오시면 안 오셨다고 전화를 걸어야 하는데, 전화기 옆에서 떠나지 말라고 했어요" 했다. 그러면서 "무슨 일이 있습니까? 꼭 교장 선생님을 감시하는 것 같습니다" 했다. 나도 좀 불쾌했다. 학무과에 전화를 걸었더니 한참 뒤에 과장이 나왔다.

"아침에 제가 안동에 안 간다고 했고, 오늘은 대구에도 안 가고 학교 와서 잘 겁니다, 밤에 전화하지요, 하고 분명히 말했는데, 학교 오면 오는 줄 알아야지 그렇게 사람을 못 믿어 그럽니까?" 했더니 교육장이 대구 가면서 그런 부탁을 했느니 하고 변명을 하는 것 같았다.

오늘 교육청에서 교육장은 이번 교장단 여행 때도 같이 가야 된다고 했다. 나는 교장단 여행 때 병원에 가서 종합 진단 받는다고 말해 두었던 것이다. "그런 여행도 같이 가야 오해를 안 해요" 했다. 어쩔 수 없이 같이 가야 하나 보다.

아, 피곤하다. 어서 나는 이 자리를 떠나야지

오후 7시 학무과장한테 전화를 걸고 내 방에 왔다. 이상하게도 벌써 시미롱매미 소리가 난다.

1985년 8월 6일 화요일

아침에 또 학무과장이 전화를 걸어 왔다. 가출한 아이들 셋을 애향단을 통해 잘 지도해 달라는 것, 또 오늘 교육장이 대서학교로 갈 것이란 말이었다. 혹시 오늘(행사를 연장하거나 연기해서 안동으로 갈지도 모른다고 생각해서) 안동에라도 갈까 싶어 그러는 것임이 분명하다. 가출한 아이들 지도를 애향단 통해 하라는 따위 걱정이 무슨 소용인가? 교육장이 왜 하필 오늘 온다는 말인가? 참 어처구니없는 것들이다. 김대중 씨도 이렇게까지 감시받지는 않을 것이다. 감시받고 있는 것이 단 며칠이라도 얼마나 불쾌하고 부자유스러운가를 느낄 것 같다. 교육장은 오후 4시에 왔다가 사무실에 앉아 한 시간 뒤에 갔다. 안동서는 전화도 걸어 오지 않았다. 철수나 또 누가 찾아올 줄 알았더니 아무도 오지 않았다.

1985년 8월 26일 월요일

10시에 교육청에 갔더니 교육장이 나 때문에 교육감한테 혼났다면서 왜 관내 교장 한 사람 단속 못 하느냐고 하니 어쨌든지 말썽 없게 해 달라 했다. 지난겨울 농민회관의 세미나 사건, 다시 최근의 회갑연 사건, 토요일 서클 참석 사건, 표현 자유 선언 사건 등을 얘기하면서 그런 것이 이 교장은 모두 억울하게 이름을 이용당했거나 근거도 없는 일이라 하고, 나도 그런 말을 전하고 했지만 그걸 믿어 주지 않으니 땅 팔 노릇이라 했다. 그리고 "지금은 가히 학교에다 연금해 두고 있다시피 하고 있습니다"고도 말했다고 한다. 나는 걱정을 하게 해서 죄송하다고 말하고 이제 그런 걱정 안 하도록 조심에 더욱 조심하겠

다고 말하고 학무과장을 다시 만났더니 과장은 지난겨울 세미
나 일까지(자기가 여기 과장으로 있지도 않았던 때의 일인데)
꼬치꼬치(마치 경찰서 형사같이) 물으면서 불쾌한 말을 했다.
그리고 관리과에 가 봤는가, 무슨 말을 하지 않던가, 방학 중
사무 감사 같은 것 있다고 들었다고 했다. "그런 것도 우리 청
에서 자체로 하는 것 아니고 어떤 기관에서 하라는 지시가 있
어" 한다고 말했다. 그러더니 이번에는 유치원 교사 연수회에
대서학교 교사 안 나왔더라면서 초등계장을 부르더니 당장 시
말서 써내도록 하라고 했다.

"유치원 교사 안 나온 것 교장 선생님 알고 계십니까?"

"나왔는 줄 아는데요"

"그것 봐요, 교장 선생님이 그런 일 하고 다니시니 학교 직원
들도 정신이 해이해져서 그러지요" 했다. 내가 방학 아닌 동안
군내 교장들 중에서는 학교에 가장 많이 출근하고 정상 근무
했던 것이다. 내가 뭘 하고 다녔단 말인가?

초등계장 전 장학사가 과장한테 "대서학교 김미자 선생이 출
석했다가 아파서(하혈이랍니다) 일찍 갔습니다. 이틀 동안 나
왔다가 일찍 가고 했습니다" 이렇게 말하니 과장이 "일찍 갈
사정이면 곧 교장한테 연락을 해서 대리 참석자를 보내야 할
일이니 그럴 수 있는가요. 안 됩니다. 시말서 써내도록 해요"
했다. 뭔가 신경질적인 반응을 보이는 것 같다.

과장한테 또 미안하다 사과하고 관리과에 가는데 전 장학사

가 "별것 아니니 김미자 선생한테 한 장 써내도록 말해 주세요. 하루만 아파서 일찍 갔다고 써내면 내가 가지고 있다가 없애 버리든지 하겠습니다" 했다. 이 전 장학사가 올해는 사람이 아주 표변했다는 생각이 들었다.

관리과에 가니 과장은 없고, 서무계, 관리계 직원들 만나도 별말이 없었다. 그러나 사무 감사니 뭐니 해서 불쾌한 마음을 떨어 버릴 수 없었다.

교육청에서 나와 다방에 한참 앉았다가 점심을 먹으려고 어느 음식점에 앉았는데, 월항 교장이 와서, 지난번 제주도 교육자들 모임에 3천 명이나 왔는데, 그런 좋은 여행을 왜 안 했나 했다. 교장들, 교육장들, 어떤 군내서는 거의 다 왔더라 한다. 3천 명! 그런 관광 여행에 학교 돈 쓰고 가는 것은 장려하면서, 자기 돈 쓰고 아이들 교육 걱정하는 모임에 나가면 불온한 모임에 간다고 의심하고 하는 교육행정가들!

오후 2시에 교장 회의.

교육장은 처음부터 음성을 높여 신경질적인 말을 했다. 교장 회의에 대리 참석을 하는 수가 어디 있나, 세상이 어느 때라고 이러나, 했다. 그리고 교육감 지시 사항을 여러 가지 말했다. 문교장관이 말한 것에 교육감이 더 보태고, 교육감이 말한 것에 교육장이 더 보태고, 이래서 억압적인 분위기가 밑으로 내려올수록 심해지는 느낌이었다. 다음은 학무과장이 2학기 교육계획에 대해 말하고 그다음은 중등계 장학사가 《민중교육》

지의 내용을 유인물로 초록 비판한 내용을 낭독 설명했다.《민중교육》은 용공 교사들이 만든 불온서적이었다.

대구로 와서 6시부터 있다는 대일기획의 〈소년과 소녀〉 자문 편집위원 모임에 나갔더니 박인술, 이무일, 심후섭, 문무학, 권영태, 나 여섯 사람이 모였다. 손춘익 씨도 나중에 왔다가 좀 일찍 나갔다. 과실, 술, 음료, 저녁을 같이 하면서 9시 반까지 책 편집 방향 내용에 대한 의견을 말해 주었다.

1985년 8월 27일 화요일

도원교에서 있었던 도원교 신재선 교장 정년 퇴임식 참석.

군내 교장들 모두 참석했다. 마치고 나올 때 초전 교장 말 들으니 신 교장은 심상과(보통과) 출신이지만 너무 정직해서 큰 학교에 못 가고 높은 자리도 못 오르고 말았는데 나로서는 존경한다고 했다. 그런 사람을 이제사 알게 된 것이 후회되었다. 신 교장은 아들들은 다 훌륭하게 키워 가정적으로 행복하다니 부럽기도 했다.

저녁에 YMCA 다방에서 이재원 선생을 만나《민중교육》사건에 대한 Y교사회서울YMCA교육자회의 태도며《민중교육》관련자들의 사정 같은 것을 좀 더 자세히 들을 수 있었다. 이재원 씨는 그 사건 때문에《민중교육》이 엄청나게 많이 팔렸다고 한다. 그래서 교육자들이 쫓겨났지만 결과적으로《민중교육》을 선전했으니 이긴 것이란 생각이었다. 나는 《민중교육》의 잘못한 점을 몇 가지 들어 말했더니 조금은 수긍을 하면서 그렇게 동의하는 것 같지 않았다. 법정투쟁을 지원하기 위한 모금 운동을 벌이고 있다는 말이다.

사회, 정치적으로는 이겼을지 모르지만 교육적으로는 실패라고 본다. 교육이 사회, 정치에 의해 좌우되기는 하지만, 그러나 지금 당장 큰 변혁이 오지 않는 한 교육자들이 위축되고 있는 것은 사실이다.

이 씨도 나도 부산의 이상석 선생의 소식이 궁금하다고 말했다. 아무 연락이 없으니, 부산과 경남 일대에서도 Y회원과 글쓰기회원들이 내는 간행물 문집들을 모두 모아 내도록 하고 있다는 소식을 들었다 한다.

1985년 8월 30일 금요일

대구에 나가 우체국에서 우편물을 부치고 매일신문사에 들렀더니 이하석 씨가 하종오 씨한테서 온 《민중교육》 사건 관련 교사들의 법정투쟁을 지원하는 모금 운동 전개를 위한 취지문과 편지를 보여 주었다. 그길로 곧 나와 일직 권 선생을 찾아갔다. 권 선생 만나는 것은 지난겨울 이후 처음인 것 같다.

송리로 가는 길이 포장이 돼 있었다.

권 선생은 마당에서 무엇을 하고 있다가 나를 보고 반가워했다.

나는 지난번 회갑 모임 일을 묻고 《민중교육》 사건, 속리산 세미나의 발표 내용 등 여러 가지를 얘기했다.

권 선생한테서 들은 얘기는 다음 몇 가지다.

첫째, "젊은 사람들이 선생님에 대한 기대가 대단해요. 선생님 때문에 희망을 가진다고 합니다. 선생님이 이뤄 놓은 일이 엄청납니다. 《일하는 아이들》은 70년대 이후 우리 시의 방향을 바꿔 놓았고, 《이 아이들을 어찌할 것인가》는 지금도 각 대학에서 교재로 쓰고 있어요. 염 선생은 이 선생님이 파면이 돼야 되는데, 합디다."

이건 권 선생이 더러 찾아오는 사람의 말만 듣고 나를 과대평가한 것이겠지만, 염 선생의 말은 많이 생각하게 했다.

둘째, "정치가 바로잡히지 않으면 안 됩니다. 우리가 8·15 이후도 40년이나 이런 고초 안 겪었습니까. 여기 이 마을에도 공부 못 하고 공장에 가서 일하면서 노동운동하다가 잡혀가 행방불명이 된 아이들이 있어요. 이름난 사람들이 잡혀가 얻어맞고 재판받고 하는 것은 그래도 괜찮아요. 이름도 없는 사람들은 쥐도 새도 모르게 잡혀 죽습니다. 이대로 가다가는 우리 민족이 다 죽게 됐어요."

이렇게 말하면서 조그만 사진을 한 장 보여 주고는 셋째 형님이라 하면서, 이렇게 말했다.

"이 사진이 셋째 형님이래요. 일본에 있는데 조련계라서 조카들 모두 조련계 대학 나왔지요. 그런데 이 셋째 형님 나이가 선생님과 같은데, 이제 고향 오고 싶어 견딜 수 없나 봐요. 조련계에서 탈퇴해서 민단계로 들어서라도 고향에 오고 싶어 하지만 그게 안 되는 모양입니다. 이게 다 분단 때문이지요. 제 누이가 있는데, 지금 안동 살아요. 처녀 때 약혼한 사람이 일본 갔지요. 일본서 그 사람도 좌익 운동했지요. 그래 여기 오지도 못하고, 할 수 없어 '날 기다리지 말고 다른 사람하고 결혼해 살아 달라'고 했지요. 그래도 다른 사람과는 절대로 결혼을 안 한다고 하더니 여러 해 있다가 살아갈 수 없어 결국 결혼했지요. 지금 아들들이 자라 고등학교에도 다니고 하는데, 얼마 전에 아이들이 와서 이런 말을 해요. '우리 아버지 엄마는요, 이혼하려고 해요. 아버지는 자꾸 엄마한테, 어디 다른 사람 생각하고 있지, 이혼하자고 해요' 이러잖아요. 그러니 지금도 못 잊는 모양이래요. 이것이 모두 분단의 비극이래요. 이대로는 살 수 없어요."

셋째, "얼마 전에 북한의 어린이 시간 방송을 들었는데, 아이들이 선생님을 따라 높은 산에 올라가는 얘기인데, 가기 전에 방송기자가 아이들한테 물으니 '저는 산에 올라가 그 산꼭대기에서 내려다본 기분을 마음껏 글로 써 보렵니다' 하잖아요. 그런데 정작 산에 올라가서 쓴 것을 읽는데, 이렇게 아름다운 땅을 가꾸어 주신 김일성 어버이께 감사합니다, 하는 내용 아닙니까? 거기서도 아이들을 그 모양으로 기르고 있어요. 정치란 것은 다 속임수래요. 정치는 없어야 해요. 문학만이 믿을 수 있어요" 하면서 지난번 속리산 세미나에서 내가 발표한 '교사와 아동문학' 중 문학 교육에 대한 내 얘기가 참 좋고 공감이 간다고 말했다.

넷째로 내가 요즘 마을의 아이들이 자주 찾아오는가 물었더니 뜻밖에 다음과 같이 말했다.

"얼마 전에 안동을 가려고 할 때 차를 못 타게 하잖아요. 면 서기가 그 차에 타고 있으면서 차를 못 세우게 해요. 그래도 차가 서서 탔더니 면 서기가 앉아 있는데 조금 가더니 다시 차가 서서 면 서기가 면장을 불러왔습니다. 면장이 어디로 가냐고 물어서 안동에 볼일을 보러 간다고 했더니 농민회관에 가는 것은 아닌가 묻잖아요. 난 농민회 가입도 안 했고, 그런 운동도 못 하는 사람이라고 했더니 그래도 의심을 해서 안동 볼일을 자기가 봐 줄 테니 가지 말라고 해요. 그래서 '내 볼일을 어떻게 남이 봐 줍니까. 내가 똥이 마려운데 남이 대신 눠 줄 수 있습니까?' 했지요. 그때가 농민회에서 무슨 행사가 있었던 모양 같아요. 농민회에서 무슨 행사만 있으면 경찰에서 와서 하루 종일 여기 와 다른 데 나가지도 못하고 합니다. 내가 뭘 한다고 그럽니까. 우체국 직원도 나를 감시하고, 우편물도 모두 뜯어 봐요. 그러니 마을의 젊은이들이 여기 놀러 못 와요. '저 사람은 간첩이니 가지 마라'고 한답니다. 교회에 있을 때부터 그랬지요. 그래 교회에 폐 끼친다 싶어 내가 나왔잖아요. 이제 젊은 아이들도 별로 없지만, 찾아오는 것도 싫어요. 혼자 이렇게 지내는 것이 어제오늘 아닙니다. 이젠 예사로 됐어요. 오늘 선생님 다녀가신 것도 벌써 마을 사람들 통해 다 보고되었을 것입니다. 전에는 다섯 집씩 짜서 감시하는 책임자를 두었는데, 그게 너무 노골적이어서 마을 사람들의 반발이 있고부터 그건 없어졌지만 동장, 반장 둘 모두 이렇게 감시하고 있어요."

나는 권 선생한테 지식, 웅진, 두어 곳에서 전집을 내주겠다고 하니 내는 것이 어떻겠는가 물었더니, 아이고, 전집을 내다니 내가 뭐 그럴 만한 사람이 됩니까, 하고 사양했다. 시집도 한 권 내자고 했더니 그것도 전과 같이 여전히 사양했다.

그래도 올 때는 이 땅의 어린이 문학 2집*의 원고로 시 여러 편을 얻어 왔다. 그것은 권 선생이 나한테 우송하려고 미리 준비해 둔 것이었다.

7시가 되어 급히 작별을 하고 나오는데, 권 선생은 마을 앞까지 굳이 따라 나왔다.

1985년 9월 11일 수요일

검은 구름이 하루 종일 끼었는데도 무더웠다.

요 며칠 동안 왠지 외로운 생각, 슬픈 생각이 들었다. 머리가

---

* 어린이를 지키는 문학인 모임이 펴낸 아동문학 부정기간행물이다. 1985년 4월에 1집 〈지붕없는 가게—이 땅의 어린이문학 1〉을, 1987년 2월에 2집 〈우리모두 손잡고—이 땅의 어린이문학 2〉를 펴냈다.

피로하고 신경이 지치고 머리 가죽이 당기고 골이 울리는 것
이 꼭 40년 전 8·15 전후 때의 증세 같다. 얼마 전에도 잠시
(한 이틀쯤) 이런 일이 있었는데, 이번에는 지난 일요일 이후
부터 계속이다. 토요일 밤부터 이틀을 잠 못 잤기 때문이다.
그리고 가정 일 때문에 시달리고 학교 일에도 시달렸다. 그래
어제저녁에는 8시도 안 되어 불을 끄고 누워 잤다. 간밤에는
여덟 시간도 넘게 잤다. 조금은 나았지만 머리가 완전히 회복
되지는 않았다.

그래도 오늘은 학교에서 '운동회를 앞두고 학부모들께 주는
글'을 쓴 다음 온종일 아이들의 일기를 보고, 퇴근 후 방에 와
서도 일기를 보았다. 그래도 몸이 더 아프지 않은 것은 간밤에
많이 잔 때문이겠다.

아이들 일기를 보니 참 잘 썼다. 이걸 가지고 학교 문집을 만
들어 볼까 하는 생각이 들었다. 그러면 이것이 내가 교직에서
마지막으로 만드는 학생 문집이 될 것이다.

1985년 10월 5일 토요일

저녁 8시 반쯤 부산의 이상석 선생이 전화를 걸어 왔다. 학교
에서 낸 문집 때문에 얼마 전부터 거의 날마다 교위교육위원회에
불려 간다고 했다. 교위에서는 감봉 처분을 하도록 요구하는
데 학교와 재단(가톨릭 재단이란다)에서는 그럴 수 없다고 맞

서 오다가 그럭저럭 그대로 무사할 것 같더니 최근에는 온누리에서 낸 책을 재판한다고 문교부에 낸 것이 또 문제가 되어 교위에서 그런 책도 냈구나 하고 아주 야단법석인데, 그것은 이오덕 선생이 추천해서 냈고 한국글쓰기회의 사업으로 한 것이라고 말했다고 했다. 그러면서 글쓰기회와 선생님 얘기를 했는데 괜찮을까요, 했다. 지금 며칠 아무 소식이 없는데, 갑자기 무슨 일이 일어날는지 걱정이라고 했다. 이상석 선생이 무사할까 염려되더니 결국 당하게 된 것이다. 문교부에서 우리 글쓰기회를 문제 삼으면 어찌할까, 하는 걱정이 된다. 우리가 아무리 잘못한 것이 없다고 하더라도 문교부에서 그렇게 보면 아주 힘이 없는 우리는 당하기만 해야 하는 것이다.

이상석 선생의 문집을 내가 추천해서 온누리에서 출판하도록 한 것은 사실이다. 문집에 실린 작품을 다 보고 추천한 것은 아니지만 추천한 것은 틀림없으니 그것으로 내가 또 죄를 덮어써야 할지 모른다. 좌우간 기다리는 수밖에 도리가 없다.

1985년 10월 28일 월요일

아침에 북부정류장에서 하미숙 선생한테 받은 공문(동아대학 인문대학장이 보낸 공문)을 가지고 8시 30분에 교육청에 갔다. 학무과장에게 공문을 주니까 복사를 해 오라고 여직원에게 말하는데, "복사기가 고장이 났어요" 한다. 그럼 다른 데 가서 해

오라고 해서 내가 돈을 주어 두 장 복사해 오도록 했다.

그리고는 과장이 "아이고 전 또 초등과장한테 혼이 났어요" 했다. "왜 그랬습니까. 이번 이 일 때문입니까?" 하니 그렇다고 하면서 하는 말이 이랬다.

"그런 공문은 대학에서 띄우기 전에 반드시 과장한테 사전에 허락을 받고 띄우는 것이지, 양해도 없이 보낼 리가 없다고 해요. 결국 교장 선생이 지도를 잘못했다는 것이지요."

참으로 뜻밖이었다. 초등과장이 나한테는 아무 말도 안 하더니 학무과장한테 그런 말을 하다니! 내가 미리 양해를 했다든지, 허락을 했기에 공문을 보냈다고 아주 단정을 하는 것인데, 이럴 경우 아무리 내가 그렇지 않다고 변명해도 다 소용없는 짓이다. 어쨌든 나도 좀 화가 났다.

"그렇다면 제가 오늘이라도 대구대학(으로 벌써 그 학생들이 출발했을 것이니)으로 가서 절대로 오지 말라고 하든지 전화로 단호히 거절해서 못 오도록 하겠습니다."

그랬더니 학무과장은 "이미 일이 이렇게 됐는데, 이제 새삼 그렇게 하면 우리 교육청 입장이 더 난처해질 뿐입니다"고 했다. 나는 또 말했다.

"그래도 할 수 없습니다. 제가 그런 터무니없는 오해를 받기 싫습니다."

이래서 한참 입씨름하고 좀 불쾌한 말을 주고받고까지 하기도 했다. 그러다가 아무래도 안 되겠다 싶어 그만 입을 다물고 말았다.

과장은 어제 동아대학에 전화 걸었던 얘기를 하면서 "조교 놈이 받는데, 그놈이……" 어쩌고 했다. 남들에게 내 말을 할 때도 이러겠지, "이 교장 그놈이" 하고.

오늘 학생들이 오면 과장이 안내해서 학교에 가겠다고 하는 것을 듣고 나왔다.

학교에 왔더니 지서 순경이 전화를 걸어 오고, 경찰서에서 걸어 오고, 면 총무계장이 걸어 왔다. 모두 동아 학생들이 온다는데 수가 몇이나 되는가, 몇 시에 와서 몇 시에 가는가, 인솔 교사는 누구인가, 와서 무엇을 하는가, 등등이다.

오후 2시에 온다더니 3시에도 안 오고 4시 반에 왔다. 학생들이 오기 전인 2시 30분에 도교위 김동옥 장학사와 학무과장이 와서 학교를 둘러보고 했다. 학무과장은 온 김에 교장한테 현황 청취를 받도록 권유했지만 김 장학사는 "그런 것 필요 없어요. 나중, 학생들한테 설명하면 그때 같이 듣지요" 했다. 내가 현황 설명이나 하고 교육계획과 방침, 중요 실천 내용 같은 걸 얘기하겠다고 했던 것이다. 그런데 김 장학사는 "교장 선생님, 교육 방침, 실천 내용 같은 것은 어떤 것을 얘기하실라 합니까?" 했다. 내가 얘기하려는 것을 미리 알아 두자는 것이고, 그렇게 하도록 교위 초등과장한테 지시를 받은 것임이 틀림없다. 나는 "뭐 별것 없어요. 농촌 아이들이 자꾸 도시로 가게 되어서 일어나는 문제를 가장 크게 보고 있고, 그다음에는 학생들의 점수 경쟁에서 오는 이기주의가 문제 된다고 봐요. 그래서 아이들의 열등감을 치료하고 이기주의를 극복하게 하는 방법으로 우리 학교에서 실천하는 글짓기 교육과 애국 애족 교육 이 두 가지를 간단히 얘기하려고 합니다"고 했다.

이에 앞서 성주경찰서에서 정보과장이란 사람이 왔다. 그는 와서 그저 들어 보고 싶다고 했다. 그도 물론 지시를 받아서 왔겠지. 난 차라리 학무과장보다 경찰 직원이 더 낫겠다는 생각이 들었다. 경찰서에서는 정보과장 말고 또 딴 형사도 한 사람 오고, 지서 순경도 한 사람 왔다.

4시 반에 학생들이 약 80명, 지도 교수 두 사람과 왔다. 6학년 교실에 올라가 계획대로 학교 소개, 교육 내용 소개를 얘기하고, 학생들의 질문에 대답하고 나니 6시가 다 되어 급히 마쳤다. 학생들이 박수를 많이 치고 처음부터 끝까지 환영이 대단했다. 기념사진을 찍을 때는 어두웠다.

직원들은 6시 10분 차로 가게 되었다.

교수들과 학생들에게 글쓰기회보를 나눠 주고 싶었으나, 그런 것 나눠 주면 공연히 이상하게 볼 것 같고, 귀찮을 것 같아, 나중 우편으로 교수들에게 부쳐 주겠다고 하고 보냈다.

학생들이 선물이라면서 학교에 주는 조그만 상자를 받아 두고 내게도 만년필인가 볼펜인가 주는 것을 받아 두었다.

방에 오니 옆집 여 사장이 저녁을 가져왔다. 오늘만은 저녁 보내온 것이 고마웠다. 여 사장은 "나도 강연 들으러 갈라 했는데, 보기 싫은 것들이 와 있어 그만 안 갔어요" 했다.

오늘 우편물 중에 권정생 선생 동시집 원고가 와 있어 너무 반가웠다.

어쨌든 잘 넘겨 버린 하루였다.

1985년 10월 29일 화요일

아침 9시 반쯤에 또 교육청에서 전화가 와서 교육장이 급히 오라고 한다고 교육장실 아가씨가 전했다. 10시 차로 갔더니 과장이 "어제는 오후 6시에 학생들이 가기까지 도교위에서 교육감 이하 초등과장, 장학사들이 얘기하고 있었습니다. 여기서 보고를 듣고야 회의를 하고는 퇴근했답니다" 하면서 "지금 그일로 도교육감님이 우리 교육장을 급히 불러서 대구로 가야 하니 곧 올라가 보시오" 했다. 2층 교육장실에 갔더니 교육장이 "이 교장님, 다른 얘기 자꾸 해 봐야 그렇고, 그만 우리 둘이 교직에서 물러나기로 합시다. 나도 지긋지긋하고 지쳤어요" 하면서 교직을 그만두라는 권유다. 내가 아무 말도 않고 듣고만 있으니 "이 교장, 언젠가 나가겠다고 하던 말을 들었는데······" 한다. 그제야 나는 말했다. "내가 지난봄에 나가겠다고 한 것은 일시적 기분으로 그랬던 것은 아니고, 그 심경에 변화는 없습니다. 다음 2월에는 나가도록 하겠습니다" 했다. 그제야 그는 약간 여유 있는 듯한 목소리를 냈다. "그렇게 하이소, 나가서

문학을 하든지 뭘 하든지 마음껏 활동 하이소……." 가만히 보
니 지금 곧 대구 가서 교육감에게 "그 귀찮은 교장을 그만 권유
해서 2월에는 사표를 받도록 해 놓았으니 부디 안심해 주십시
오" 할 속셈인 것 같았다.

다시 아래로 내려와 학무과장실에 가니, "어제 도교위 김 장
학사님이 이런 말 하던 것 들었지요? 한 가지만 잘한다고 교육
이 잘되는 것 아닌데……, 하는 것 말이요."

"못 들었는데요."

"이 교장 선생 앞에서 그런 말 하셨던 걸로 기억되는데 그렇
잖았던가? 어제저녁 늦게 김 장학사하고 여기 성주 돌아와서
저녁을 같이 하려다가 대구로 가서 저녁 대접을 하고 보냈는
데, 저녁을 먹으면서 그런 말을 했던가, 좌우간 어제는 내가 너
무 신경이 피로해서(얼굴을 찡그리면서) 어디서 그 말을 듣기
는 들었습니다. 그 말이 어떤 생각을 말하려고 했는가를 짐작
하시겠지요. 제가 봐도 학교 관리며 정리 정돈이 너무 안 되고
있었어요(2층에서 교육장도 '학무과장이 말하는데 학교 관리
가 엉망이더라'고 했다고 하던 것이 생각났다). 오늘 조 장학사
를 학교에 장학지도로 보내겠습니다. 조 장학사 학교에 가면
교감 선생을 데리고 학교를 돌면서 하나하나 지적해서 고칠
것을 말할 겁니다. 학교 가시면 교감 선생 좀 활동하도록 해 주
시오……."

나는 듣기만 하고 가만히 앉아 아무 말 안 했다. 그렇게 하겠

습니다고 한마디만 했다.

가만히 생각해 보니 어제 도교위 김 장학사와 같이 돌아갈 때 차비나 저녁값이라고 돈을 안 주었던 것이 그의 분노를 더 샀겠다는 생각이 든다.

김 장학사가 어떤 암시적인 말을 실제로 했는지도 모른다. 그러나 내가 학생들에게 글짓기 교육 얘기를 했다고 해서 어찌 글짓기 교육만 한 것이 되는가. 글짓기 교육이야말로 모든 교재 지도를 잘한 그 위에 해야 한다. 김 장학사 말이 사실이라면 그도 저녁 대접 못 받은 불쾌감에서 나온 태도일까 하는 생각이 든다.

조 장학사를 보내서 지도하게 한 것도 순전히 과장의 생각이었다. '불온한 교장을 닦달하고 지도하기 위해 이렇게 하고 있습니다'고 하는 충성심을 보이기 위한 짓임이 너무나 뚜렷하다.

조 장학사를 같이 가자고 했더니 "지금 거기 가서는 점심 먹을 일도 걱정되고, 그만 여기서 점심 먹고 1시 반 차로 갈랍니다"고 해서 그래도 같이 가자고 하다가 안 되어 나는 11시 40분 차로 먼저 학교에 왔다.

1시 반 차로 조 장학사가 학교에 와서 자주 미안하다는 말을 했다. 그런 태도는 진심으로 우러난 것으로 느껴졌다. 교육청에서도 "별로 마음에 내키지도 않는 걸음인데……" 하는 걸 들었다.

조 장학사는 교감 선생을 데리고 한 시간도 넘게 돌아다니더니 종이에 수십 가지 지적 사항을 적어 왔다. 모두 시설 관리, 정리 정돈 청결 문제였다. 그걸 다시 딴 종이에 옮겨 쓰도록 하고, 그래서 그걸 11월 23일까지 모두 해 놓겠다는 말을 쓰고 교감 교장이 도장을 찍도록 해서 가져갔다. 11월 23일이 지나면 그때는 과장이 직접 와서 확인한다고 했다.

나는 조 장학사를 보내 놓고, 선생님들에게 "내가 교장 노릇을 잘하지 못해 선생님들을 괴롭히게 됐습니다. 참 미안합니다"고 했다. 수십 가지나 되는 그 지시 사항은 오늘은 시간이 없으니 내일 의논하자고 했다.

그 일이 이젠 다 지나갔는가 했더니 또 이렇다. 교육장이 도교위에 가서 교육장한테 또 무슨 소리를 듣고 올는지 모른다.

아, 그 착한 학생들을 만나 교육의 얘기를 한 것이 죄가 되어 이렇게 고초를 당하다니! 교육장이고 과장이고, 도교위 장학사고 초등과장이고 국장이고 교육장이고, 장관이고, 교육이 안 되도록 하기 위해 혈안이 되었고, 제자리 유지하기에만 넋을 팔고 있다. 이젠 꼼짝도 못 하는 구제불능의 나라가 된 것이 너무나 확실하다. 과거의 어느 때도 일찍이 이런 때는 없었다.

1985년 10월 30일 수요일

오늘은 아침에 수업도 늦추고 어제 조 장학사가 적어 놓고 간 시정 사항을 하나하나 의논했다. 교감 선생이 말하는 것을 내가 들고, 적어 놓은 것만 해도 45가지였다. 거미줄 걷으라니, 수채 도랑에 버려진 깡통을 주워 내라느니 하는 것도 있지만, 돈을 들여야 하고 힘을 들여야 할 것도 너무 많아 지금부터 하나하나 해야 하는 것이다.

지시를 교감 선생이 직접 받아서 오늘부터는 교감 선생이 부지런히 할 모양이다. 나도 교감 선생한테 "이제 난 소용없는 사람이·된 것 같아요. 교육청에서 교감 선생을 더 믿고 부탁하는 것 같으니 잘해 주이소" 했다. 교감 선생은 종일 화단의 나무 전지를 했다.

청부 두 사람도 교문 앞 양쪽의 측백 전지와 길 정리, 다른 선생들도 모두 맡은 일을 하기에 바빴다. 수업은 뒷전이 될 수밖에 없다.

나는 보고만 있었다.

이렇게 겉모양 다듬는 것이 교육자들의 가장 긴급하고 중요한 할 일이 되어 있는 세상인데, 나는 이런 세상을 모르고, 무시하고 지냈으니, 이제 나는 이 학교에서도, 우리 교육계에서도 아무런 쓸모없는 사람이 되고 만 것이다.

오늘은 종일 좀 이상한 기분이 되었다. 갑자기 내가 이제는 교문을 곧 나가야 할 사람이 된 것 같다. 허전하고 서글프고, 뭔가 크나큰 것을 잃어버린 것 같은 느낌이 들었다. 나갈 각오를 한 것이 오늘 처음이 아닌데, 오늘 이렇게 갑자기 이런 심정이 되는 것은 웬일인가? 행정하는 자들뿐 아니라 선생들이 이렇게 갑자기 열심히 청소 정돈하고 겉꾸미고 다듬는 것을 보니 내가 지금까지 몸담고 있었던 학교 같지 않다. 그래서 나 자신이 소외감을 느낀 때문이겠다.

뭐 슬퍼할 것 있는가. 시원스리 떠나야지!

저녁에 토란 뿌리를 깎고 있는데 옆집 여 사장이 냄비에 든 것을 시래기국이라고 하면서 가져와서는, 어디서 누구한테 들었는가, 육감으로 느꼈는가, "이 교장, 그만 실컷 소신대로 지껄여 뿌이소. 까짓것 권고사직당한다고 퇴직금 안 나오겠나, 누구 눈치코치 볼 것 없이 해 대 버리소" 했다.

1985년 11월 6일 수요일

경북 학도 체전 첫날이다. 9시에 개회식이 있어 새벽에 나섰다. 구미에 내렸을 때는 가랑비가 뿌렸다.

개회식 때 아이들을 운동장에 세워 두고 교육감, 지사 또 그 밖의 사람들이 너절한 글을 읽어, 오랜 시간 기다려야 했다. 체육 행사는 어느 것이나 처음부터 아이들을 위한 것이 아니다.

명숙이가 10시에 경기 시작하자마자 60미터 달리기를 하게 되어 있었다. 그런데 벌써 경기를 시작했는데 본부석에 다른 교장들과 앉아서 아무리 봐도 명숙이가 안 보였다. 웬일인가 싶어 내려가 출발점 부근에 자리 잡고 있는 성주 선수들 쪽에 가서 김영수 씨를 잡고 알아보니 "선수 점호하는 데 가서 대답을 분명히 했다고 하고, 같이 간 아이들도 대답하더라 했는데, 또 인솔해 간 선생님도 있었는데, 대답을 안 했다면서 점호에 빠져 이쪽 출발계에 명단이 안 넘어와서 출발하지 못하게 했습니다. 참 불쾌하고 속상해요" 했다. 어디 그런 수가 있는가! 그럼 왜 그 자리에서 항의하지 못했는가! 장학사고 학무과장이란 사람들이 그 옆에 우두커니 서 있으면서 뭘 하는가! 따라간 선생은 그런 걸 확인 안 하고 뭘 했는가! 선수 점호를 뭣 때문에 또 엉뚱한 데 가서 할 필요가 있었는가!

명숙이뿐 아니라 성주고 남학생 한 아이도 그렇게 해서 탈락되었다고 한다. 그렇게 오랫동안 연습해서 여기까지 와서 달리지도 못했으니 명숙이는 얼마나 섭섭할까? 명숙이를 보니 영 울상이다. 이런 것만 봐도 학도 체전이니 소년 체전이니 하는 경기 행사가 얼마나 아이들 본위가 아니고 어른 본위로 기계적으로 치르는 비인간적 행사인가를 알 수 있다.

낮에 영주 어느 중학으로 간 김동옥 교장을 만났더니 그 학교에서도 선수 한 명이 점호에 빠져 탈락되었다고 했다. 경기 운영이 아주 엉망이다.

다른 교장들과 구경한다고 앉아 있었지만 아무것도 흥미가 없었다. 아이들은 죽자 살자 뛰고, 다 뛰면 그 자리에서 쓰러지는 아이들이 수없이 자꾸 나오고 있었다. 그런 아이들을 보면서 1등, 2등이 어느 아이가 되는가 점치고, 웃고 하는 교장들, 구경꾼 어른들, 아이들을 이렇게 장난감으로 만들어 놓고 보고 즐기는 잔인한 교육자들. 이게 오늘날의 교육이요, 사회다.

점심을 먹고 조금 있다가 월항 교장하고 대구로 와 버렸다.

저녁때 매일신문사에 갔더니 신택환 씨가 다방에 앉아 있었다. 신 씨 말이 이랬다.

"선생님, 들으니까 최근에 무슨 고초를 많이 겪으셨다고 하는데 괜찮습니까? 지난번 제가 서울에 무슨 일로 해서 갔던 길에 문교부의 어떤 분을 만났는데, 대구 출신 어느 여당 국회의원이 선생님을 반체제 인사로 지목하여 좋지 못한 사람이라고 하고 있으니 신 선생도 글 쓰는 데 조심하고, 조금도 비판적인 글은 쓰지 말라고 합디다."

대구의 여당 국회의원이란 자가 내 얘기를 좋지 못하게 문교부에다가 했나? 문교부에 했을 수도 있고 경북교위에 했을 수도, 안기부란 데 했을 수도 있겠지. 그런데 그 여당 국회의원이 그런 짓까지 할 수 있으니 대구에서 당선되었겠구나 하는 생각도 든다. 무슨 짓을 못 할 사람들인가? 나라고 민족이고 다 팔아먹고도 남을 놈들이겠지.

1985년 12월 15일 일요일

아침 9시쯤 김 사장이 전화를 걸어 왔다. 시내 여관에서 걸었다. 세수도 안 하고 넥타이도 안 매고 나갔다. 추위가 대단해서 장갑 낀 손이 견딜 수 없도록 시렸다. 봉덕 시장 옆에 있는 여관에 찾아갔더니 창비사 사건*을 자세하게 들려주었다. 김 사장의 말은 정부가 창비를 비판 세력의 총본산으로 보고 있다는 것, 그래서 이제는 살기 위해서 없애지 않을 수 없다는 것, 창비뿐 아니고 다른 몇십 개의 출판사도 앞으로 일하기 힘들게 됐다는 것을 말했다. 문공부의 어느 고관이 "창비 무크지에 나온 백낙청 씨 글 읽어 보셨는가요? 거기 나오는 아동문학 서평 읽어 보았는가요? 민중을 의식화하는 반정부 비판 세력이 이제는 미술뿐 아니라 아동문학에도 침투돼 있어요. 권정생의 《몽실언니》 읽어 보았는가요?" 하고 말하더란다. "그러니 아동문학도 크게 주목을 받게 되었으니 특히 선생님은 조심하셔야 합니다. 우리가 내려고 하던 무크지와 권 선생 시집도 당분간 보류해 둬야겠습니다"고 했다.

나는 김 사장 말에 동의하면서, 겨울 글쓰기 세미나는 예정대로 열겠다고 했다. 그걸 계획해 놓고 이제 갑자기 중단하는 것은 도리어 뭔가 잘못하고 있는 것처럼 보일 염려조차 있는 것이니까.

김 사장은 어젯밤에 차 타고 오면서 《몽실언니》를 읽었다면서, "이게 바로 위대한 국민문학입니다. 이 책은 아동문학뿐 아니라 소설계에서도 해방 이후 이만한 게 나온 것이 없습니

• 계간 〈창작과비평〉이 폐간된 지 5년 만인 1985년에 창작과비평사가 부정기간행물로 〈창작과비평〉 57호를 복간하자 전두환 정권은 출판사 등록을 취소했다.

다"고 했다.

11시가 다 되어 같이 식사를 하고 헤어진 다음 정용근 선생 딸 결혼식에 급히 갔다가 그루출판사에 가서 회보 발송하는 일을 거들었다. 김녹촌, 김상문, 서정오, 나 넷이서 점심을 2시경에 먹고 헤어졌다.

내일은 교육청에 가서 명예퇴직 수당 신청서를 내야겠다고 결심했다. 앞으로 두어 달 사이에 어떤 일이 일어날지 모른다. 그래도 퇴직할 결심에 변함이 없다. 나는 이대로 가정을 질질 끌면서 살아갈 수는 도저히 없다. 퇴직한 3월 이후에는 어느 시골에 묻혀서 살아야겠다고 굳게 마음먹는다.

헤어지기 전 녹촌, 정오와 셋이서 회보를 우체국에서 부치고 다방에 들어가 오늘 새벽 지식산업사 사장한테서 들은 얘기를 했더니, 녹촌이는 그저께 서울 가서 소년사 김원석 씨를 만났더니 문공부인가 안기부에서 오승강의 시를 검토하고 있다는 말을 들었다고 하더란다. 그러면서 글쓰기 세미나도 그만두는 것이 좋지 않나, 하는 의견을 말했다.

1985년 12월 16일 월요일

아침에 교육청에 명예퇴직 수당 신청 서류를 내러 갔다. 김항교 중등계 장학사가 "그런 일 때문에 내요? 잘 생각해 보시지요" 하고 말했다. 나는 그것 때문이 아니라고 했지만, 결국 "교육이 어디 되는 것 같습니까" 하고 말했다. 9시가 되어 과장과 사무 담당 강 장학사가 와서 서류를 냈더니 과장은 물론이고 강 장학사도 속으로는 다행이라고 여기는 것 같았다. 과장은 커피를 가져오라느니 하고 수선을 떨었다. 그리고 군청에 가 있는 교육장한테 결과 보고(아침에 내 얘기가 나왔던 모양)를 하기도 했다.

과장실에 앉아 있는데 성주, 중앙 두 교장이 들어왔다. 얘기를 들으니 오늘 KBS 텔레비전 방송국에서 불우 이웃 돕기 하는 걸 촬영하러 나온다면서 아이들을 동원하고 있다고 했다. 방송국에서 언제 오는지 아이들이 이 추운데 벌써부터 군청 앞 담 밑에서 떨고 기다린다는 것이다. 참으로 추악한 일들을 하고 있는 것이고, 그 추악한 연극에 아이들을 동원하고 있는 교육쟁이들이다.

내가 교육청에서 나올 때 과장이 따라 나오더니 "이 일은 학교 가서서도 보안 조치를 해서 직원들도 어느 시기까지 모르고 있도록 하는 게 좋을 것 같습니다" 했다. 내가 "공문을 써서 내는 일을 모를 수 있습니까?" 했더니 아무 대답 안 했다. 뭣 때문에 이걸 또 보안 조치 하라는 것인가? 지나치게 소심하고 관료적인 사람의 과잉된 심리 표현이겠지. 우스운 사람이다.

정류소에 나오니 봉소 하태백 교장이 "오늘 불우 이웃 돕기 하러 나오라 해서 나왔다"고 하면서 바보같이 빙긋빙긋 웃고 있었다.

퇴직 서류를 내고 나니 한층 더 외로워진 것 같다. 여러 달 전부터 결심하고 있었던 것인데, 왜 이럴까?

1985년 12월 26일 목요일

7시 반 기차로 상경.

창비에 갔더니 고은, 신경림, 채광석 등 제씨가 신문을 기다리고 있었다. 2,800여 명이 서명한 글*을 가지고 황순원 씨 등이 문공부에 갔는데, 그 기사가 낮 신문에 나오는 걸 기다리고 있었다. 문공부에 갔다던 아내가 먼저 전해 왔다. 문공부 장관은 면회를 거절하고, 매체국장은 한 시간 뒤에 만난다고 하다가 어디로 가 버리고, 출판국장이 서류를 접수할 수 없다고 하다가 결국 받아 두더라는 것이다. 곧 낮 신문이 나왔다. 〈동아〉, 〈중앙〉지에 4단 기사로 사진까지 나왔다. 신문사로 "왜 서류를 접수도 안 했는데 기사로 내느냐" 하고 문공부에서 말하더란다.

점심을 같이 먹으면서 나는 부끄러웠다. 서명도 안 했으니 말이다.

오후 채광석 씨와 풀잎에 갔다가 인간사에 가서 '재미있는

• 국내외 지식인들이 '창작과비평사의 등록 취소에 관한 범지식인 2,853명의 건의문'을 발표하고, 항의했다.

옛이야기' 시리즈를 권하면서 이슬기 씨 불교 동화 원고를 내주었다. 글에 문제점이 있지만 재미있게 읽힐 것이라 상업적으로도 성공할 것이라 했다.

한 씨가, 며칠 전에 서울에 있는 어느 선생님이 《울면서 하는 숙제》를 사려고 책방에 갔는데, 책이 없어 알아보니 내 이름으로 낸 책들이 모두 판매 정지당해서 못 내놓는다고 하더라 했다. 마침 그런 얘기를 하는데 바로 그 사람 김익승 선생이 왔다. 김 교사는 방학이 될 때마다 그 책을 사서 아이들에게 선물을 한다고 했다. 창비에서도 내 책을 팔지 말도록 한다는 말을 들은 터이지만, 창비에서 낸 책뿐 아니라 인간사, 한길사, 청년사 등에서 낸 책을 모조리 못 팔라 한다니 어디 이런 수가 있는가! 참 기가 막혀 말을 할 수 없을 지경이다.

김익승 씨가 참 좋은 사람 같아 같이 가서 얘기하자고 여관으로 와서 김종만 이성인 씨 등과 저녁을 먹고, 곧 찾아온 이주영, 주순중 씨 등과 겨울 세미나 준비 얘기, 회한국글쓰기교육연구회 운영 얘기를 했다. 11시쯤에는 김경희 사장도 왔다. 12시 반이나 돼서야 모두 갔다.

1986년 1월 5일 일요일

오전에 시 지도에 대한 세 사람의 발표가 있었다. 많은 기대
를 했던 이호철 씨가 갑자기 무슨 일이 있었는지 안 와서 연수
자료에 들어 있는 원고를 한 사람이 읽어 들려주었다. 권혁범
씨, 임길택 씨 두 사람이 나가서 얘기했는데, 임길택 씨는 "글
쓰기 교육이 전부가 아니다"란 말을 해서 아직도 미덥지 못한
태도를 가진 듯 의심이 되었다. 협의 토론 시간에는 어젯밤과
는 달리 별로 말이 없었다. 시와 산문의 구별을 어찌 하는가,
어떻게 그 구별하는 방법을 가르치는가를 누가 물었을 따름이
었다. 그래서 내가 세 사람 발표 내용에 대한 의견을 한참 얘기
해 주었다.

오후에는 김종만, 이우영, 이성인 세 사람에다 조재도(이분
은 원고를 나중에 보내왔고, 또 《민중교육》 사건으로 학교를
그만두게 된 사람이라 혹 인쇄물이 문교 당국에 가게 되면 불
리한 일이 있을까 싶어 연구물을 우리 회원끼리만 보는 책에
수록했다. 요청도 안 했는데 연구물을 보내온 것이다) 씨까지

네 사람이 발표했다. 교과서의 시 지도란 제목이었는데, 조재도 씨 것만은 교과서가 아니었던 것 같다.

마치고 토의 시간이 되었을 때 Y중등교사협의회에 갔던 사람들이 여럿 들어와, 시 지도와는 관계없이 글쓰기회의 진로에 대한 얘기를 하게 되었다. 중등 쪽 몇 사람이 내가 지금까지 주장한, 아이들 정직하게 길러 가는 글쓰기 지도는 국민교에서는 어느 정도 가능할지 모르지만 중등학교에서는 매우 어렵게 된 상황이라면서 우리의 기본 노선을 비판하는 듯한 발언을 했다. 그래서 우리가 단결해서 벽을 무너뜨려야 한다는 의견을 내었다. 여기에 대해 벽을 정면으로 부딪쳐 무너뜨릴 수는 없으니 그 벽을 뛰어넘거나 돌아가더라도 우리의 할 일을 해야 한다고 말하는 사람들이 몇이 나오고 해서 자못 격론이 벌어졌다. 좀 여유 있게 기본적인 일을 해야 한다는 의견은 류인성 선생이 여러 번 발언했다. 그러나 중·고등학교 회원들의 발언이 강경했다. 시간은 자꾸 가고, 많은 회원들, 특히 처음 참여한 국민학교 교사들이 불안한 듯한 표정들이었다. 한참 듣다가 결국 내가 좀 단호한 말을 했다.

"지금 들으니 우리가 실천해 온 삶을 가꾸는 글쓰기 교육을 부정하는 듯한 말을 하는 분이 더러 있는 것 같은데, 우리가 할 수 있고 해야 하는 일은 어디까지나 교육이요, 교육을 통해 아이들 바르고 착하게 길러 가는 일뿐입니다. 벽과 맞부딪쳐 싸우다니, 도대체 아이들 데리고 우리가 무슨 일을 하자는 겁니까? 우리가 정치를 할 수는 없는 겁니다. 정치는 딴 자리에서 다른 사람들이 하는 것이지요. 우리는 아이들 참되게 길러서 그 아이들이 자라나 나중에 사회를 살기 좋도록 개혁하도록 하는 길 외에는 결코 할 수 없습니다. 그리고 더러 우리 글쓰기회가 아주 큰 힘을 가지고 압력단체 구실을 해 주기를 바라는 듯한데, 우린 아직 힘이 없습니다. 우리 회원들 이번 연수회 이런 토론 자리에서도 드러나듯이 아직 이론도 제대로 세우지 못하고 방법도 확실히 잡지 못하고 갈 길조차 헤매고 있는 분들 많습니다. 이런 판에 우리가 무슨 힘이 있다고 사회적인 일을 하자는 겁니까."

이렇게 말했더니 이상석 씨가 일어나 변명을 했다. 운동을 하자는 것은 교육을 잘하기 위해 회원을 늘리고 우리 뜻을 좀 더 널리 알리자는 것에 불과합니다고 해서 그렇다면 알겠다고 했더니 모두 박수를 쳐서 결국 토론 시간이 이것으로 끝났다.

밤에는 자유로운 분위기에서 무슨 얘기든 방담하는 자리를 만들었는데, 얘기뿐 아니라 노래를 부르기도 하고 즉흥극을 연출하기도 해서 무척 재미있고 즐거웠다. 이때 유범영 선생이 또 노래를 부르고 같이 부르도록 했고, 봉화 권혁범 선생 등 몇 사람이 연출한 연극은 재치와 유머가 넘쳐 모두를 웃겼다. 젊은이들이 이렇게 재질이 있구나. 이들은 무엇이든지 잘하겠구나 싶었다. 11시에 나는 침대에 누웠지만 모두 자지 않고 노래를 부르고 떠들어 잘 수 없었다. 밤새도록 그렇게 떠들다가 새벽이 돼서야 조용했다.

1986년 1월 11일 토요일

밤 10시경에 지식산업 김 사장이 전화를 했다. 오늘 아침 텔
레비전 봤습니까, 하고 물었다. 못 봤다고 했더니, 텔레비전에
도서잡지주간신문윤리위원회 이영희와 어느 대학 교수가 나와
이현주 선생과 나를 두고 불순한 글을 쓰는 사람이란 말을 하
면서 내 책《개구리 울던 마을》을 가지고 그 속에 나오는 어느
작품까지 예를 들어 계급의식을 고취하는 문학이라고 말하더
라 했다. 그리고 이것이 연합통신으로 나갔다면서 "선생님에
대해 계획적인 일이 진행되는 것 같다"는 뜻의 말을 했다. 이게
바로 오늘 오후 시상식 자리에서 들은 내용이구나 싶었다.
　밤에 잠이 잘 오지 않았다.
　아이들 착하고 진실하게 길러 가는 내 노력은 이제 본격적인
박해를 당하게 되어 한층 더 어렵게 된 것 같다.

1986년 1월 15일 수요일

　용일여관에 오니 교정지 가져온다던 김용항 사장은 안 왔고,
글쓰기회 임원 세 분에 윤기현이와 〈교육신보〉 기자 정○○알아
볼 수 없음 씨가 와 있었다.

정 씨는 연합통신으로 나간 통신문을 보여 주었다. 그리고 이 통신문을 어떻게 보는가 해서 이렇게 대답했다.

"한 작가의 작품이 사회적으로 유해한 영향을 끼친다고 하면 그 사람의 작품집 전체나 어느 한 권을 두고 그 내용과 경향을 분석해서 결론을 내려야 합니다. 그렇지 않고 그중의 어떤 작품 한두 편, 그것도 어떤 작품의 한두 구절을 앞뒤 거두절미해 버리고 드러내어 문제 삼는다는 것은 상식 이하의 짓입니다. 그리고 내가 가난하고 불행한 아이들의 얘기를 쓴 것이 사실 이지요. 가난하고 불행한 아이들을 나는 앞으로도 결코 외면 하지 않을 것입니다. 가엾게 심신이 병들어 가는 아이들을 외 면하고 무슨 문학이고 교육이 있을 수 있습니까. 이런 글을 썼 다고 계급투쟁 의식을 고취하느니 하는 말을 한다는 것, 이것 역시 상식 이하의 말이 아닐 수 없습니다."

이랬더니 정 기자가, "선생님, 텔레비전이나 신문에 이렇게 나서 걱정되지 않습니까?" 했다. 나는 웃었다.

"뭐 걱정은? 내가 터럭만큼도 나쁜 일 하지 않았고, 죄지은 일이 없는데 무슨 걱정할 일이 있습니까? 나는 조금도 이번 일 에 대해 불안하거나 두렵다는 생각이 안 납니다."

이주영 씨는 텔레비전 소식, 〈경향신문〉 기사를 보고 곧 도서 잡지윤리위원회에 전화를 걸었다고 말했다. 자기의 신분을 밝 히고는, "저는 아이들 교육을 하는 교사로서 좋은 책을 아이들 에게 읽히는 일을 해 왔는데,《개구리 울던 마을》등 책을 좋은 책이라고 아이들에게 권해서 독서 지도를 했습니다. 그런데 그 책이 불온한 책이라니 어째서 그런지 좀 알고 싶어요. 그 기사를 어떤 분이 썼는지 알려 주시면 궁금한 점을 물어보겠습니다." 이렇게 말했더니 자기들은 모른다면서 자꾸 회피했고, 결국 그 통신문은 문공부에서 만들어 낸 것이고 윤리위원회는 이름만 빌려 준 것이라고 말하더라 했다. 도서잡지윤리위원회에서 어느 정도 관여한 줄 알았더니 그 단체는 전혀 허수아비였던 것이다.

윤기현 씨는 내가 명예퇴직한다는 소문을 들었는지, 또 만류했다. 퇴직하면 글쓰기회의 일, 아동문학의 일도 더 잘 안 될 것이고, 개인적으로 신분에도 매우 불리하고 어쩌면 당장 위험한 일이 닥칠 것 같다면서 최근의 정세를 말했다.

글쓰기회 임원과 윤기현 씨 등을 모두 보내고 나니 지식산업 김 사장이 들어왔다. 11시쯤 되었는데, 그때까지 출판사 대표들의 회의가 있었던 모양이다. 요즘은 거의 날마다 이렇게 모여 출판사를 압박하는 권력과 맞서 버티는 일을 의논하고 있다는 것이다. 그리고 김 사장은 또 내 퇴직을 걱정했다. 나는 반드시 그렇게 생각하지 않으며, 현직에 있으면 교육이고 문학이고 더 못 할 뿐 아니라 내 신분에 더 위험한 일이 닥칠 수도 있다고 말해 주었다.

아동 도서에도(민중론) 침투

계층 간 갈등·대결 의식 등 고취

전문가들 "어린이 성격 변질" 우려

(서울=연합)한동윤 기자=현재 시중에 나돌고 있는 일부 유아
동화나 유년 동화 및 동시집 중에는 지나치게 빈부의 격차 등 계층
간의 갈등을 과장 부각시키거나 투쟁, 대립 의식을 고취하고 심지
어 정치체제 문제까지 취급한 내용이 들어 있어 그 부작용에 대한
우려가 대두되고 있다.

민간 자율 심의 기구인 한국도서잡지주간신문윤리위원회가 최근
아동 도서로 적발한 동시집 가운데《개구리 울던 마을》(이오덕 지
음, 창작과비평사 발행)의 '닭'이라는 동시는 "단 하루 생일이 틀
려도 먹이를 한자리에 못 나누는 정치…… 먹다 남은 것 눈치 보며
훔쳐 먹고 겨우 살아난 제일 작은놈이 크면 그놈이야말로 민주주
의를 할 것 같은데……"라는 내용으로, 어린이를 상대로 한 동시답
지 않게 체제 문제를 다루고 있는 이 동시집 속의 '쉬는 시간'이라
는 작품에는 "쉬는 시간이다. 벌을 서고 꿇어앉았던 다리로 걸상을
받쳐 들었던 팔로 (중략) 들이받아라. 쥐어질러라. 까라! 까라!"는
등 적개심과 대립 의식을 고취하는 내용도 담겨 있다.

역시 같은 동시집 안에는 "짐승들아 이 세상의 모든 짐승들아, 너
희들은 일어나라. 일어나 인간을 쳐 없애라. (중략) 싸움만이 자유
와 목숨을 얻는 길……"이라는 동시 '염소'도 들어 있다.

또 동시집《꽃 속에 묻힌 집》(이오덕, 이종욱 엮음, 창작과비평사

발행) 속에 있는 '동화'라는 제목의 동시에는 "한 반 아이들이 두 패로 나뉘어 다툰다. 사탕 한 알에 돌이가 저쪽 편이 되고 자가용 한 번 얻어 탄 용이가 저쪽 편이 되고 이쪽은 겨우 연탄 배달네 분이, 사과 장수네 용이, 껌팔이 바우, 판자촌이 헐리어 갈 곳이 없어 자살한 60세 노인네의 종구……"라는 내용으로 빈부 간의 대립을 묘사한 작품도 있다.

이와 같은 일부 과격 작품들에 대해 도서잡지주간신문윤리위원 장인 정원식 교수(서울사대 교수, 교육학)는 11일 "아동 도서는 어린이들에게 밝은 미래를 제시하고 희망을 주는 내용이 주가 되어야 한다"고 말하고 "성인 사회에 대한 작가의 부정적인 시각을 어린이들에게 심어 주거나 계층 간의 갈등을 조장하는 내용의 도서는 결코 바람직스럽지 않다"고 지적했다.

정 교수는 "특히 민중문학에서나 볼 수 있는 빈부 간의 갈등, 반항 또는 저항, 대립 의식을 부각시킨 작품을 비판 능력이 부족하고 감수성이 예민한 어린아이들이 접했을 때 어린이들이 파괴적이고 공격적인 성격으로 변할 수도 있다"고 우려를 나타냈다.

이런 작품 가운데 동화집 《아기도깨비 루루의 모험》(이현주 지음, 웅진출판사 발행) 안에 있는 단편 동화 〈벌거숭이 산맥〉은 "사막을 건너온 붉은 거인과 바다를 건너온 푸른 거인이 밧줄처럼 생긴 태백산맥으로 줄다리기를 하였습니다……. 굳어진 밧줄에서 땀방울 같은 핏방울이 배어 나왔습니다. 밧줄의 중간이 투두두둑 끊어진 것입니다. 붉은 거인은 태백산맥의 한쪽을 끌어당겼습니다. 다른 쪽은 푸른 거인의 것이 되었습니다. 끊어진 자리에서는 이슬처럼 맑은 피가 뭉글뭉글 솟아났습니다……"라고 묘사하고 있는데 이처럼 너무 조기에 어린이들에게 의식을 주입시키려 할 경우 무리가 뒤따른다는 지적이 나오고 있다.

이에 대해 아동문학가 이거희 씨는 "일부 아동문학 작품에 나타나고 있는 이러한 과격한 경향은 이른바 민중교육론과 맥락을 같이하는 것"이라고 비판하고 "아동들을 상대로 올바른 역사의식을 고취한다는 것도 무리이며 사회계층을 양분화해서 계층 간의 갈등을 부각시키는 내용의 작품은 결코 아동문학으로 볼 수 없기 때문에 이는 마땅히 배격돼야 한다"고 말했다.

한편 도서잡지주간신문윤리위원회의 정 위원장은 "앞으로 불량 아동 도서에 대한 사후 심의를 강화, 문제 작품에는 주의 환기와 경고를 통해 그 잘못을 바로잡도록 해 나가겠다고 밝히고, 여성 단체와 아동문학가들의 세미나를 수시로 열어 건전 아동 도서의 확산 분위기를 조성해 나가겠다"고 말했다.

정 위원장은 또 "객관적인 건전 아동 도서 선별 기준도 마련해서 교사와 부모들을 상대로 계몽도 해 나갈 계획"이라고 덧붙였다. 끝.

1986년 1월 16일 목요일

아침에 녹촌 씨를 여관에 두고 소년조선에 갔더니 전관수 씨가 "어떤 외부의 지시가 있는 것은 아니고, 내부에서 논의한 것도 아니나 당분간 연재하는 것을 쉬어 주었으면 좋겠다"는 말을 해서 "나도 쉬게 되어 다행하다"고 말했다. 그런데 "지금까지 보내 주신 원고는 그대로 나갈 것입니다. 가지고 온 아동 작품 선평한 것은 주시고 가시지요" 해서 주고 왔다.

지식산업사에 가서 김 사장한테 소년조선에 갔던 얘기를 했더니 "아마 문공부에서 무슨 말이 있었을 겁니다"고 했다. 나는 "문공부에서 어떤 말을 했을 수도 얼마든지 있고, 아무 말이 없었는데도 자율적으로 그런 조치를 했을 가능성도 충분히 있습니다"고 대답했다.

여관에 갔더니 교정지가 와서 녹촌 씨가 보고 있었다. 겨우 40페이지 정도밖에 안 되어 한 시간 남짓 나눠 보았더니 끝났다. 그리고는 아무리 기다려도 다음 것을 안 가지고 왔다. 온누리에 전화를 걸어도 사장이 나가서 모른다고 했다. 그러는데 김종상 씨가 오고, 류인성 씨가 지식산업 김 사장과 같이 왔기에 점심을 같이 먹었다.

오후에는 녹촌, 종상과 셋이서 창비, 웅진 등에 인사하러 가자고 했다. 그래서 먼저 웅진에 가서 김영현 씨와 윤석금 사장을 만나 웅진에서 하고 있는 일, 앞으로의 계획 등 얘기를 듣고, 조언도 해 주고 나왔다.

창비에 갔더니 김윤수 씨, 이시영 씨가 있었다. 이시영 씨는 먼저 내 얘기를 걱정하면서 이런 말을 했다.

"그게 도서잡지윤리위원회에서 관여한 일이 아니랍니다. 문 공부 장관이 직접 그런 걸 써서 연합통신에 낸 것인데, 〈경향 신문〉에만 기사로 냈을 뿐, 서울의 4대 신문, 심지어 〈서울신 문〉까지 묵살해 버렸어요. 지방에는 〈부산일보〉에 조금 나왔 다고 들었어요. 그러니 문공부 장관의 계획이 실패로 돌아간 것이지요. 문공부 장관이 그런 일을 한 것은, 창비사를 등록 취 소한 일이 뜻밖에도 여론을 악화시킨 결과가 되고, 외국에서 까지(일본 〈아사히신문〉에는 창비 사건이 톱뉴스로 보도되고, 금명간 동경에서 일본 지식인들이 창비 탄압 사건에 항의하는 모임을 갖는다고 하고, 미국에서도 이 문제 해결을 위한 서명 운동이 벌어진다고 했다) 정부에 불리한 창비 구조 운동이 벌 어지고 보니, 자기의 처지가 매우 곤란하게 되어, 창비에 대한 조치가 부당하지 않았다는 것을 선전하는 수단으로 아동문학 과 이 선생 문제를 그렇게 매스컴으로 나가게 했다고 봅니다."

들고 보니 그런 관측이 가장 정확하다는 느낌이 들었다. 창비 편집장과 사장이 창비 문제보다 오히려 내 문제를 더 걱정해 주는 것이 고맙고 미안했다.

1986년 2월 3일 월요일

오늘 개학 날이다.

오후 학무과장, 관리과장이 왔다. 수륜국교 교사 증축 관계로 갔다가 오는 길에 들렀다고 하는데, 두 과장은 내 정년 퇴임식 거행에 대해서 교감 선생이 지금부터 충분히 준비하도록 자꾸 되풀이했다. 그들은 그런 의식이 그들 자신의 체면에도 관계가 있는 것처럼 생각하는 것 같았다.

우편물 중 〈월간 조선〉에서 수필 청탁서가 와 있는데, 마감 날짜가 오늘 3일이라 전화를 걸어 못 쓴다고 말해 주었다. 그런데 〈주부생활〉에서 권두에 실을 글을 오는 9일까지 35매를 써 달라고 하는 전화가 와서 승낙하고 보니 공연히 그랬다는 생각이 들었다. 가뜩이나 바쁜데……. 그리고 그 내용이 무엇이라도 좋으나 시사적인 것이 아니고 인생론적인 것이라나. 참 잘못했다는 생각이 들었지만 어쩔 수 없다. 뭘 쓸까 생각해 봐야지.

그 기자가 시사적인 것을 쓰지 말도록 부탁한 까닭은 어디에 있을까? 시사적이란 그때그때 일어난 일이다. 그때그때 일어난 문제를 외면하고 인생을 논할 수 있을까? 이것은 인간 사회의 중요한 문제, 절실한 문제는 회피하라는 말이 아닌가? 아무래도 그렇게 느껴진다. 그런 생각을 하니 더욱 쓰기 싫어진다!

밤에 연탄을 갈아 넣으면서, 어제 권 선생한테 갔다가 들은 얘기가 생각났다. 권 선생은 연탄을 하루 한 장 땐다고 해서 놀랐다. 어째서 한 장으로 하루를 견딜까 싶었더니, 그 방이 조그마한 데다가 호스 보일러가 아니고 연탄불이 그대로 구들로 들어가게 되어 있어서 그렇다고 한다. 도시에서는 한 집에서 보통 열 장 이상을 때는데, 하루 한 장을 때는 집이 있으니 정말 사람의 생활은 천충만충인가 보다. 권 선생은 아주 추운 날이면 이틀에 석 장을 땐다고 했다. 내가 하루 두 장 때는 것도 권 선생에 비하면 사치하게 사는 셈이다. 권 선생은 연탄 한 장가지고 세 끼 밥도 짓고 반찬 끓이고 다 한다. 개도 두 마리 먹이고 있다. 개는 한 마리만 키우니 하도 외롭고 쓸쓸해 보여서 강아지 한 마리를 더 갖다 놓았다고 한다.

그런데 권 선생이 나가는 교회당은 길 쪽으로 서 있던 나무들을 다 베었다. 언젠가 권 선생이, 그걸 베지 말라고 붙잡고 울었다는 그 대추나무, 아래쪽 둥치에 반쯤 톱으로 벤 자국이 있어 몇 번이나 거기 갈 때마다 쳐다보면서 그 얘기를 생각하곤 하던 종각 옆 그 대추나무도 흔적 없이 사라지고 다만 멋깔 없는 시멘트 블록 담만이 포장된 길을 따라 뻗어 있을 뿐이었다. 그리고 그 교회당도 새로 짓는다고 한다. 가난한 교인들에게 예배당 새로 짓는다고 특별 헌금을 하게 하고, 부흥회를 열어 또 돈을 내게 한단다.

"제가 예배당 새로 지을 필요가 없다고 해도 안 돼요. 전도사가 자기 있을 때 기어코 새로 짓는다고 해요. 지난번 온 부흥목사는 도시의 교회 얘기를 하면서, 이런 교회당은 참 부끄럽다고 하잖아요. 자기 교회는 자기의 서재도 이 교회당만 하다고 자랑해요."

그러면서 권 선생은, 교회당 같은 것 필요가 없고, 아주 싹 없었으면 좋겠다고 했다. 물질 숭상, 건물, 돈, 이런 우상을 숭배하는 것이 오늘날의 교회라고 보는 모양이다.

하루 연탄 한 개로 살아가는 권 선생이 교회당 새로 짓는 일을 반대하는 것은 당연하지만, 그 교회의 전도사는 권 선생을 얼마나 답답하고 궁색한 사람으로 볼 것인가? 그리고 이 땅의 수많은 지식인, 유명 인사, 가령 아까 읽은 지난해 5월 달 치 〈주부생활〉에 나온 김성한 씨의 스타트테마(오늘 〈주부생활〉 기자가 내게 이 난에 낼 글을 쓰라고 해서 어떤 글인가 읽어 본 것이다) '열 마음으로 보며 한 마음으로 살며'에 나오는 생각도. 이런 분은 권 선생 같은 삶의 태도를 답답하고 군색하게 볼 것이란 생각이 들었다.

1986년 2월 25일 화요일

내일이 명예 퇴임식 날이다. 그래서 오늘은 내일 오게 되는 분들에 대한 답례품으로 "퇴임 기념"이란 글자를 박은 책보자기라도 몇백 장 준비해야겠다고 생각하고 있었는데 갑자기 큰 파란이 일어났다. 아침 7시쯤 되어 권 장학사가 전화를 걸어 왔는데 《초가집이 있던 마을》이란 책을 낸 일이 있느냐고 했다. 왜 그러나 하니 뭐 그런 일이 있다면서 대답이 똑똑하지 않다. 문교부에서 무슨 말이 있는가 물으니 뭐 그런 것 같다는 말이다. 그러면서 그 책을 구해 놓기는 했다면서 그 이상 달리 말은 없어, 나는 1월 초 있었던 일을 대강 얘기해 주고, 그 여파겠지 생각했다. 그리고는 아침을 먹고 아내와 대신동 시장에 가서 책보자기 250장을 맞춰 놓고, 또 선생님들한테 준다고 가방을 아홉 개 사서 성주로 갔다.

성주정류소에 내리니 교육청 청부가 나를 기다려 "지금 교육청에 곧 오시랍니다" 했다. 일이 좀 심상치 않구나 싶어 가니 과장과 교육장이 앉아 기다렸다. 교육장이 "이 교장 선생, 또 야단났습니다. 문교부에서 왜 이런 사람을 명예퇴직을 하도록 하느냐면서 사표를 받도록 하랍니다. 그리고 교장 선생님이 지은 이런 책과 글짓기회보한국글쓰기교육연구회 회보를 모두 구해 보내라는 교위의 지시를 받았어요. 그보다 오전 중에 이 일로 교장 선생을 교위에 오라고 하니 급히 가 보십시오" 했다. 그래서 학무과장과 같이 교육청 차로 대구 도교위에 가니 12시 반이 되었는데 점심도 안 먹고 과장 이하 장학사 전원이 기다리고 있었다.

최언호 과장 말은 청와대에서 문교부로 내린 지시라고 한다. 최근 경찰이 대학들을 모조리 조사해서 많은 책들이 나왔는데, 그중에 이 교장 책이 나와서, 대학생들이 읽는 책이라면 좋지 못할 것이라고 보고 이 교장의 인적 사항을 조사하게 되었는데, 이번에 명예퇴직이 되고 훈장까지 받도록 했다고 하니, 그런 사람을 그렇게 대우하도록 한 초등과장 이하 책임자들을 모두 인사 조치 해야겠다고까지 총무과장이 말하더라고 한다.

그래서 즉시 사표를 받아서 면직을 하도록 조치하라고 해서 초등과장은 무슨 명목으로 면직시키기 위해 사표를 받을 수 있는지 그런 일을 할 수 없다고 했더니, 사표 안 내면 징계위원회에 돌려서 파면 조치하도록 하라고 한다. 그리고 몇 가지 저서와 글짓기회보를 분석해서 즉시 과장이 문교부로 오라고 하는데, 오늘 밤에 인사 작업을 끝내어 내일 새벽에 이동 발표를 할 참인데, 오늘은 도저히 갈 수 없으니 내일 아침에 가겠다고 했다는 것이다.

최 과장은 문교부 지시에 대해 나를 옹호하면서, 명예퇴직이 안 되면 당장 1500몇십만 원의 퇴직금을 못 받으니 그것이 큰 문제라고 했다(그까짓 훈장이야 받든 중요한 것 아니라면서). 그런데 사표 안 내고 뻗대다가 파면되면 연금도 못 받게 될 것이 또 걱정인데 해서, 나는 "이미 제가 교직을 떠나기로 했으니 과장님 생각에 맡기겠습니다. 어느 쪽이든 좋은 대로 말하시면 따르겠습니다" 했더니 "그럼 내가 내일 문교부에 가서 다시 잘 말해 보고 정 안 되면 사표 내는 것으로 합시다" 해서 그렇게 하기로 했다.

나와서 최 과장과 김동옥 장학사와 육 학무과장, 넷이서 점심을 먹으면서 내가 최 과장한테 물었다. "이번에 제가 명예퇴직원을 내지 않았더라면 이 일은 일어나지 않았을까요?" 했더니, 아니라고 하면서 오히려 더 불리했을 것이라 했다. 명예퇴직이 되게 서류가 갖춰지고, 훈장, 비록 20년 이상 근속한 퇴직자면 누구나 상신할 수 있는 것이기는 하지만, 훈장까지 받도록 내신한 사람이라 사표를 내라고 하지, 이런 일이 없었으면 처음부터 파면 조치하도록 지시했을지도 모른다고 했다.

그리고 내일 퇴임식을 어찌하나 하는 문제를 두고 한참 의논했다. 그만둘까, 하다가 학부모들이 음식을 장만해 놓은 것을 중지하면 버젓하게 말할 이유도 못 대고 아주 난처하니 그만 그대로 하자고 결정했다. 육 과장은 명예란 말을 붙여 놓으면 문제가 되지 않나, 했지만 초등과장은 그런 것 문제 될 것 없다고 했다. 김동옥 장학사는 "초등과장님께서 이 교장 선생 위해 참 많이 애쓰고 걱정하십니다"고 했다. 그 말이 어쩐지 아첨하는 말이란 느낌이 들었다. 나를 위해 걱정이나 위로하는 말은 한마디도 없다가 그런 소리가 나와서 그렇게 생각되었겠지.

점심을 먹고 중앙로에 나와 우선 지식산업사 사장한테 전화를 걸어 사태가 좋지 않게 돌아가니 책을 가져오지 말아 달라고 말해 놓고, 책을 구해 김 장학사에게 주었다. 도교위에서 내용을 알아보고 보고하게 된 책은 다음과 같다.

《우리 반 순덕이》,《나도 쓸모 있을걸》,《이사 가는 날》,《꽃 속에 묻힌 집》,《개구리 울던 마을》,《울면서 하는 숙제》,《까마귀 아저씨》.

교육청 차로 성주 와서, 다시 조 장학사와 같이 타고 학교로 가서 묶어 놓은 짐을 풀어 글쓰기회보를 찾아내어 보내려는데, 갑자기 교육청에서 또 전화가 왔다면서 나를 오라고 교육장님이 말한다고 했다.

 할 수 없이 또 차를 타고 교육청에 갔더니 교육장이 "지금 또
벼락 같은 지시가 문교부에서 왔다고 해요. 이 교장 사직서를
쓰랍니다" 해서 두말 않고 사직서 석 장을 썼더니 조 장학사가
아까 준 회보와 함께 가지고 나갔다. 교육장은 장탄식을 했다.
나를 위해 한숨을 쉬는가 해서 "사람 한평생 파란이 많습니다.
어느 쪽이 옳고 어느 쪽이 그른지는 두고 보면 알 겁니다. 반드
시 알려질 날이 올 겁니다"고 했더니 그게 아니었다. 이건 자
기 일을 걱정하는 것이었다. 말하자면 내가 사표를 내게 되도
록 불온한 일을 했는데, 명예퇴직에다 훈장 내신까지 했으니
내 인사 조치에 이은 후속 조치로 반드시 어떤 조치를 당할 것
이라는 것이다. "며칠 전에도 어디에 대학생 숨겨 주었다고 해
서 그 교사가 파면당하고, 파면당한 교사가 근무하는 학교의
교장도 직위 해제 당했지" 하는 것이다. 참 어이가 없는 피해
망상증이다. 나를 아주 현행범으로 보는 모양이다.

 저녁에 학교에 와서 조 주사를 만났더니, "교장 선생님, 무슨
책 가지고 그렇게 야단입니까. 오전에 교육청에서 전화로 책
찾아내라고 온통 야단이 났어요. 그래 무사히 됐습니까?" 했
다. 과장의 짓이겠지. 더러운 인간들. 나도 없는데 선생들한테
책을 구해 내라면 어찌하란 말인가. 직원들은 모를 줄 알았는
데, 그러고 보니 오늘 일을 어느 정도 짐작한 모양이다.

 내 방에 앉아 이 일기를 쓴다. 어떤 일을 당해도 나는 나 혼자

이렇게 살아가는 수밖에 없구나 싶다.

한참 앉아 있는데 교육청에서 전화가 왔다. 당직이라면서 "지금 곧 교육장님께 전화 걸어 달라고 합니다" 했다. 또 무슨 일인가 해서 걸었더니 "이제 막 또 도교위에서 전화가 왔는데 명예 퇴임식은 내일 예정대로 하라고 합니다. 또다시 앞으로 어떻게 상황이 바뀔지 모르지만 지금 봐서 그 선에서 처리될 것 같아요. 명예퇴직만 되면 다시 더 아무 탈이 없게 되니 참 다행인데, 이제 그런 소리 들으니 나도 웃음이 납니다. 내일 퇴임식에 가겠습니다" 했다. 도교위에서 명예 퇴임식을 예정대로 하라는 것은 상황이 좋아져서 그렇게 말한 것이 아니겠지. 그건 오늘 낮에 최 과장하고 점심 먹을 때 벌써 그렇게 하기로 결정한 것인데, 그걸 교육장은 늦게 잘못 듣고 꼭 어린애같이 좋아하는 것이란 생각이 들었다. "다시 아무 탈이 없게 되니" 한 말도 자기에게 별 탈이 없을 것이란 말이다. 그러나 어쩌면 교육장이 느낀 대로 일이 잘되어 가는지도 모른다. 그때그때 알 수 없게 변하는 것이 행정이고 정치니까. 하지만 이건 아무래도 교육장이 잘못 들은 것이 확실하다.

결국 퇴직금이 문제 되는 것이다. 그까짓 퇴직금 없으면 못 살까! 될 대로 되어라. 어떤 최악의 사태도 나는 그것을 감수하리라. 그리고 내가 할 일을 하다가 죽으리라.

1986년 2월 26일 수요일

아침 라디오를 들으니 필리핀의 독재자 페르디난도 마르코스가 드디어 정권을 이양하고 해외로 망명한다는 소식이다. 미국은 더러운 그 독재자를 비행기로 태워 자기 나라에 데리고 간단다. 그들 일행이 70명이나 된다나. 더러운 인간들!

퇴임식 날이다.

10시 좀 지나서 맨 처음 온 사람이 이우덕 교장, 이어서 군내 여러 교장 선생님들, 면내 기관장들, 녹촌 선생, 최춘해 선생, 교육청에서 김봉대 교육장님, 조 장학사, 관리과장님이 오셨다. 형사 한 사람도 오고.

11시에 시작해서 12시에 마쳤다.

꽃다발, 감사패, 선물, 축하금 등을 받고, 축사(교육장, 교육회장)를 들으니 부끄럽고 미안해서 견딜 수 없었다. 5학년 이수정이가 인사말을 읽는데 참 귀여운 아이가 순박하게 쓴 글이어서 고마웠다. 마지막에 내가 한 인사말도 큰 실수 없이 했다. 그런데 식순과 경력 같은 것을 적은 쪽지를 보니 "명예"란 두 글자 위에 종이를 붙여 놓았다. 식장 정면 위쪽에 보아도 "이오덕 교장 퇴임식"이라고 붙였다. 나중에 알고 보니 어제 오후 나와 같이 들어온 조 장학사가 그렇게 지시하더라고 했다. 그리고 어제는 아침부터 교육청에서 연달아 전화를 걸어 와서 교장의 책을 찾아오라고 하면서 야단을 치고, 교장을 당장 찾아

오라고 호통을 치는 등 정신없이 들볶더란 것이다. 강무원 장학
사가 교장을 당장 찾아오라고 고함을 지르더란다. 내가 아침에
집을 나와 대신동에 보자기 맞추러 갔을 때였던 모양이다. 아마
과장이 화를 내면서 장학사를 불러 그렇게 시켰겠지. 인간쓰레
기 같은 더러운 놈들이 장학한다고 하는 것이다.

마치고 나서 점심 식사와 술, 안주를 차려 놓은 자리에 가서
점심을 먹고 술을 권하고 했다.

손님들을 다 보내고 나서 방에 와서 아내, 현우작은아들, 연우,
처제가 있는 자리에서 축하금 들어온 것을 계산하니 모두 70
만 500원이었다. 너무나 과분한 돈이다. 특히 농사짓는 학부
모들이 5천원, 만 원씩 낸 사람들이 많아 미안하기 말할 수 없
었다. 또 본교 교직원들이 반지를 서 돈짜리나 되는 것을 해 주
었다. 이걸 어떻게 갚겠나 싶다.

오후 4시경 사무실에 가니 직원들이 자꾸 섭섭하다고 했다.
사진이라도 찍자고 해서 아직 봉오리도 맺지 않은 목련 옆에
서 찍었다. 이렇게 좋은 인정을 내가 지금까지 너무 모르고 있
었다 싶으니 죄책감이 들었다. 처제와 식구들을 다 보내고(방
에서 오늘의 일들을 정리하면서 연우 엄마는 비로소 내가 서
울 가게 되는 것을 기정사실로 여기고 처제와 아파트 구할 격
정을 했다. 처제가 설득했겠지만 내 뜻을 굽힐 수 없다고 보았
으리라), 선생님들과 헤어져(이젠 헤어지는 것이다) 내 방에
와서 앉아 생각하니, 이제는 정말 내가 한 마지막 인사말대로

나 자신의 부끄러운 교육자 생활을 장사 지내고, 내일부터 새 인간으로 태어나 사람답게 살아야겠구나 싶다. 그렇다. 이제 나는 좀 더 자유로운 인간으로 다시 살아나게 되는 것이다. 자유인, 참사람이 되자!

밤에 글쓰기회 총무이사, 출판이사에게 줄 주소록을 정리했다.

1986년 2월 27일 목요일

어젯밤에는 잠이 오지 않았다. 그저께는 그렇게 하루 종일 시달리면서 대구로 성주로 왔다 갔다 했는데도, 그 전날 잠을 못 자고 그렇게 시달렸는데도 밤에 잠을 잘 잤는데, 어제는 감옥살이 같은 42년의 교직 생활에서 벗어나 이제 홀가분한 자유인이 된 느낌으로 밤을 맞이했는데 도리어 잠이 안 오는 것은 무슨 까닭인가? 어린아이들 소풍 가는 전날 밤에 잠 못 드는 것과 같은 상태인가? 그렇다면 내가 얼마나 어리고 어리석은가!

아침에 일어나 시 같은 것을 적어 보았다.

잠 못 자는 밤

―퇴임한 날

42년의 교직을 어쩌면 이렇게 미련도 한 올 없이

헌 옷 벗어던지듯 훌훌 벗어던지는가.

아이들을 사랑하지 않았는가?

딴 곳에다 꿈을 두었던가?

아니다.

아니다.

결단코 아니다.

내 사랑은 아직도 저 총총한 눈망울 반짝이는

아이들한테 가 있다.

내 꿈은 저 아이들이다.

그러나, 그러나

내 삶은 그대로 감옥살이 42년!

이제야 나는 풀어 놓인 한 사람의 인간

인간이 되었다.

퇴임식—

부끄러운 내 교단생활을 끝장내는 그 장례식을 마치고

돌아와 내 방에 홀로 앉아

그래도 한 방울 눈물도 없이 이렇게 태연하다는 것은

조금은 이상하구나.

산 같은 마음이 있어서인가?

하늘 같은 믿음 때문일까?

그래도 한번쯤은 큰 소리로

통곡이라도 해 봄직한데

어쩌면 목석으로 굳어진 것 아닐까?

자리에 누워도 잠이 안 온다.

쫓기고 시달린 그 많은 나날에도

밤마다 차라리 평안한 죽음을 생각하며

잠을 잘도 잤는데,

오늘 밤엔 어쩌자고 잠이 안 온다.

내일 새 학교에 입학하는 어린아이의 심정인가?

소풍날을 앞둔 밤의 어린이 마음인가?

얼마나 어리고 철없는 마음인가?

마구 짓밟히고 쥐어뜯기고 뿌리 뽑히는 풀 같은 어린 생명들

그들을 살리는 일 이제부터 시작되는데,

어쩌자고 잠은 안 와 들떠 있는가?

어린애같이!

• 2월 28일, 42년 동안 몸담았던 학교에서 떠났다. 명예퇴직하려 했으나 문교부에
서 사표를 받아 면직 조치하도록 지시하여 교육청에서 강요했다. 우여곡절 끝에
명예퇴직했으나 교장 퇴임 때 관례로 받던 훈장 석류장을 받지 못했는데 나중에
전달받았다.

이오덕이 걸어온 길

1925년	11월 14일. 경북 청송군 현서면 덕계리(구석 들) 574번지에서 독실한 기독교인 아버지 이규하와 어머니 정작선 사이에서 3녀 1남 가운데 막내로 태어났다.
1933년 8세	4월 1일, 화목공립심상소학교에 들어갔다. 어려서부터 대한예수교장로회 화목교회에 다니며 주일학교에서 '고향의 봄', '반달', '집 보는 아이의 노래' 같은 동요를 배우고, 유년 주일학교에서 동화를 들었다.
1935년 10세	소학교 3학년 때 담임선생님이 읽어 준 빅토르 위고의 《장발장(레미제라블)》에 감동받았다. 어린 시절 염소를 뜯기며 《15소년 표류기》, 《암굴왕(몽테크리스토 백작)》 같은 책을 어두워질 때까지 읽었다.
1939년 14세	3월 8일, 화목소학교를 졸업했다.
1941년 16세	4월 8일, 경북 영덕군 영덕공립농업실수학교에 들어갔다.
1943년 18세	3월 25일, 영덕공립농업실수학교를 졸업했다. 성적이 뛰어나 군청 직원으로 특채되었다. 군청 직원 일을 하면서 학교에서 뛰어노는 아이들을 보고 교사가 천직이라는 생각이 들어서 교사가 되기로 결심하고 독학했다.
1944년 19세	2월 11일, 구제 3종 교원 시험에 합격했다. 4월 7일부터 1945년 12월 30일까지 경북 청송군 부동면 부동공립국민학교에서 훈도를 했다.

교사가 되고 보니 생각했던 것과 달리 일제
식민지 교육에 시달렸다.
강위생과 혼인했다.

1945년 20세	12월 31일부터 1947년 7월 30일까지 경북 청송군 화목공립국민학교에서 가르쳤다.
1946년 21세	화목교회에서 주일학교 교사도 했다. 8월 6일, 맏아들 정우가 태어났다.
1947년 22세	7월 31일부터 1948년 6월 30일까지 경북 청 송군 수락공립국민학교에서 가르쳤다.
1948년 23세	7월 15일부터 1951년 8월 30일까지 부산 남 부민공립국민학교에서 가르쳤다.
1949년 24세	8월 1일, 국민학교 2급 정교사 자격증을 받 았다.
1951년 26세	8월 31일부터 1952년 3월 31일까지 부산 동 신국민학교에서 가르쳤다. 4학년을 맡았을 때 처음으로 시를 가르쳤다.
1952년 27세	11월 27일부터 1957년 5월 30일까지 경남 함안군 군북중학교에서 국어와 여러 과목을 가르쳤다. 학생들 글을 모아 문집과 교지를 만들었다.
1954년 29세	1월, 한국아동문학가협회를 만드는 데 함께 했다. 이때 처음 이원수와 만났다.
1955년 30세	이원수가 펴내던 〈소년 세계〉에 동시 '진달 래'를 발표하며 아동문학가로 첫발을 내딛 었다.

1957년 32세	5월 1일, 군북중학교 교감이 되었는데 한 달 만에 사표를 냈다. 6월 20일부터 1959년 3월 30일까지 경북 상 주군 청리면 공검국민학교에서 가르쳤다. 이때부터 농촌 어린이에게 글짓기를 중심에 두고 가르치며 학급 문집을 두 권 펴냈다.	〈새교육〉에 '1학년의 시 지도'를 발표했다.
1959년 34세	국민학교 1급 정교사 자격증을 받았다. 3월 31일부터 1961년 10월 9일까지 경북 상 주군 상주국민학교에서 가르쳤다. 상주교육연구소에서 출판 보급 일도 맡았다. 강위생과 이혼했다.	
1961년 36세	10월 10일부터 1964년 9월 30일까지 경북 상주군 청리국민학교에서 가르쳤다. 2학년부터 4학년까지 같은 아이들을 담임하 면서 삶을 가꾸는 글쓰기 교육을 연구하고 실천했다. 어린이 미술교육에 관심을 가지고 그림을 가르쳤다. 어린이 잡지와 〈새교실〉을 비롯한 교육 잡지 에 글을 실었다.	주마다 한 장으로 된 문집 〈흙의 어린이〉를 펴냈다. 프린트판 어린이 시 모음 〈봄이 오면〉과 〈푸른 나무〉 를 펴냈다.
1963년 38세	8월, 경북아동문예연구협회를 만드는 데 함 께했다.	
1964년 39세	1월, 국민학교 교감 자격증을 받았다. 10월 1일부터 1967년 2월 28일까지 경북 상주군 이안서부국민학교에서 교감으로 지 냈다.	2학년 어린이 시 모음 〈유 리창〉을 펴냈다.
1965년 40세	교육을 제대로 할 수 없고, 교감 업무도 마음 에 들지 않아 교육청에 교사 강등 청원서를 냈다. 〈새교실〉에 처음으로 우리 말 관련 글, '우리 말에 대하여'를 썼다.	《글짓기 교육-이론과 실 제》를 펴냈다.

1966년 41세		동시집 《별들의 합창》을 펴냈다.
1967년 42세	3월 1일부터 1968년 2월 28일까지 경북 경 주군 경주국민학교에서 가르쳤다. 한국문인협회 회원이 되었다. 이인자와 재혼했다.	
1968년 43세	3월 1일부터 1971년 2월 28일까지 경북 안 동군 임동 동부국민학교 대곡분교에서 가르 쳤다. 둘째 아들 현우가 태어났다.	1970년까지 학교 글쓰기 신문 〈산마을〉을 주마다 펴냈다. 전교생들 시를 모아 〈햇빛 과 바람과 땅〉을 펴냈다.
1969년 44세		동시집 《탱자나무 울타리》 를 펴냈다.
1971년 46세	3월 1일부터 31일까지, 대구시 비산국민학 교에서 가르쳤다. 도시 학교에서 지내는 것보다 교감으로라도 산골 학교에 가는 게 좋겠다고 생각해서 교 감 발령을 신청했다. 4월 1일부터 1973년 2월 28일까지 경북 문 경군 김룡국민학교에서 교감으로 지냈다. 〈동아일보〉 신춘문예에 동화 〈꿩〉과 〈한국일 보〉 신춘문예에 수필 〈포플러〉가 당선되었다. 한국아동문학가협회(회장 이원수)를 만드는 데 함께했다. 한국문인협회 안동지부를 만드는 데 함께 했다.	
1972년 47세	교감 자격증을 받았다. 교지 〈김룡문화〉(2호까지)를 펴냈다. 경북수필동인회에 함께했다. 딸 연우가 태어났다.	

1973년 48세	1월 18일, 〈조선일보〉 신춘문에 당선작 〈무 명저고리와 엄마〉를 쓴 작가 권정생을 찾아 가 만났다. 3월 1일부터 1976년 2월 28일까지 경북 봉 화군 삼동국민학교에서 교장으로 지냈다. 한국아동문학가협회 이사가 되었다.	《아동시론》을 펴냈다.
1974년 49세		동시집 《까만 새》를 펴냈 다.
1975년 50세	7월 20일, 한국아동문학가협회에서 펴낸 《동시, 그 시론과 문제성》에 실은 '표절 동시 론'에서 송명호가 모방작을 썼다고 했다. 그 일로 송명호가 명예훼손으로 고소했다. 이 사건은 〈조선일보〉, 〈한국일보〉에 보도되고, 9월 20일에 회장 이원수가 해명서를 신문에 내고, 이오덕이 사과하여 마무리되었다. 12월 5일, 여름방학 때 염무웅한테 월북 작 가 오장환이 번역한 《에세느 시집》과 이용악 시집을 빌려 주었는데, 그것을 복사해 신경 림과 백낙청한테 돌린 것이 걸려서 12월 2일 중앙정보부에 끌려가서 이틀 동안 조사받고 나왔다.	
1976년 51세	3월 1일부터 1979년 2월 28일까지 안동군 길 산국민학교에서 교장으로 지냈다. 어린이문학 평론 '부정의 동시'로 한국아동 문학가협회에서 주는 제2회 한국아동문학상 을 받았다. 창작과비평사에서 펴내는 〈창비아동문고〉 기획 및 선정 위원으로 일했다. 자유실천문인협회(지금의 한국작가회의)에 함께했다. 환경보호연구회에 함께했다. 경북아동문예연구협회 부회장을 지냈다.	

1977년 52세		아동문학평론집 《시정신 과 유희정신》과 교육 수필 집 《이 아이들을 어찌할 것 인가》를 펴냈다.
1978년 53세		교육 수필집 《삶과 믿음의 교실》과 어린이 시 모음 《일하는 아이들》을 펴냈다.
1979년 54세	3월 1일부터 1982년 2월 28일까지 안동군 대성국민학교에서 교장으로 지냈다. 1985년 8월까지 경북글짓기교육연구회 회 장을 지냈다. 마리스타수도회 안동실기교육원 교육 협의 에 함께했다. 안동 장자연구모임에 함께했다.	학교 문집 〈칠기 덩굴〉과 학교 신문 〈대성〉을 펴냈다. 어린이 시 모음 《우리도 크면 농부가 되겠지》를 펴 냈다. 동시집 《꽃 속에 묻힌 집》 을 엮었다.
1980년 55세	한국문인협회 안동지부 지부장과 어린이도 서연구회 지도위원, 한국아동문학가협회 부 회장을 맡았다.	
1981년 56세	10월 16일, 처음으로 '글짓기'라는 말을 '글 쓰기'로 바꿔 쓰기로 했다. 안동 마리스타수도회에서 만난 사람들과 함 께 아동문학연구회와 성서연구회를 만들어 공부했다. 지체부자유아동복지회를 만드는 데 함께하 고 이사가 되었다.	동시집 《개구리 울던 마 을》을 펴냈다.
1982년 57세	3월 1일부터 1986년 2월 28일까지 경북 성 주군 대서국민학교에서 교장으로 지냈다. 합동기획출판사에서 어린이책 기획위원으 로 일했다.	동화집 《황소 아저씨》를 엮었다.
1983년	8월 20일, 국민학교 교사 46명과 한국글쓰	어린이에게 보내는 편지

58세	기교육연구회를 만들고 대표를 맡았다. 도서출판 인간사 어린이책 기획위원으로 일했다.	《울면서 하는 숙제》와 수필집 《거꾸로 사는 재미》를 펴냈다. 동화집 《까마귀 아저씨》를 엮었다.
1984년 59세	〈이원수 아동문학 전집〉을 기획하고 편집했다. 경북아동문학연구회를 만들었다.	아동문학 평론집 《어린이를 지키는 문학》, 어린이 시 모음 《참꽃 피는 마을》, 어린이 글 모음 《우리 반 순덕이》, 《이사 가던 날》, 《나도 쓸모 있을걸》, 《웃음이 터지는 교실》, 글쓰기 교육 이론서 《삶을 가꾸는 글쓰기 교육》을 펴냈다. 수필집 《산 넘고 물 건너》를 엮었다. 일본 어린이 시 지도 책 《어린이 시 지도》를 번역했다. 어린이문학 부정기간행물 〈살아 있는 아동문학〉을 만들었다.
1985년 60세	7~8월, 《민중교육》 사건과 '창작과 표현의 자유에 대한 문학인 401인 선언'에 참가한 것으로 경찰서 정보계에서 감시당하고, 교육청 학교 사무 감사를 받았다. 11월, 가까운 이들이 안동에서 이오덕 회갑 모임을 마련했는데 교육청에서 가지 못하게 막았다. 12월 16일, 명예퇴직을 신청하는 서류를 냈다. 12월 26일, 문공부 산하 도서잡지주간신문 윤리위원회에서 이오덕이 쓴 모든 책을 판매 금지시켰다.	동화집 《구구단과 까치밥》을 엮었다. 어린이문학 부정기간행물 〈지붕 없는 가게〉를 만들었다.

어린이를 지키는 문학인 모임을 만들었다.
햇빛출판사에서 어린이책을 기획했다.

1986년 61세	1월 11일, 《개구리 울던 마을》, 《꽃 속에 묻힌 집》 같은 책들을 도서잡지주간신문윤리위원회에서 불건전 아동 도서로 분류했다. 2월 28일, 42년 동안 몸담았던 학교에서 떠났다. 3월, 경기도 과천시 주공아파트 1단지 206호로 이사했다. 한국글쓰기교육연구회 대표로 연임되었다. 민주교육실천협의회를 만드는 데 함께하고, 공동대표를 맡았다. 《어린이와 책》과 이호철 학급 문집, 신현복 일기 《저 하늘에도 슬픔이》를 기획했다.	수필집 《이 땅에 살아갈 아이들 위해》와 글쓰기 지도서 《글쓰기, 이 좋은 공부》를 펴내고, 교육 수필집 《우리 언제쯤 참선생 노릇 한번 해 볼까》를 엮었다. 어린이 글 모음 《봉지 넣는 아이들》(대서초등학교 180명 모두가 쓴 글)과 《산으로 가는 고양이》를 엮었다. 어린이문학 부정기간행물 〈겨레와 어린이〉와 〈우리 모두 손잡고〉를 만들었다. 중고생 백일장 작품집 〈성주의 가을〉을 펴냈다.
1987년 62세	전국초등민주교육협의회를 만드는 데 함께하고, 자문위원을 맡았다. 학급 문집 《꿈이 있는 교실》(유인성), 《들꽃》(주중식), 《해 뜨는 교실》(백영현)을 기획했다.	교육 수필집 《삶, 문학, 교육》, 동화집 《종달새 우는 아침》, 동시집 《언젠가 한번은》을 펴냈다.
1988년 63세	4월, 제3회 단재상을 받았다. 한겨레신문 창간 발기인회 공동 부위원장과 창간위원을 맡았다. 공해반대시민운동협의회 이사, 탁아소연합회 이사장, 공해추방운동연합 지도위원을 맡았다. 일하는 사람들의 글쓰기가 중요하다 여겨 1, 7, 8, 9회 전태일문학상 심사위원을 맡았다.	어린이 글쓰기 지도서 《어린이는 모두 시인이다》를 펴냈다. 《어린이를 하늘처럼 섬기는 교실》을 엮었다.
1989년 64세	아동문학인들과 함께 한국어린이문학협의회를 만들고, 회장을 맡았다.	《우리 글 바로 쓰기》와 《이오덕 교육일기》(1, 2)를 펴

전교조탄압저지와 참교육실현을 위한 범국민 공동대책위원회 고문을 맡았다.
〈노동문학〉 자문위원과 〈농민〉 지도위원, 사월혁명기념사업회 지도위원을 맡았다.
어린이문화를 걱정하는 모임을 만들려고 했으나 뜻을 이루지 못했다.

냈다.
교육 수필집 《탁류 속을 가는 선생님들》을 엮었다.

| 1990년 65세 | 민족문학작가협의회(지금의 한국작가회의) 고문을 하면서 아동문학분과위원회를 꾸렸다.
한겨레신문 주최 겨레의노래 선정위원을 맡았다. | 교육 수필집 《참교육으로 가는 길》을 펴냈다. |

| 1991년 66세 | 한국글쓰기교육연구회 회장, 한겨레신문 창간위원장단 전형위원회 부회장, 과천시민의 모임 공동대표, 월간 〈우리교육〉 편집 자문위원을 맡았다.
한글학회가 주는 국어운동공로상을 받았다. | 민족문학작가회의 회원들이 쓴 동시집 《통일은 참 쉽다》와 《남북 어린이가 함께 보는 창작 동화》(1~5)를 엮고, 어린이 글 모음 《우리 집 토끼》를 펴냈다. |

| 1992년 67세 | 유치원 교사 박문희가 아이들 말을 들어 주고 기록한 마주이야기와 그 교육 과정을 책으로 펴내기 위해 애썼다. | 1992년에 펴낸 《우리 말 바로 쓰기》를 다시 고쳐서 《우리 글 바로 쓰기》(1, 2)를 펴냈다. 《우리 문장 쓰기》도 펴냈다. |

| 1993년 68세 | 우리 말 살리는 모임을 만들고 공동대표를 맡고 회보 〈우리 말 우리 글〉을 펴냈다.
경기도 과천에 우리 말 연구소를 열었다.
초원봉사회 고문과 국민학교 이름 고치는 모임에서 운영위원을 맡았다. | 《글쓰기 어떻게 가르칠까》와 어린이 글쓰기 지도서 《신나는 글쓰기》, 《우리 모두 시를 써요》, 《와아, 쓸 거리도 많네》, 《이렇게 써 보아요》, 《어린이 시 이야기 열두 마당》, 동화집 《버찌가 익을 무렵》을 펴냈다. |

1994년 69세	7월 1일부터 1996년 6월 30일까지 문광부 국어심의회 국어순화분과위원회 위원을 맡았다. 과천시민참여 모임 공동대표와 전국교직원 노동조합 자문위원을 맡았다.	어린이를 위한 우리 말 바로 쓰기 지도서 《이오덕 글이야기》를 펴냈다.
1995년 70세	어린이와 청소년의 권리 지키기 연대회의 공동대표를 맡았다.	글쓰기 교육 이론서 《무엇을 어떻게 쓸까》를 펴냈다.
1996년 71세	남북어린이어깨동무 자문위원을 맡았다. 동국대학교 만해 백일장 심사위원을 맡았다.	《우리 말 바로쓰기 3》과 노동자 글쓰기 안내서 《일하는 사람들의 글쓰기》와 교육 수필집 《어린이를 살리는 글쓰기》를 펴냈다.
1997년 72세	어린이도서연구회 이사와 공정선거민주개혁국민위원회 창립대회 준비위원회 고문을 맡았다. 마주이야기교육연구소를 만드는 데 도움을 주었다.	어린이를 위한 우리 말 바로 쓰기 책 《우리 말로 살려 놓은 민주주의》를 펴냈다.
1998년 73세	교육부에서 펴낸 학생인권선언문을 다듬었다. 김구 주석 서거 50주년 추모공연 준비위원, 한글학회 한글전용추진위원회 위원, 민족화해협력범국민협의회 고문을 맡았다.	청리초등학교에서 가르친 어린이 시 모음 《허수아비도 깔꿀로 덕새를 넘고》를 엮었다.
1999년 74세	충북 충주시 신니면 광월리 710번지 무너미 마을로 이사 갔다. 어린이도서연구회 자문위원, 한국글쓰기연구회 이사장, 국가보안법반대 국민연대 고문을 맡았다.	
2000년 75세	책을 손수 펴내고 싶어 아리랑나라 출판사를 만들었다.	

새국민정치연구회 고문, 생명사랑실천모임
대표를 맡았다.

2001년 76세		아동문학 평론집 《권태응 동요 이야기−농사꾼 아이 들의 노래》를 펴냈다. 일본 초·중·고등학교 학 생 시를 번역해 《한 사람 의 목숨》으로 엮었다.
2002년 77세	오늘의 정국을 우려하는 지식인 선언에 함께 했다.	아동문학 비평집 《어린이 책 이야기》와 문학과 교육 수필집 《문학의 길 교육의 길》, 수필집 《나무처럼 산 처럼》을 펴냈다.
2003년 78세	8월 25일 새벽 6시 50분쯤에 돌아가시고, 8월 27일 11시에 충북 충주시 무너미 마을 고든 박골에 묻혔다.	

이오덕 일기2 내 꿈은 저 아이들이다

1판 1쇄 발행 2013년 6월 24일 | 1판 4쇄 발행 2018년 10월 22일

지은이 이오덕
펴낸이 조재은 | 펴낸곳 (주)양철북출판사
등록 제25100-2002-380호(2001년 11월 21일)
책임편집 이송희 이혜숙 | 편집 박선주 김명옥
표지 및 본문 디자인 오필민 디자인
디자인 육수정 | 마케팅 조희정 | 관리 정영주
주소 서울시 마포구 양화로8길 17-9
전화 02-335-6407 | 팩스 0505-335-6408
ISBN 978-89-6372-087-6 04810 | 값 14,000원

카페 cafe.daum.net/tindrum
블로그 blog.naver.com/tin_drum
페이스북 facebook.com/tindrum2001
잘못된 책은 바꾸어 드립니다.